教育部人文社会科学重点研究基地重大项目"生活德育的理论深化与实践推进研究"（项目编号16JJD880027）成果

生活德育再论

Shenghuo Deyu Zai Lun

高德胜 著

人民出版社

目　　录

第二部分　重大德育主题的探索

第三部分　生活德育范式的拓展研究

导　　论

一、生活德育论：已经论了什么

我博士读的是比较教育专业，本来可以不做德育的，却非要做德育选题的博士学位论文，可以说是自己主动"入瓮"的。有半生不熟的朋友说："你的名字已经注定了你是做德育的。"这当然是玩笑，但我确实是"德"字辈的，我们家的辈分字分别是"行""正""德""立"，连起来也正好揭示了德之源，也可以说是一条"德育原理"，有很强的教化意味。如今，这样的辈分字已经被年轻一代忘记，很多人都去起时髦、上口、个性的名字，教化传统就这样流逝掉了。做了二十多年德育研究，如果用一个关键词来概括的话，显然是"生活德育"。可以说，我这二十多年的学术研究，就是围绕"生活德育"这四个字进行的。

（一）作为解决德育困境的生活德育

开始博士学习之后，我发现自己在比较教育方面没有什么"天分"，就想着以比较教育作为方法去研究德育。当时选定的目标是"现代德育困境"，即现代德育存在什么问题、到底怎么了。这是多年萦绕于心的困惑：教育一开始基本上就是道德教育，教育与道德教育本来就是一体的；为什么到了现代社会，道德教育变成了专门的，结果却是人人指责"没有实效"——"提高德育实效"是当时德育研究的时髦话题。

当时找到的"现代德育的困境"是"知性德育"，即与古代德育和生活融为一体不同，现代德育把道德"当作知识来教"（知识德育）、把道德"当作思维方式来训练"（思维德育），教育整体上是知识化、理性化的（知化的教育）。知性德育的成型有深刻的社会根源，包括理性主义的盛行、科学主义的霸权、技术对现代社会和人的改造、意识形态和社会文化的需要等。知性德育的问题是割裂性，即将德育与教育割裂、内容与形式割裂、认知与情感割裂、知德与行德割裂、德育与生活割裂，结果德育变成了一个与个人品德修养没有什么关系的"学术学科"。怎么走出这样的困境呢？当时得出的结论是生活德育，即人是整体性存在，人就是其生活，那么德育就不能脱离生活而成为一个专门的学术性教学，而应该从生活出发、在生活中进行并回到生活（改进生活）。①

（二）生活德育的理论建构

从 2001—2003 年，我在鲁洁先生的指导下继续博士学位论文所开创的生活德育研究。既然博士学位论文将生活德育作为解决现代德育困境的方向，那么生活德育到底是怎么回事就要说清楚。在博士后两年多的研究中，始终萦绕于心的问题就是"如何理解生活？""生活与道德是什么关系？""道德学习在生活中是如何发生的？""生活德育范式下的学校德育是什么样子的？""当今的学校生活主要教给学生什么？"等。思考的结果就是我的博士后研究报告《生活德育论》。如果说有所贡献的话，这个成果的贡献就在于对上述重大问题的尝试性回答。具体来说，就是揭示了人即其生活，生活是人建构的，人也是由其生活塑造的；人是道德存在，是道德使人从自然存在中脱颖而出而成为社会性、伦理性存在，道德是生活的构成性因素，生活的过程也是道德学习的过程；生活中的道德学习是经过接受暗示、非反思性选择、自我选择等心理过程的综合运用完成的；生活德育范式下的学校德育，即通过过道德的生活来学习道德，这不是德育方法的变化，而是整个德育范式的转换；现实的学校生活离生活德育的要求还很远，学校生活"告诉"学生的更多的不是道德而是自私。除此之

---

① 参见高德胜：《知性德育及其超越——现代德育困境研究》，教育科学出版社 2003 年版。

外，《生活德育论》还研究了学校日常生活和制度生活的德育意义，学校
生活的时间和空间维度的道德意蕴，德育课程在生活德育中的位置等
话题。①

（三）生活德育的课程研究

从 2001 年开始，鲁洁先生接手了小学"品德与生活""品德与社会"
课程标准研制的任务，我有幸作为鲁先生的助手参与这一过程。

一方面是因鲁先生的领导力与对道德教育研究的学术造诣，一方面是
因研制组对德育课程回归儿童生活的共识，课程标准研制很快确定了
"道德存在于儿童的生活中"②"儿童的生活是课程的基础"③ 这样的基本
理念。学者的学术研究与国家规范性文件不是一回事，两个课程标准都没
有"生活德育"这样的字眼，但能够有"儿童的生活是课程的基础"这
样的表述就已经足够了。有了这一基本理念，小学德育课程的面貌焕然一
新，德育课在学生那里变得可亲可爱了，因为这门课是以他们的生活为基
本内容，就是帮助他们解决成长与生活中遭遇到的各种问题的。

共同参与回归儿童生活的课程标准研制是我以生活德育的视野研究德
育课程与教材的开始。课程标准出来之后，鲁先生接受了江苏教育出版社
的邀请主编《品德与生活》《品德与社会》教材。当时，以儿童生活为基
础的教材到底是什么样的，实际上大家都没有概念。鲁先生吩咐我设计一
个教材的基本思路与总体框架，我根据编写组前期的调研将课程标准所设
定的目标与六个年级的生活主题结合起来，从儿童生活出发去覆盖课程标
准的要求，这一设计思路得到了鲁先生和课题组的充分肯定。在后来回忆
这一段经历时，鲁先生是这样说的："如何将课标中的目标进行分解，分
解成六个年龄段，在十二个分册里面体现"是教材编写需要解决的主要

---

①　参见高德胜：《生活德育论》，人民出版社 2005 年版。

②　中华人民共和国教育部制订：《品德与生活课程标准（实验稿）》，北京师范大学
出版社 2002 年版，第 2 页。

③　中华人民共和国教育部制订：《品德与生活课程标准（实验稿）》，北京师范大学
出版社 2002 年版，第 2 页。

问题，"这个主要是高德胜设计了一个框架，我觉得还是很不简单"。① 用生活德育作为基本理念来编写教材是第一次尝试，但后来的事实证明，这一尝试是成功的。

课程标准和苏教版教材是鲁先生直接领导下的实践研究，而主编人民出版社版初中《思想品德》教材才是我独立进行德育教材的实践研究。当时确定的教材基本理念，没有出现生活德育这一术语，而是将之化在每一个理念背后的。

经过这十多年的积累，到在鲁先生的指导下编写教育部统编小学《道德与法治》教材时，我对生活德育与德育课程的思考有了新的发展。德育教材是一个体系化的存在，如何落实回归生活的理念，依然是一个难题。我们在教材编写中，将叙事伦理学与理性理论学结合起来，以生活事件作为建构教材的原材料，对解决这一难题进行了创造性探索。在如何建构教材上，以学习活动为核心进行教材建构：单元是学习活动指向的问题域，正文是学习活动的有机构成，栏目是不同类型的学习活动本身，学生则是学习活动的主体。这样的教材设计，打破了传统德育教材的灌输、说教结构，实现了教与学的互动共生，为学生整体生命的投入创造了条件，建构了基于生命经验的道德学习方式，使教材的"内容律"与"教育律"得到更高层次的融合。在如何处理儿童经验上，教材用"一个经验"去唤醒儿童经验，用经验的表达去实现儿童经验的重构，以体验去实现儿童经验的提升，以"他人经验"与儿童经验的对流互动去实现个人经验与社会文化价值的接续。这些研究，都是过去所不曾涉及、不曾思考的，都是对生活德育如何在课程与教材中得到体现的深化。

（四）道德教育的时代遭遇

生活德育当然不能只停留在原理的层面上，还要关注学校现实生活和时代生活。走上工作岗位之后，我将主要精力放在思考"生活德育"中的"生活"上，即我们这个时代的生活到底是什么样的。根据这一思路，

---

① 鲁洁：《回望八十年：鲁洁教育口述史》，教育科学出版社2014年版，第284页。

我先后研究了电子媒介、网络、全球化、城市化、家庭的变迁、休闲问题、性别问题等①。几十年来，我们的道德教育研究沉浸在德育本质、目的、价值、功能、方法等老话题之中，总是绕不出来。我做这些思考，就是想开辟一些新的道德教育研究话题，从另一个维度来促进道德教育学术进步。鲁洁先生他们那一辈学者为我们开创了诸多研究话题，奠定了道德教育的基本话语体系，使道德教育有一个基本的出发点。那么我们这一辈学者就应该开辟新的领域、挑战新的课题。我也常对学生辈的学人讲，你们不能跟在我们这一代人的后面，顺着我们开创的话题原地踏步，而应去发现新的问题、开创新的研究领域。

我在这个研究之后还有一个"姊妹篇"，即"时代精神与道德教育"。在"道德教育的时代遭遇"那个研究里，我的侧重点在于研究时代发展变化对道德教育提出的挑战。当时的设想是，在厘清时代挑战的基础上，还要从道德教育的视野看看道德教育可以为自身所处的这个时代做点什么，或者说，道德教育能够为我们这个时代所迫切需要的时代精神建构作出什么样的贡献。这一研究的目标是：通过对时代特征的考察，厘清我们这个时代占主导作用的时代精神，进而分析其积极成分和消极成分，找出我们这个时代最缺乏、最迫切需要的精神价值；从时代精神的积极成分出发，通过道德教育巩固、强化这些有益于时代、有益于未来的价值；从我们时代所缺乏的价值出发，通过道德教育进行弥补，进行时代价值的再植和创新，为未来发展奠定精神价值方向。②

（五）学校生活细节中的德育

生活德育理论建构之后，我的研究是朝着三个方向的：一个是关注时代生活，一个是走向德育课程，另一个则是关注学校生活细节。2001年做课程标准研究和教材研究之后，我不断地到小学去，过去做中学教师时习以为常的现象，现在看来却可能觉得刺目。于是我就将这些观察记录下

---

① 参见高德胜：《道德教育的时代遭遇》，教育科学出版社2008年版。
② 参见高德胜：《时代精神与道德教育》，教育科学出版社2013年版。

来，用生活德育的视野去分析，去思考其背后的正面与负面教育效应，写成了《道德教育的 20 个细节》① 这本书。这本书写起来是比较容易的，只是将生活德育的理论思考与学校生活中的生活细节结合起来，但出版后的反响却出乎意料地好。我们的理论研究与教育实践有隔阂，一方面在于理论研究的话语体系一线教师不熟悉，另一方面则是被日常工作压得抬不起头来的一线教师也没有进行深度思考的习惯。在这种情况下，走实践路线的理论著作就能得到认可。这样的研究，话题都是一线教师日常能够遇到的，但背后又有理论思考，有很多他们想不到的侧面，对他们的工作有启发性，才会被他们所接受。

正是对这个研究独特价值的认识，2018 年我对这本书进行了很大的修改，以《道德教育的 30 个细节》② 为名进行了再版。这 30 个细节中有 15 个是原来的，有 15 个是新增的。旧著中的 5 个细节被删掉了，主要是因为这些问题随着时间的变化，在当今学校已经不再是突出的问题。经过这样认真地修订，该书质量有所提高，算是我为教育实践服务重新尽了一分心意。

二、生活德育再论：再论论什么

本书题为"生活德育再论"，既是相对于 2005 年出版的《生活德育论》，也是相对于前述关于生活德育的已有研究。本书包括导论和三个部分十一章。第一部分是生活德育基本理论问题的再探讨，第二部分是生活德育重大德育主题的探索，第三部分则是生活德育范式的拓展研究。

（一）生活德育的基本理论问题

第一部分由三章构成。第一章从生活德育产生的时代背景、关键词及其未来几个方面来思考生活德育的"来龙去脉"。生活德育有自身的现实

---

① 高德胜：《道德教育的 20 个细节》，华东师范大学出版社 2007 年版。
② 高德胜：《道德教育的 30 个细节》，中国人民大学出版社 2018 年版。

境遇，那就是世界、人和教育的技术化、机械化。教育回归生活，实际上
就是回归人及人性本身。教育回归生活，其实就是教育领域的"人本主
义"。生活德育论或道德教育回归生活则可以说是德育领域的"人道主
义"。生活德育有自己的鲜明主题，而其主题就在于如何理解生活、道德
与道德教育这三个关键词上。生活德育论实际上是德育的一般原理，其实
古已有之，并不是当代的创新。从苏格拉底（Socrates）的"人应该如何
生活"到儒家思想的"修身""齐家"其实都是生活德育。什么时候我们
不再强调生活德育论了，生活德育论也许才是真正实现了。但学校非生活
化的严峻现实是对生活德育论的巨大挑战，这一局面如果不能扭转，生活
德育论也许真的没有未来。本章的贡献在于不是就生活德育讲生活德育，
而是将生活德育放在时代背景中来考察，思考催生生活德育的"更大画
卷"。当然，本章对生活德育的核心概念生活、道德、道德教育的澄清，
也是针对十多年来对生活德育的种种误解。对生活德育未来的思考则是站
在道德教育基本原理这一高度上进行的。

　　第二章是对道德学习理论的修正与完善。道德教育理论与实践必须以
对道德学习的洞察为基础。已有的道德学习理论虽然各有贡献，但也存在
这样或那样的不足，发展出一种新的道德学习理论十分必要。从道德学习
在生活中的发生来看，我们是以先天的道德本能为基础，通过接受暗示、
服从要求、行动、选择与思考等方式来进行道德学习的。不同的道德学习
方式不是孤立存在的，而是交互融合在一起的，你中有我、我中有你。实
质上，道德学习不是认识性的，而是存在性的，我们不是将道德作为认识
对象来学习，而是以生活与存在的过程作为道德学习过程的。本章是对原
有道德学习理论的修正，增加了服从要求和行动即学习两个基本机制。人
是社会性存在，服从他人与社会要求是基本的道德学习方式。过去的道德
教育过于强调约束，以至于我们对约束"过敏"，不太愿意承认服从要求
的道德学习意义，但承认与否，都无法抹去这一道德学习方式所发挥的作
用。行动是我们学习道德的另一种主要方式。经过这样的修正，道德学习
的伦理得到了进一步完善，为生活德育的深化奠定了道德学习的理论
基础。

第三章则是重思"作为道德教育的教育"本身。古典教育以"关心你自己"作为根本指向，原因在于看护自身存在是人的首要使命，关心自己等同于关心道德，关心自己与关心他人是一体的，如何对待自己是如何对待他人的根本尺度。"只关心自己"又"不关心自己"是现代教育的一个悖论，用古典教育的标准来审视，导向了年青一代更多地关心物质利益的现代教育实际上已经失落了教育之"本心"，较少关注人的灵魂和德性。教育是上一代对下一代的关心，教育的"本心"，即关心年青一代之所关心，是不容遮蔽与舍弃的。现代教育要保持"本心"，一方面应重拾古典教育"关心你自己"的那些修身方法，一方面要将现代教育所醉心的"认识世界"纳入"关心你自己"的观照之中，实现二者的互通。这一章的贡献在于从教育思考道德教育，这对当代人下意识地将教育与道德教育区分开来的思维定式来说是重要的。也就是说，如果不采取这种二元思维，如果教育能够坚守"本心"，教育就是道德教育，就是生活德育。

（二）生活德育重大德育主题的探索

第二部分是关于重大德育主题的探索。生活德育作为一种德育理论，不能只停留在理论体系的建构上，需要在重大德育主题上加以运用。这一部分就是将生活德育理论运用到习惯、道德想象力、感恩教育、道德伪善等重大德育主题上的探索。

第四章是关于习惯的研究。习惯在日常话语中依然有很强的生命力，但在教育理论话语中已经没落。可以说，习惯是一个被行为主义败坏的概念。要摆脱行为主义的影响，需要对习惯概念进行再理解、再建构。自我由习惯凝成，德性也需通过习惯来成就。机制、惯性、结构、图式、倾向、品质、技能、能力都能用来指称习惯，但又都不能替换习惯。习惯在身心之间，既有"具身性"，又有"具心性"。习惯在发生作用的过程中，体现出"双重律"，但实际上还是"一重律"。教育在习惯的形成中起着重要作用，教育既是习惯形成的环境因素，又可通过笃行、慎思等方式进行习惯的培育，当然，教育也是改变习惯的重要方式。在教育实践中，我们都知道习惯培养的重要性，但对于何为习惯、习惯与品德到底是什么关系等又说不清楚，本章可以说是"习惯与习惯教育原理"，研究了关于习惯的几乎所有重要问题。

第五章是道德想象力与道德想象力培养研究。传统伦理学多是排斥想象的，但实际上即使是排斥想象的伦理学也是无法离开想象的。道德想象力不是想象力与道德的简单结合，而是想象力带有道德意蕴与道德功能的运用，是一种特殊的想象力。道德想象力的道德意义在于发现道德问题、探索解决道德问题的多种可能性、对自己的所作所为进行矫正。教育和道德教育在培育道德想象力上首先需要做的，是排除限制、堵塞、挤压道德想象力的教育因素，使道德想象力从重重束缚中解放出来。同时，道德隐喻、道德教育隐喻的转换、发挥文学叙事的独有功能、直面痛苦、沉思练习等教育方法对道德想象力的培育有直接的作用。关于道德想象力的研究，对道德教育来说，具有一定的开创性。以往的道德教育理论，对道德想象力鲜有涉及。本章力图基于道德想象力在道德生活中的功能与作用机制来建构道德想象力培养的思路，算是一个领域拓展性尝试。

第六章是感恩教育研究。感恩是伦理学的一个难题，但教育实践对感恩却有许多美好的预设，热衷于感恩教育。直觉性的感恩教育存在着危险，如：强化不平等人际关系，牺牲受惠者尊严；强求感恩，陷入施恩图报的泥沼；无条件感恩，走向人性与道德的对立面；等等。感恩教育必须基于对感恩结构与本性的理解，必须有自己的理论基础。感恩是人际现象，感恩的人际结构是由施恩者、善意与善行、受惠者、感报（感恩之情与报答行动）四要素组成的循环结构，感恩的心理结构则是由情、理、行构成的综合结构。基于对感恩结构与本性的理解，感恩教育的基本理路是：深入感恩的人际结构之内，以教育之爱去引发受教育者爱的回应；深入感恩的心理结构之中，"在感恩中进行感恩教育"；破除感恩的心理与人际障碍，以真实自尊的建立与平等人际关系的建构的方式进行感恩教育。感恩教育从直觉走向自觉，需要攻克的难关还有很多。本章的贡献在于揭示了直觉性的感恩教育不一定是有益的，反而更可能是危险有害的；厘清了感恩的人际与心理结构，尤其是"四阶感恩"与"诗性正义"的提出，是对感恩现象的创新性解释；从生活德育出发，基于感恩人际与心理结构，指明了感恩教育的基本理路。

第七章是道德伪善研究。教育学对道德伪善少有研究；而心理学关注心理事实，将道德伪善理解为道德声称与道德行为的不一致，失之于宽；伦理学在道德伪善研究上贡献颇多，但将不同形态、类型的道德伪善都定性为道德恶，失之于严。道德伪善的研究，需要教育学视野。在教育学视野下，所想、所言、所行的不一致不一定是道德伪善，加上欺骗性的不一致才是道德伪善。教育学对道德伪善的关注不仅关注其概念，还关注其形成的内外条件；不仅关注个人性的道德伪善，还关注机构性的道德伪善。关于道德伪善的教育学思考，有与心理学、伦理学研究不同的意义，包括以积极的眼光去看人、从内外不一致中发现教育的契机、从道德伪善中看到道德的力量、从道德伪善形成的内外条件中找到教育努力的方向等。

（三）生活德育范式的拓展

生活德育作为一种实践范式，需要从宏观与微观层次上加以拓展。生活德育论如何拓展到学校领导、教学语言、教科书和品德教材等领域，是重要的实践课题。

第八章是学校中的道德领导研究。道德领导在我们的教育理论与实践中都是一个相对陌生的概念。不是道德领导不重要，而是我们对领导与道德领导有误解和抵触。作为人际现象的领导，本身就有价值规定性，领导即道德领导。道德领导有以道德为底线、以道德为方法、为了道德等三种形态。学校中的道德领导以第三种形态为特征，兼顾另外两种道德领导形态。在学校中，校长等占有职位者是道德领导者，这是由教育职位所限定的。在规范意义上，教师也是一种教育和道德职位，教师也都是道德领导者。除了校长和教师，学生也可以成为道德领导者。道德领导力由品格、道德素养、道德心等关键要素构成，道德领导的基本方法包括道德愿景的设定、以身作则、创立道德共同体等。对候选教师的道德筛选虽然困难重重，但可以传递重视教师品格的信息。教师职前与在职培养应该包含道德领导力提升课程，当然，归根结底，道德领导力还是来自领导实践本身。

本章的贡献在于找到生活德育与学校领导的结合点：道德领导。学校中的领导如果是道德领导，那么他就是在施行生活德育论。

第九章是对表扬与批评这两种主导性教育话语的审视。人是语言的存在，生活也是语言的，生活德育显然应该关注学校生活中的语言与话语方式。表扬与批评作为主导性的教育话语，处在教育话语之两极。在这两极之间还有其他教育话语的存在空间，直言就是其中之一。直言就是说真话，以说话者的品性为担保，不顾风险，目的在于提醒说话对象关心自己的生活和灵魂。以直言为镜，可以发现表扬和批评资格的获得不是靠自身心性，而是靠社会身份；表扬和批评以师生之间的垂直关系为依托，表现出教师对学生的一种"从上至下"的控制；表扬的夸张化就走向了奉承，批评的失控则滑向愤怒与惩罚。在教育话语中增添直言，或者表扬和批评向直言靠拢，可以提升教育的话语品质、提升师生关系，提高教育的道德品质与境界。

第十章是基础教育教材的功能定位研究。教材是学生生活中的突出性存在，是学校生活中的"标志性符号"。但教材却是教育研究的薄弱环节，一个重要的表现就是我们至今还不能给教材一个恰当、准确的功能定位。改革开放以来，我们对教材功能的认识起起伏伏，在"圣化"与"降格"两个极端中摇摆。对教材功能的定位，需要站在学生的立场上。从学生立场来看，教材对学生来说，就是他们成长所必需的"文化母乳"。作为"文化母乳"，教材不仅为学生的精神成长提供最基本的文化滋养与文化保护，也是学生走向文化世界的阶梯。"文化母乳"这一功能定位的实现不是无条件的，教材要配得上"文化母乳"的地位，必须具备为学生提供全面而均衡的文化滋养，讲好"文化叙事"，具有亲学生性、确定性与开放性等基本品质。

第十一章是品德教材的"叙事思维"研究。新课程改革之前的品德教材从文本属性上看基本上都是"论说文"，呈现出典型的命题式思维。这样的教材虽然有其优势，但却有无法打动学生这样一个教育上的"硬伤"。叙事是指向人的古老思维方式，是心灵的"原初活动"，是建构道德主体的"结构性胶水"，是品格形成的"忠诚道路"。品德教材不能沉迷于命题式思维而置叙事思维于不顾。小学《道德与法治》教材从多方面进行了叙事探索，包括以"成长叙事"建构品格、在文学叙事这一"伦理实验室"中学习、以"大叙事"为坐标、将"成长叙事"与理论体系融合在一起。教材叙事思维的转向意味着教材教育姿态的变化，意味着为儿童经验进入教材建立了通道，也是道德教育回归本然方式的探索。

第一部分

生活德育的基本理论问题

　　生活德育的深化首先要抓住三个关键词——生活、道德、教育；德育归根结底是为了学德，道德学习理论是生活德育理论建构的基石；生活德育不是教育之外的专门活动，而是教育"本心"的坚守。

第一章　生活德育的境遇、主题与未来

一、生活德育论为何而生

任何真正有价值的理论都不是凭空产生的，而是或直接或间接地反映着社会现实的变化，有些社会理论甚至是由社会现实需要所直接催生的。生活德育论就是在社会与教育现实"逼迫"下所"诞生"① 的一种教育理论。

很多论者都会将生活德育论和教育理论中回归生活的取向与胡塞尔（E. G. A. Husserl）等现象学派的"生活世界"理论相联系。确实，回归生活的教育理论和生活德育论与现象学的生活世界理论有着无法割断的理论联系，但不要忘了，生活世界理论本身也是当代社会现实的反映，也是陷入困境的现代人寻找走出困境的理性努力之一。

人自从诞生之日起就既需要"向内看"把握自身的需要，又需要"向外看"了解自己命定要生活于其中的世界以安顿自身并从中获得生命之所需。人来自自然，以世界为家，所以需要"探究"这个奥秘无穷的世界。和动物与世界浑然一体不同，人与世界之间因探究与认识而形成了"主体"与"客体"的关系。这是人类的基本境况，而这种基本境况既富有巨大的潜力与可能，也天然地蕴藏着多种歧途与危险。第一，"向内

---

① 即使没有生活德育的直接提法，但生活德育的基本思想古已有之，所以这里的"诞生"需要加引号。

看"与"向外看"方向相反，存在着分裂的可能。本来，内省和外探都是为了人自身的，但因为有分裂的可能，外探有时候会完全脱离内省，脱离人本身的需要，自成体系，成为一种独立的存在。第二，作为客体的世界是如此深奥、如此浩渺、如此神奇，较容易使作为主体的人的注意力全部被吸引过去进而忘却人自身。第三，人是有限的存在，却有着无限的渴望，不仅要认识世界，还要创造"世界"。人借助自己的思想与发明所创造的"人造世界"既是人认识世界的手段，其自身又有"自成一家"、存在着脱离于人之把控的"离心力"。

这种危险在西方文明的早期已经显露端倪。在古希腊，当时人们普遍持有的宇宙观，即人是宇宙的一个极其渺小的组成部分，人的使命和幸福在于找到自己在宇宙中的恰当位置。比较起来，宇宙比人重要，因此"向外看"或者说探索宇宙秩序具有极端重要性，自然哲学吸引了当时绝大多数思想者的注意力，而人及其现实生活反而被忽略了。那时的教育也被这种自然哲学所统治，从事这种研究的"智者"大行其道，广纳门徒。苏格拉底意识到了问题所在，并通过自己的哲学与教育活动力图扭转局面。在这个意义上，我们甚至可以说苏格拉底是使哲学和教育回归生活的"第一人"，正如西塞罗（M. T. Cicero）的著名评论，苏格拉底是"最早将哲学从天上召唤下来的人，使它在人的城邦中生根，并进入各个家庭，还迫使它审视生命、伦理与善恶"①。在《裴洞篇》中苏格拉底对此有一段"自我剖白"，说自己年轻时候也被当时流行的自然哲学所吸引，想通过研究自然知道每一事物产生、消灭、存在的原因，结果是"被那些研究搞得简直是头昏眼花，以至于失掉了自己和别人原来具有的知识；忘掉了自己从前曾经以为知道的许多事情，连人生长的原因都忘了"②。苏格拉底所做的就是将哲学与教育的目光从宇宙和世界中重新转到人身上，慎思"人应该如何生活"这个更为迫切、更为重要的问题。

一方面，作为主体，与世界分立是人之所以为人的标志，另一方面，

---

① ［美］余纪元：《德性之镜：孔子与亚里士多德的伦理学》，林航译，中国人民大学出版社 2009 年版，第 63 页。

② 《柏拉图对话集》，王太庆译，商务印书馆 2004 年版，第 261 页。

人也需要在世界中"讨生活"。因此"向外看"不仅是人的存在境遇所决定的永恒冲动，也是生命所需。在漫长的中世纪，也许宇宙太深奥，超出了人的理解能力，那时的人们开始相信世界和人是上帝的"造物"，将"向外看"的"目光"几乎全部投射到上帝那里，把"自己置于上帝仁慈的注视之下"。这虽然在一定程度上找到了克服此世痛苦的精神慰藉，但"代价"（信仰者一定不认可"代价"的说辞）也是巨大的：人几乎完全匍匐于神的脚下，丧失了自主，丧失了自我，甚至丧失了自己的人性与生活。人甚至应当轻视自己，因为"轻视自己的人，在上帝那里就受到尊重"①。结果，人不仅迷失了自我，也失掉了世界，正如布克哈特（J. Burckhardt）所说，那时"人类意识的两方面——内心自省和外界观察都一样——一直在一层共同的纱幕之下，处于睡眠或者半醒状态。这层纱幕是由信仰、幻想和幼稚的偏见织成的，透过它向外看，世界和历史都罩上了一层奇怪的色彩"②。文艺复兴（Renaissance）和启蒙运动是回归人及其生活的又一次努力。文艺复兴表面上看是复兴古希腊、古罗马的哲学与文艺思想，实际上则是回到人及人性的努力，人本主义（Humanism）是文艺复兴的关键词和核心理念。启蒙运动与文艺复兴一脉相承，也是力求摆脱加在人身上的重负。康德（Immanuel Kant）将人没有勇气和决心去运用自己的理智视为人类的"不成熟状态"，启蒙的目的就在于脱离这种不成熟状态，"在一切事情上都有公开运用自己理性的自由"③。

历史总是有进步也有循环。"上帝死了"之后，人类理性的"极端成就"——现代科技"一家独大"，悄然间成了人类所信仰的"新上帝"："我们的社会已经变成了一个以专门的非个人性的知识为基础的世俗社会，这个社会赋予科学家和科学知识的地位，如同我们的前辈承认牧师和宗教教义所拥有的地位。"④ 胡塞尔、海德格尔（M. Heidegger）等哲学

---

① 钱乘旦主编：《现代文明的起源与演进》，南京大学出版社 1991 年版，第 201 页。
② ［瑞士］雅各布·布克哈特：《意大利文艺复兴时期的文化》，何新译，商务印书馆 1979 年版，第 125 页。
③ ［德］康德：《历史理性批判文集》，何兆武译，商务印书馆 1990 年版，第 24 页。
④ ［英］巴里·巴恩斯：《局外人看科学》，鲁旭东译，东方出版社 2001 年版，第 1 页。

家较早敏锐地意识到了这一问题。胡塞尔指出："在十九世纪后半叶，现代人让自己的整个世界观受实证科学支配，并迷惑于实证科学所造就的'繁荣'。这种独特现象意味着，现代人漫不经心地抹去了那些对于真正的人来说至关重要的问题。"① 悖谬的是，文艺复兴与启蒙运动以人本主义为追求，结果却走向现代科学，而一开始所追求的目标却被遗忘了，"人应该如何生活"这样的苏格拉底式问题再一次被放下，人类甚至已经失去了提出类似问题的冲动。海德格尔则对现代科学技术对人的宰制深有所思，一改仅仅将技术当作手段和工具的庸常之见，揭示出现代技术作为"纯技术的世界构造"的本质，已经参与到自然、现实、人和世界的构造之中，使整个世界技术化。整个世界已经变成了一个"机械构造的大网"（雅斯贝尔斯语，K. T. Jaspers），在这个大网中，人的特性和心灵无处安放。更糟的是，人本身也被技术化、机械化了。从人的角度看，被当成"新上帝"的现代科技又成了窒息人、压抑人、宰制人的对立面。更可怕的是，现代科技已经有了自己强烈的意志。从技术的角度看，"多愁善感"的人则成了妨碍科技"进步"的阻力。鲍曼（Z. Bauman）关于未来技术性社会的想象未必真是笑谈：未来的自动化社会将仅仅使用两种有自然生命的活物，一个是狗，一个是人，人的作用是喂狗，狗的作用是防止具有非理性特征的人接触任何机器！② 胡塞尔等人的生活世界理论或哲学与文化教育领域中的回归生活的理论就是在这种时代背景下提出的，是回归人、回归人性的又一次努力。生活世界是人的世界，回归生活实质上就是回归人本身。说到人，我们被现代科技构造过的思维总是惯性地将人当作客观的认识对象，以为有一个本质化的人在那里等我们去认识，实际上人只能以"在"的形态呈现，人就是其生活。

　　教育领域的回归生活既是现代人真实境遇的反映，也是教育自身真实状态所引发的反抗。教育作为人类自觉的文化活动，应该呼应时代的精神

---

　　① ［德］埃德蒙德·胡塞尔：《欧洲科学危机和超验现象学》，张庆熊译，上海译文出版社 1988 年版，第 5 页。

　　② ［英］齐格蒙特·鲍曼：《被围困的社会》，郇建立译，江苏人民出版社 2005 年版，第 94 页。

需要，为现代人走出技术所构造的机械铁笼奠定一个思想与价值的基础。教育领域回归生活的思潮，承续生活哲学的精神，本身就是对时代精神需要的响应。也应看到，现实教育的基本架构和价值基础几乎是现实社会的"翻版"，可以说，教育也被整合进技术构造世界的结构之中，成为技术构造世界的一个重要环节。在这样的教育存在状态下，儿童一进入学校，就陷入与自身生活和需要几乎不相干的"科学世界"，在这个意义上，学校一定程度上成了规训儿童及其天性的"异己力量"。从这个角度看，教育回归生活，就是要回归人性需要，回归儿童天性，是教育领域的"文艺复兴"和"人道主义"。

道德教育回归生活或生活德育论是教育回归生活的一个构成性部分。除此之外，道德教育还有自身的独特处境，即道德及道德教育的"技术化"。现代科学技术对教育的"征服"是全方位的，道德教育也未能幸免。被"征服"后的道德教育将道德理解为对象化的客观知识和机械化、程序化的行为规范，将道德教育理解为道德知识的输出与接收，理解为反射性、程序化的行为规范训练。结果是，作为人性需要和生活之道的道德变成了与儿童天性与生活需要缺乏关联的知识体系和"操作系统"，作为引导儿童学会如何过美好生活的道德教育则变成了与这种引导离题的抽象知识灌输和行为管束。道德教育回归生活或者生活德育论的提出，就是对道德教育的这种遭遇的纠正。

二、生活德育论的"关键词"

生活德育论作为一种理论主张，有自己的核心主题。在我看来，生活德育论的核心主题就体现在几个"关键词"中：生活、道德、（道德）教育。也就是说，生活德育论的基本思想，就体现在对这几个"关键词"的理解上。

生活德育论的第一个关键词是"生活"。关于生活这个关键词，首先需要澄清的是生活与人的关系。有些人不理解生活与人的关系，将生活与人分割开来看，认为生活是生活、人是人。实际上，人与生活是一体统一的，人就是其生活，不存在生活之外的抽象的人。库比特（Don Cupitt）说，"我就是我的生活，我的生活就是我，就是我的整个表达或者规定的自我"①。无论从类还是从个体的角度看，人都不是一个静态的客观对象化存在，而是一个动态的过程性存在。而这个动态的过程不是其他什么东西，就是人的生活。生活就是人的生命活动展开的过程，人只有通过自己的生活，才能实现自身的生命潜能，丰富、建构自己的人性，才能真正成为人。生活是人的存在方式，人就在其生活之中，在生活之外无人迹可寻。如果把人的生活比喻为一个"气泡"的话，人就在这气泡里面，没有通向气泡之外的路，人无法溢出生活之外，除非死亡，因此，生活并无外在性。无外在性并不是说人的生活是封闭的，不与外界互动与交流，而是说这种互动与交流是以生活的形式发生的，人无法跳出自己的生活与外界发生联系。

一些死守以讹传讹教科书观点的人，总认为对人的这种生活化理解是存在主义的，不是马克思主义的，殊不知马克思在《德意志意识形态》中说过"个人怎样表现自己的生活，他们自己也就怎样"和"人们为了能够'创造历史'，必须能够生活"②。马克思将人理解为"现实的人"，而现实的人生成于其现实生活，生活过程所造就的不是别的什么，而就是人本身。理解了这一点，对生活德育论或道德教育回归生活之思想的种种误解与疑虑就可以消除，回归生活的精神实质就是将（道德）教育奠基于人并服务于人，因此我们才说这是（道德）教育领域的"人道主义""人本主义"。

人是生活的，而"生活"既是名词，又是动词，或者说主要是动词。人是有反思能力的动物，能将自己的生活对象化，使之成为反思的对象，这个时候，生活具有名词性。未来的生活是人尚未经历的生活，无法成为反思的对象，但人们可以对未来的生活进行想象，想象意义上的生活也基

---

① ［英］唐·库比特：《生活，生活——一种正在来临的生活宗教》，王志成、朱彩虹译，宗教文化出版社 2004 年版，第 62 页。

② 孙云龙：《"生活"的发现与历史唯物主义的形成——〈德意志意识形态〉研究》，复旦大学出版社 2011 年版，第 192 页。

本上是名词性的。但作为反思对象和想象所建构的生活不是生活的常态，生活的常态是动态的，是一个能动且连续的发展变化过程，生活就是"生活着"，因此生活更多地具有动词性。生活的过去形态，是过去生活所形成的"结晶体"，是人可以返观的对象。从这个角度看，生活具有实在性。但反思与返观不是目的，目的是在于更好地去生活。同样，名词性的生活的另外一种形式，即想象生活是对未来生活的展望与构想，主旨不在于想象本身，而在于去建构生活的多种可能，去过更好的生活。在这个意义上，生活又具有非实在性，人总是从实在的生活出发去创造可能的生活。"我们的生活就是我们的本质。我们就是自己生活所表现的，再没有别的了，但那本质不是预先确定的，也不是预先决定的，一定要我们自己来决定它，我们要决定自己将要成为什么样的人。"① 人总是不满足于现成的、给定的生活，而是以此为基础，去建构新的生活。生活作为一种实在，与物理实在不同，它是由人的意志和行动所创造的实在，因此，生活不是一个"被给予的事实"（the given fact），而是一个"给予性的事实"（the fact of giving），天然具有建构性。②

　　一些人不理解生活的建构性和非实在性，对生活仅仅进行对象化的名词性的理解，将生活仅仅当作认识对象，担心（道德）教育回归生活会被良莠不齐的实在生活所困。应该说，这种担心不无现实依据，但从理论上说，如果我们理解了生活是现实与可能的二维统一，就应该知道回归生活绝不是仅仅回归生活的现实性，而是从现实生活出发走向可能生活。正如弗兰克（С. Л. Фраηk）所说："人的本质在于，在其自觉地存在的任何时刻，他都超越一切实际给定之物的范围，包括实际给定的他自己的存在。"③ 基于此，（道德）教育回归生活，不是对现实生活的"投诚"，而是引导成长中的孩子发现现实生活的问题，并帮助他们学着解决这些问题

---

　　① ［西班牙］奥德嘉·贾塞特：《生活与命运——奥德嘉·贾塞特讲演录》，陈昇、胡继伟译，广西人民出版社 2008 年版，第 231 页。

　　② 赵汀阳：《论可能生活：一种关于幸福和公正的理论》（修订版），中国人民大学出版社 2004 年版，第 8 页。

　　③ ［俄］С. Л. 弗兰克：《实在与人：人的存在的形而上学》，李昭时译，浙江人民出版社 2000 年版，第 142 页。

以建构美好的生活。

生活德育论的第二个关键词是"道德"。对道德的理解起码有三种不同的路向，一种是认识论的，一种是价值论的，一种是存在论的。对道德的认识论理解，或者说认识论意义上的道德，是对象化、客观化、知识化的道德。如前所论，由于现代科学在认识客观世界上所取得的巨大成功使其获得了"新上帝"的尊崇，现代人在有意无意间将现代科技的逻辑与方法运用到一切领域，包括人的情感与道德领域。对道德的认识论理解就是运用这种逻辑与方法的结果，本来内在于生活的道德由此成为可以脱离生活、独立于生活的知识体系。不是不能对道德进行认识论理解，以道德为对象的研究者可以将道德作为专门的研究对象，作为生活着的人，我们也可以将道德作为反思的对象，但不能对道德仅仅做认识论理解，否则就是对道德的曲解。

对人来说，道德主要不是知识，而是一种价值。因此，对道德的理解不能失去价值论的维度。对道德的理解，必须参照其对人及其生活的意义，否则道德就会变成与人及其生活无关的抽象物。从价值论的角度看，道德是人所追求的一种目的性的价值，对人及其生活来说，道德是"善的""好的"（good），是值得欲求的。作为价值的道德与作为知识的道德不同，无法完全对象化、客观化，一方面在于价值关涉人的需要、情感、态度、评价与判断，另一方面则在于道德价值直接与人及其生活融为一体，是生活的内在构成。

与价值论密切相关的是对道德的存在论把握。人不是抽象的存在，而是动态的生活者。从动态的维度看，人的存在就是其生活。人即生活，那么就有一个如何生活的问题。苏格拉底所探寻的是关于什么是一种善的人类生活（幸福或者美好生活），而孔子则着力找寻人类之"道"（"志于道"，见《论语·述而》），即一个人应该如何生活的正确途径，所谓"朝闻道，夕死可矣"（《论语·里仁》）。善的生活也好，人类之道也好，都是从人及其生活出发的一种存在论视域。巧合的是，苏格拉底与孔子虽然有"幸福"与"道"之不同，但实现幸福与"得道"的途径都在于德性。苏格拉底将德性理解为灵魂所能呈现的最好状态，是生活的"功能"

或品质。在孔子及其追随者那里，德有动词性，通"得"，即通过自己的合乎道的作为进而获得的品质，德是道在人及其生活中的体现，是道的具体化。

先贤对道德的这种存在论理解并没有失去生命力，在知识论统治一切的时代，仍然有学者与他们遥相呼应。赵汀阳说："道德是一个以存在论为基础的目的论概念。道是存在的有效方式。在人生问题上，道即人道。德是存在方式之目的性。"① 杨国荣也有类似的看法："道德既是人存在的方式，同时也为这种存在（人自身的存在）提供了某种担保。"② 从存在论来理解道德，道德作为存在方式也好，作为存在的目的也好，或者作为生活所实现的品质也好，都是与存在和生活一体的，不存在分离的问题。

问题在于，很多人已经被实证科学的思维方式所遮蔽，已经失去了从存在论出发感悟道德的能力。对生活德育论的一些误解，甚至包括一些"为批评而进行的批评"，在很大程度上就是没有摆脱对道德的认识论（知识论）理解所造成的。以认识论的道德为标准，价值论和存在论的道德逻辑不通，"显然"都是"歪理邪说"、一派胡言。站在认识论与知识论的立场上，道德本来就是与生活可以分离的体系化存在，既无回归生活的必要，也没有回归生活的可能，所谓"此路不通""逻辑不通"。学术对话、学术批评是促进学术进步之"道"，问题是如果批评如此错位、毫无交集，那还有什么意义？

生活德育论的第三个关键词是"（道德）教育"。生活德育论或道德教育回归生活有方法论意义，因为生活德育论一反道德教育中的知识灌输方法，主张从儿童的生活出发、在儿童的生活中学习道德。这是一种与道德知识传授完全不同的教育方式，着眼点不在于道德知识体系，而在于儿童的生活实际及其成长的精神需要。从这个角度看，生活德育论是一种"德育范式"，有一套德育理念及在该理念支撑下的实施方法，确实具有方法论性质。

---

① 赵汀阳：《论可能生活：一种关于幸福和公正的理论》（修订版），中国人民大学出版社 2004 年版，第 17 页。

② 杨国荣：《伦理与存在——道德哲学研究》，上海人民出版社 2002 年版，第 24 页。

生活德育论所内在具有的方法论性质本来是生活德育论的优势，因为其作为一种德育理论，能够直接指向德育实践。但悖谬的是，生活德育论的这一特点却引发了一些误解与责难。一些论者认为，生活德育论从生活出发，或者道德教育回归生活，而现实生活是纷繁复杂、善恶共生的，甚至可能是反道德的，如何从生活出发？是不是要回归这种生活？是不是要迁就这种反道德的生活？一些论者由此断定生活德育论存在着无法克服的"逻辑上的矛盾"。

果真如此吗？应该承认，这些质疑的声音切中了现实教育生活所蕴藏的问题与危机，但由此出发所作出的对生活德育论的推论并不可靠。原因在于对生活德育论不能仅仅做方法论理解，也就是说生活德育论不仅仅是方法论的，还是目的论的。从现实生活出发或回归生活不是目的，而是起点，目的在于引导儿童去建构有道德的美好生活，"道德教育的根本作为在于引导生活的建构"①。从目的论的角度来理解（道德）教育，我们就不会有迁就现实生活的问题，因为回归生活只是方法不是目的，目的在于引导儿童去建构他们自己的美善生活。一句话，生活德育论不存在迁就现实生活的问题，而是从不完善、有缺陷甚至有道德危机的现实生活开始去建构尽可能完善的良善生活，并经由这种良善生活而成为"好人"（"好人"之"好"，包括道德上的"好"，但又不仅仅是道德上的"好"，还是作为一个人的"好"或优秀）。

以往学校德育的问题在于往往将道德教育变成空洞化、形式化的知识灌输，组织各种形式主义的甚至有反德育效应的德育活动，不但忽略了儿童道德成长和幸福生活的正常需要，往往还成为满足这类正常需要的障碍。在这样的教育生活境遇中，儿童常常不能获得应有的尊重。生活德育论所要做的就是一种"拨乱反正"，即直面儿童成长与生活中的问题，以满足他们道德成长和幸福生活的需要为核心，使德育回归"成人之学"，成为教育领域的"人道主义"。

---

① 鲁洁：《道德教育的根本作为：引导生活的建构》，《教育研究》2010年第6期。

三、生活德育论的未来

应该说生活德育论不是什么了不起的重大理论创新，而是当今特殊的时代境遇和当代中国特殊的教育境遇所催生的一种特殊的教育再吁求。实际上，根据生活与道德的本性以及道德学习的基本规律，生活德育论应该成为教育与道德教育的一种基本常识。因此，生活德育的真正未来在于"没有未来"：当我们不再需要强调生活德育而其基本精神已经化入道德教育的所有维度与过程隐而不彰的时候，生活德育才是真正实现了。

说生活德育论是一个德育常识，一个原因在于生活德育并不是今日中国学者的创新，其在中西方教育思想与实践史上都有扎得很深的传统之根。一些人从生活德育论与胡塞尔"生活世界"概念的相似性出发推断生活德育论是一种"舶来品"，殊不知生活德育论却是中国传统德育思想与实践的基本特征。闫少华、尉天骄从儒家德育思想的思维方式、目标、师生关系等方面论证了先秦儒家德育思想与生活德育论思想的契合。① 寇冬泉则直接论证了"生活育德是中国传统德性培育基本范式的回归与超越"②。这些判断与论证都是言之有据、言之成理的。单从中国文化传统的两个特点就可窥见一斑：第一，中国哲学基本上就是伦理学，重视现实生活，不太讲彼岸世界，追求在现实世界中践行道德理想。在中国传统伦理学中，道德不是来自上帝或彼岸世界，而是来自现实生活中的人与人之间的关系，体现出浓重的生活意味。③ 第二，"知行合一"体现了思想与生活的统一。从实践的角度看，如果不考虑中国传统德育的理性精神不足、权利意识淡薄等缺陷的话，其着眼于习惯养成的教育方式是非常成功

① 闫少华、尉天骄：《"回归生活世界"：现代道德教育观与先秦儒家伦理思想的契合》，《社会科学家》2011 年第 2 期。

② 寇冬泉：《生活育德是中国传统德性培育基本范式的回归与超越》，《道德与文明》2006 年第 3 期。

③ 张岱年：《文化与价值》，新华出版社 2004 年版，第 95 页。

的生活德育范式。

西方也有生活德育之传统。前文已经论及，苏格拉底、亚里士多德（Aristotle）何尝不是"生活德育论者"？首先，亚里士多德的德育目的是至善——生活幸福（过得好，活得欣欣向荣），体现出生活本位的取向。其次，关于道德与人及其生活的关系，亚里士多德不把道德视为外在于生活的知识，而是认为道德"就在具体的人身上，就在实际生活中。他心目中的人，并不是要脱离现实社会的一种超然的，属于理念世界中的东西"①。再次，关于道德的形成，亚里士多德也是生活论的，周辅成将他的道德形成观概括为"道德出于天性，成于习惯"②，可以说准确抓住了其思想的精髓。天性和理性都是道德的基础，但仅有天性和理性那是不够的，因为这二者还必须落实于实际生活，否则它们仍然只是人类自身功能的两种形式。亚氏对此说得直接而明白："有些人认为一个人好是天生的，有些人认为人是通过习惯，另外一些人认为是通过学习，而成为好人的。本性使然的东西显然非人力所及，是由神赋予那些真正幸运的人的。逻各斯与教育也似乎不是对所有人都同样有效。学习者必须先通过习惯培养灵魂，使之有高尚［高贵］的爱与恨，正如土地需要先耕耘再播种。"③ 近代影响最大的教育家杜威（J. Dewey）在《我的教育信条》中对道德教育有开宗明义式的论述："我认为道德教育集中在把学校作为一种社会生活的方式这个概念上，最好的和最深刻的道德训练恰恰是人们在工作和思想的统一中跟别人发生适当的关系而得来的。现在的教育制度就它对于这种统一的破坏或忽视而论，使得达到任何真正的、正常的道德训练变得困难或者不可能。"④ 他在《教育中的道德原理》中对"道德观

---

① 《周辅成文集》（卷Ⅱ），北京大学出版社 2011 年版，第 16 页。

② 《周辅成文集》（卷Ⅱ），北京大学出版社 2011 年版，第 14 页。

③ ［古希腊］亚里士多德：《尼各马可伦理学》，廖申白译，商务印书馆 2003 年版，第 313 页。周辅成的译文似乎更为通畅易懂："人变成善良人，有人说是由于天性，有人说是由于习惯，有人说是由于教育。天性的惠赐，显然非我们人力可左右，只有那些极幸运的人才能得此神赐。至于教育与理性，亦恐非对于人人皆有效。学（习）者唯有首先培养良好习惯，使爱憎都能得当。好似一块土地，力求保养以便种植。"

④ ［美］约翰·杜威：《学校与社会·明日之学校》，赵祥麟、任钟印、吴志宏译，人民教育出版社 1994 年版，第 7—8 页。

念"与"关于道德观念"的区分，对"直接道德教学"的局限性和内在
矛盾的揭示，对"学校道德的三位一体"的倡导等，都是生活德育论的
思想资源、理论基础甚至是基本观点。也就是说，在杜威那里，生活德育
论是被当成道德教育的一个"基本原理"的一面。

　　应该承认，过去与现在的道德教育理论流派都有疏远甚至背离生活
德育这一"基本原理"的一面，但也应该看到，有疏远和背离就有以
生活德育为基础的拉力、反弹与斗争，这从另一个方面证明了生活德育
论作为"基本原理"的强劲效力与生命力。就当前而言，在既有时代
需要作为社会支持，又有理论资源作为理论根基的情况下，对生活德育论
的理论质疑与批评并不构成真正的挑战。生活德育论是欢迎真正的学术批
评的，有学术品质的批评可以促进对生活德育论的深入研究和进一步发
展，不但无损于其作为道德教育"基本原理"的地位，还有为其增光添
彩之功效。

　　不是没有挑战，而是挑战在"别处"。生活德育所要面对的最大挑战
不是理论的，而是实践的。前面说过，"生活德育的未来在于'没有未
来'"，对这句话既可做积极意义上的理解，即生活德育作为一个"基本
原理"化在学校教育过程之中；也可做消极意义上的理解，即如果学校
生活非生活化趋势继续发展，生活德育可能会被排斥在学校教育过程之
外，真正没有未来！问题的严重性在于，这不仅仅是一种理解上的可能，
而且是一种现实的可能。

　　生活德育来自实践的最大挑战在于学校的非生活化。生活德育的基础
在于生活，没有生活就没有（道德）教育。学校的非生活化对生活德育
来说，是一种"釜底抽薪"。学校为什么会非生活化呢？首先在于学校作
为专门的教育机构本身就存在着非生活化的惯性和"冲动"。杜威将学校
的这种倾向称为"明显的危险"（conspicuous dangers），并对其深怀戒心、
忧心忡忡。在杜威看来，正式教育产生以前，未成年人参与社会生活有两
种方式：一种是直接参与成人的工作与劳动；一种是游戏式的模仿。无论
是哪种参与方式，都是未成年人亲身经历并有切身体验的，而"正式教
育易流于疏离（remote）、死板（dead）——用寻常的字眼，就是抽象的

（abstract）、咬文嚼字的（bookish）"①。原因在于正规教育是符号化的，而符号化的好处在于知识容量的无限增大，弊端则是易于"自成一世界"，脱离作为根基的生活本身，变得无关乎生活经验。基于对学校的这种警惕，杜威认为如何达至正式与非正式、偶然自发与有意图教育之间的平衡始终是教育哲学的重大课题。正规教育的这种内在倾向对教育的所有领域和维度都是威胁，但对道德教育的威胁最大，因为道德知识如果与生活无关，与人的体验和经验无关的话，就仅仅只是"关于道德的知识"，这种知识的学习对道德发展来说，不但无益反而有害。

正规教育是一种有意图的教育，这其中又蕴藏着与上述危险性相关的另一种危险性：教育变成"告诉"（telling）与"被告诉"（being told）的过程，而且"这种危险性并非理论上的，而是实际的。把注入当教导，把被动的吸收当学习"②。这种危险的根源　方面在于学习内容脱离了学习者的生活体验，成了外在于他们的对象化的东西，学习者无法在主动的建构性的过程中学习；另一方面，教育又是有意图的，这种意图一定要"实现"，结果只能直接"告诉"与灌输。灌输作为教育方式，本身是反道德、反教育的，其存在本身就是在进行一种"反向的生活德育"：贬低学生的独立性、主动性和尊严，把学生当成可以贯彻教育意图的物化工具。把灌输用于道德教育，则是"危险中的危险"，因为这种教育方式不但贬低了人性，还背离了道德，使本来事关心灵的美的活动（take possession of the beautiful）变成了蒙蔽心灵的丑陋过程。

杜威的这些担心如今在现实中依然存在，学校内在的非生活化倾向不但没能得到遏制，反而得到了额外的驱动力。当代学校的非生活化的额外驱动力可以概括为科技（知识）至上、利益至上和效率至上。在这几种力量的推动下，当代学校教育在很大程度上已经变成了现代科技所构造之世界的一个"样板间"，一定程度上呈现出一种非生活化的面目。杜威所

---

① ［美］约翰·杜威：《民主主义与教育》，林宝山译，（台北）五南图书出版股份有限公司1989年版，第36页。

② ［美］约翰·杜威：《民主主义与教育》，林宝山译，（台北）五南图书出版股份有限公司1989年版，第36页。

讲的儿童生活的四种本能，包括社会交往的本能、建造的本能、探究的本能、艺术的本能在学校中常常被压抑。

在学校发展史的早期，学校作为家庭功能的延伸，有着更多的家庭色彩。随着工业化的到来，学校与家庭渐行渐远，逐渐变成一种纯粹的社会机构，尤其是"20 世纪以来，学校规模愈大，结构愈科层化，其许多特征与韦伯的'理想类型'科层制机构特征相似"①。科层化的现代学校犹如现代化工厂，服从于专业化与效率的要求，"把大量学生（原料）集中在中心学校（工厂）里，由教师（工人）加工"②。

或许有人会说，这里所说的非生活化也是一种生活，也是建立在某种人性或人性的某个维度之上的一种生活样态，这样的生活也有"教育意义"，也可发挥"生活德育"的效能。没错，单从逻辑上说，这种非生活化也是一种生活，问题是这种生活不是按人性的方式去组织的，而是按非人性的、物化的方式去建造的，是生活的异化、人性的扭曲。这种非生活化也不是没有人性基础，但其人性基础却是人性的消极因素，比如物质欲望、恶性竞争、盲目依赖等，呈现出一种整体非理性的特征。我们说的教育的整体非理性是指其活动在形式上是理性的，但在实质上却是非理性的；在手段上是理性的，但要达到的目的和目标却是非理性的；具体的过程是理性的，但整个事情的性质却是非理性的。也就是说，这种教育是以理性的面貌示人，但却没有精神深处的思考，没有从人性需要、儿童发展与幸福的角度去建构自身，在形式合理的伪装下实际上却存在着不合理的因素。③ 如果撇开教育的价值导向性，非生活化的学校也是一种生活，也对置身于其中的人有一种"教育"或者熏染。但我们所倡导的生活德育是有价值导向的，是"好生活"与"好人"的统一，不是非人性的生活

①　［美］珍妮·H. 巴兰坦：《教育社会学：一种系统分析法》（第五版），朱志勇、范晓慧译，江苏教育出版社 2005 年版，第 36 页。

②　［美］阿尔温·托夫勒：《未来的冲击》，孟光均等译，中国对外翻译出版公司1985 年版，第 349 页。

③　这里对现代教育的论述参考了李文阁关于现代社会的"形式合理、实质不合理的思想"。参见李文阁：《复兴生活哲学—— 一种哲学观的阐释》，安徽师范大学出版社 2010年版，第 329 页。

与非人性化的结合。

　　重申生活德育论针对的正是现代学校非生活化的现实，也是对当代学校教育一些不良倾向的纠正，是教育领域的人道主义呐喊，从一开始就是站在学校非生活化的对立面。非生活化的学校有强大的社会基础和自我维护的本能，有大量的拥护者，始终是生活德育论的最大威胁与挑战。生活德育的未来在于"没有未来"，问题是哪种意义上的"没有未来"。也许，生活德育的未来不是命定的，而是由我们决定的，是由我们想成为什么样的人、想过什么样的生活、需要什么样的教育决定的。

第二章　再论道德学习在生活中是如何发生的

一、为什么需要一种新的道德学习理论

世纪之交，德育研究相当活跃，多种理论范式相继提出、彼此争鸣。这既是思想解放二十多年的自然结果，也是教育理论界自觉探索道德教育的中国道路的反映。生活德育论就是在这一过程中提出的，既有理论的反响，也有实践的运用。近年来，德育理论研究相对沉寂。沉寂也许是好事，热闹之后需要沉淀，也需要过滤和淘汰。生活德育论虽然成绩斐然，但同样不能停滞不前，也有一个反思和深化的过程。道德教育理论根植于道德学习理论，从这个意义上说，后者比前者更为根本。正是这个原因，教育史上的不同时期，总有"道德是否可教"的疑问冒出来，但却没有"道德是否可学"的狐疑。一种道德教育理论能否"立得住"，关键还是要看其道德学习理论。虽然生活德育是德育的基本原理，有绵延至今的传统，从古代的孔子、苏格拉底、亚里士多德到近代的杜威、陶行知都是生活德育的倡导者、力行者，但生活中道德学习是如何发生的，依然有诸多尚未阐明之处。因此，道德学习理论的修订与完善，是深化生活德育的一个可行的着力点。

在道德学习问题上，科尔伯格（L. Kohlberg）的认知发展阶段理论贡献巨大、影响深远。但这一理论的缺陷也是明显的。第一，即使"三水平六阶段"的发展规律是普遍的（他的弟子吉利根［Carol Gilligan］已经指出女性的道德发展与此不同），这也只是道德认知发展的规律。道德

不单是认知的，道德学习当然也不只是道德认知的发展。虽然不能说道德认知发展阶段理论排斥了道德本能、道德情感、道德习惯、道德态度等维度，但起码可以说这些道德发展的维度没有被纳入道德学习的视野之中。第二，道德认知发展阶段只是告诉我们人的道德判断发展的阶段性规律，描述的是每一个阶段的特征，但在每一个阶段上，道德学习是如何发生的，即道德学习的基本机制到底如何，依然是不明确的。也就是说，科尔伯格为我们描述了每个人已经达到和可能达到的道德判断发展的图景，但却没有告诉我们这些图景是如何建构起来的。第三，这一理论过于突出每一个发展阶段的差别，忽视了不同阶段在道德学习上的共同性。实际上，即使是差异巨大的最低阶段和最高阶段，也有一些共同的基本道德学习机制，比如接受他人的明确要求和接受他人的隐含暗示。即使存在这些问题，道德认知发展阶段理论的开创性贡献也是无可否认的，赞同科尔伯格理论的人，出于对道德认知发展理论的维护，也许不会赞同以上批评。纵使道德认知发展阶段理论不存在以上三点缺陷，我们也有必要建构一种超越阶段性的道德学习理论，即道德学习在生活中是如何真实发生的理论。

国内德育学界除了对道德认知发展理论进行介绍、运用、检讨之外，系统化的道德学习理论较为少见。王健敏在《道德学习论》一书中建构了自己的道德学习理论，将道德学习描述成"依从性道德学习""认同性道德学习""信奉性道德学习"三种状态。[1]

这一道德学习理论虽然也隐含着道德学习的阶段性（不同状态其实也是不同阶段），但理论重点不在于阶段性，而在于道德学习发生的不同方式，即通过对社会规范的依从、认同、信奉来实现。这一理论的可贵之处就在于不是静态地描述道德发展的不同阶段图景，而是聚焦于道德学习发生的社会心理过程。但这一理论的问题也是明显的，首先是其道德与道德学习概念，即将道德等同于社会规范，将道德学习等同于社会规范的学习。[2]确实，道德有社会规范的维度，或者说道德可以以社会规范作为存

---

① 王健敏：《道德学习论》，浙江教育出版社 2002 年版，第 53—85 页。
② 王健敏：《道德学习论》，浙江教育出版社 2002 年版，第 1—5 页。

在形态之一，但社会规范与道德还是不同的，道德的根基还是在于人心。社会规范如果违背了深植于人心的善良，也会走向道德的反面。其次，与此相连，这种道德学习观的外铄性比较明显，道德学习变成了单纯的对社会规范的依从、认同、信奉，学习者本身具有的、内在的、等待发育生长的"道德种子"没有存在的空间。再次，这一道德学习理论隐含一个预设，即道德学习的被动性，道德学习者是被教育的对象，是社会规范所要抓住的人，忽视了人对社会规范的主动探究、批判性质疑。最后，单从社会规范学习的角度来看，三种学习状态或学习形态只是一种理论分类，在实际运行中也是交织在一起的，不存在纯粹从依从、认同到信奉的线性发展过程。

我在《道德学习在生活中是如何发生的》一文中也对道德学习在生活中的发生有过一个初步的探索："生活中的道德学习是以我们拥有的道德本能为基础，通过接受暗示、非反思性选择和自主选择的交互作用而实现的"①。这一探索的贡献在于道德学习的生活性，即揭示了道德学习在生活中的"悄无声息"性。作为人，我们是生活者，在生活的过程中，没有专门去学习道德，却在不知不觉中通过接受他人的暗示、通过自己不假思索的选择而学习了道德。现在重新看这一理论构架，也有明显的漏洞。第一，忽视了人在道德学习上的主动性。人不是被环境支配的被动者，而是主动的行动者，这一点从小孩子身上就能看得出来：小孩子总是不停地活动着。正是在行动中，我们从环境、他人对自身行动的反应中学习，我们的道德本能也是在行动中得到生长和发育的。一般意义上的行动，即非专为道德的活动也具有道德学习的意义，除此之外，对榜样和偶像人物的效仿、崇敬这一类具有专门道德学习性的活动更具有道德学习意义。第二，这一探索突出了接受暗示在道德学习中的意义，虽然也特别表明了接受暗示之中其实有"主动选择"，即接受什么暗示、不接受什么暗示由主体现有品德结构过滤，反映了道德学习者的道德偏好，但还是有

---

① 高德胜：《道德学习在生活中是如何发生的》，《南京师大学报（社会科学版）》2004 年第 2 期。

道德来自外在、来自他人的嫌疑。第三，在道德学习中，习惯是一个重要的机制，亚里士多德说"道德德性通过习惯养成"，但这一探索没有给予习惯应有的重视和位置。第四，人是社会性存在，我们不仅从他人那里接受暗示，也从他人那里接受明示。他人的赞同与批评其实就是对我们的道德要求，作为群体成员，我们不可能完全无视他人的道德要求。对他人道德暗示的接受是道德学习，对他人明确道德要求的服从也是道德学习。这一探索，强调了道德学习的暗示性，忽视了道德学习的要求性。这些问题的存在，说明这一道德学习理论有很大的修改与完善空间。

二、道德本能：道德学习发生的前提

在《道德学习在生活中是如何发生的》一文中，我主要从生物学、进化论的角度阐述了"人是道德的动物"这一命题。作为社会性动物，在人类生活的早期，我们已经形成了"原型道德"，这既是人之所以为人的标志，也是使人类从自然界脱颖而出的力量。这与达尔文的发现完全一致，"在人类进化层面上，最有力的推动者是对'道德意识'的系统需求"①。单个的人即使有了智能，与猛禽怪兽相比，也是不堪一击的，但爱与道德犹如魔法，使脆弱的个体团结在一起，产生了所有其他物种所无法达到的能量。可以说，从人类诞生的那一天起，其他物种都不再是人类的对手，都无法再对人类构成实质性的威胁。能够对一个人类部落种群构成威胁的，除了严酷的自然环境之外，就只能是其他部落种群。在适应自然环境、与其他部落种群间的竞争中，道德再一次起到了关键性的作用。那些群体内道德良好、能够团结合作的部落种群生存、延续下来的概率要大得多；那些道德蜕化、没有合作精神的部落种群则多数走向了灭亡。在这个意义上，如果说自然界是适者生存的话，那么人类群体则是"德者生存"。

———————

① ［美］大卫·洛耶：《达尔文：爱的理论——着眼于对新世纪的治疗》，单继刚译，社会科学文献出版社2004年版，第12页。

过去我们总是从生理反应来推断人的道德本能，比如我们普通人对人类尸体都有一种自然的本能反应，要解剖尸体，第一次都会恶心、呕吐。这种生理反应是阻止我们残害同胞的力量，或者说是在我们的身体中已经"预装"了不残害同类的"先天设备"。当然，这些都是从生理反应倒推道德本能。"镜像神经元"（mirror neurons）的发现证实了这一推测的正确性。1995 年，神经科学家贾科莫·里佐拉蒂（Giacomo Rizzolatti）发现大脑里存在着一种能够模仿外在世界和他人的神经元，"镜像神经元让我们不是通过推理，而是直接以模仿的方式来理解他人的思想"①。也就是说，人类的大脑已经"预装"了镜像神经元这一"硬件"，以使我们能够直接地体会他人的情感、理解他人的思想，这就是为什么我们能够对他人的快乐、痛苦感同身受的生理基础。

对道德本能的思考有比进化论、生理学更加久远的哲学传统。苏格拉底、柏拉图的灵魂不朽、德性是灵魂的功能的学说已经暗示了道德有先天性的维度。亚里士多德更强调人的政治性、社会性，更看重实践、习俗、习惯在德性形成中的作用，但他也不否认道德有先天的一面："德性在我们身上的养成既不是出于自然，也不是反乎于自然……自然赋予我们接受德性的能力，而这种能力通过习惯而完善。"② 孟子说得更明确："恻隐之心，人皆有之；羞恶之心，人皆有之；恭敬之心，人皆有之；是非之心，人皆有之。"（《孟子·告子上》）对于恻隐、羞恶、恭敬、是非等基本的道德情感，孟子用的是毫不含糊的"有"，且是"皆有"。这"皆有"是如何得出的呢？用现代学术话语来说，孟子用的是道德现象学的方法，无论谁见到一个小孩子掉到井里，都会心下大惊，都会挺身相救。而这样做，完全不是出于外在功利或社会要求，不是"内交于孺子之父母"——着眼于对新世纪的治疗"要誉于乡党"，甚至更不是担心自己的声名（"恶其声"，见《孟子·公孙丑上》），完全是出于人的道德本能。

①　［美］马克·马陶谢克：《底线：道德智慧的觉醒》，高园园译，重庆出版社 2013年版，第 10 页。

②　［古希腊］亚里士多德：《尼各马可伦理学》，廖申白译，商务印书馆 2003 年版，第 36 页。

卢梭（Jean-Jacques Rousseau）的怜悯心与孟子的不忍之心不谋而合，正是怜悯心"促动我们不假思索而援助受苦之人"①。先于思考的怜悯心在卢梭那里同样具有孟子的"皆有"（普遍性）和根基性。后世的诸多哲学家，从不同角度论证了道德本能的存在，比如库利（Cooley）的"本能性情感"、居友（Guyau）的"道德生殖力"、泰勒（C. Taylor）的"道德直觉"、弗洛姆（E. Fromm）的"根性"等。②

人们一般都会把道德本能视为一种潜能，而不是一种"实能"。但孟子却发现恻隐之心等道德本能在一定程度上是不学而会的实能："人之所不学而能者，其良能也；所不虑而知者，其良知也。"（《孟子·尽心上》）由此看来，道德本能有潜能的一面，也有实能的一面。或者准确点说，有些道德本能是潜能，有些道德本能是实能，不能一概而论，要具体分析。当然，是潜能还是实能不是重点，重点在于道德本能在后天生活中能否发展变化。倪梁康认为，"正因为它是先天的本能，所以只能激发，而不能传授"③。这一判断有合理之处，但并不准确。道德本能无论是作为潜能还是实能，都不是外铄的，确实不能传授。问题是如何理解"激发"：是单纯地"刺激出来"，还是"刺激出来"并有所发展？如果是后者，那就没有问题；如果是前者，问题就大了。第一，作为潜能的本能必须得到实现、必须变成"实能"才有意义。潜能激发，本意就是将潜能刺激出来并有所发展，使潜能变成现实。而潜能之所以是潜能，就在于其有变成真实能力的可能性，否则就不是潜能。第二，作为实能的本能是否就是固定不变的。比如，恻隐之心是人人都有的，但随着"生平情景"或人生经历的巨大不同，有些人的恻隐之心得到了发育、扩展，由此上升到很高的道德境界；有些人的恻隐之心则被压抑、窒息，甚至消失殆尽，由此变得冷漠、麻木。由此看来，即使作为实能的道德本能，也有一个激发、呵

---

① ［法］弗朗索瓦·于连：《道德奠基：孟子与启蒙哲人的对话》，宋刚译，北京大学出版社 2002 年版，第 16 页。

② 高德胜：《生活德育论》，人民出版社 2005 年版，第 34—39 页。

③ 倪梁康：《道德意识的来源论纲》，载黄克剑主编：《问道》第 1 辑，福建教育出版社 2007 年版，第 47—64 页。

护、孕育、生长的问题，不能任其自生自灭。第三，人是复杂的存在，有多种多样的本能，因此也就有多种多样的发展可能性。道德本能只是这诸多本能之一种，也有一个诸本能发育的竞争问题，如果不能得到很好的呵护与滋养，使其苗壮，则有被其他发展壮大之本能压制、压倒的可能。第四，本能的可变性还表现在，学习和教育可以把非本能的习俗、观念、情感变成人无意识的、非反思性的道德反应，变成一种类似于道德本能的存在，或者说是一种"后天性的道德本能"。

道德本能作为道德学习的前提，首先意味着道德本能是道德学习的基础，意味着没有道德本能，道德学习就不可能发生。休谟（D. Hume）将人的德性区分为"自然德性"（natural virtue）和"人为德性"（artificial virtue）①，前者是起源于人的内心、由道德本能生长而来的道德，后者是社会中人与人之间所约定的道德。对于"自然德性"，道德本能的意义不言而喻。没有道德本能，就不可能有由此发育而来的自然德性。"人为德性"或者说社会性道德，不是从道德本能中发育而来的，而是一种"人为约定"、社会规范，它是不是就与道德本能没有关系了呢？显然不是，正如亚里士多德所言，德性（亚里士多德是一个现实主义者，他的德性更多的是社会性、习俗习惯性的，更接近于"人为德性"）既不是出乎自然的，也不是反乎自然的。也就是说，"人为德性"虽然不是出自道德本能的，但却不是反逆道德本能的。这是其一。其二是社会性道德有时空相对性，而本能性道德更具有普遍性。具有时空相对性的社会性道德，在多种因素的作用下，在自身惯性的驱使下，有走向非道德的可能，这时候就要以本能性道德作为校正的标准来加以矫正。从以上两个方面来看，"人为德性"或者社会性道德，虽然不是直接源于道德本能，但同样与道德本能有割不断的联系，同样是以道德本能为基础的。

道德本能作为道德学习的前提，还在于其在人的所有道德学习方式中都起着这样或那样的作用。人是行动的生物，与环境的互动即是生活。因此，道德学习的第一种方式就是行动，即通过行动来学习道德。在行动学

---

① ［英］休谟：《人性论》下册，关文运译，商务印书馆 1980 年版，第 519 页。

习中，本能是动力因素，即促使人去行动的力量。人在行动中所获得的道德能力，内在地包含着道德本能经由行动所得到的发育和生长。在接受暗示这种道德学习方式中，道德本能及由此而来的"自然德性"是一种下意识性的"过滤装置"，即接受什么样的暗示、不接受什么样的暗示的非意识性的选择标准。在这种道德学习中，作为标准的道德本能及"自然德性"也得到了发展。在服从他人要求这一道德学习方式中，学习者的道德本能及"自然德性"同样是服从与否的一个内隐性标准。虽然不那么明显，但他人要求如果是符合或者不悖逆学习者的道德本能与"自然德性"的，就更容易得到认可与服从。此外，他人的要求，也有两个来源：一个是源自道德本能的要求，比如我们经常会说"不能这样""没有这样做的"，这些道德要求所反映的往往就是基于道德本能的普遍性要求；另一个是源自社会规范的要求，比如遵守公共秩序。从他人要求的来源看，对他人要求的服从，本身就与道德本能有着割不断的关联。在思考与选择这种道德学习方式中，似乎理性占据主导地位，但道德本能依然有其位置。首先，本能受阻是思考的契机，即有些思考是由本能受阻所引发的。其次，本能与情感、情绪的联系更为直接，而情感、情绪对思考与选择有着不可忽视的影响，本能借由情绪、情感作用于思考与选择。最后，思考与选择不可能凭空进行，只能以包括本能性道德在内的品格状态为基础，也就是说思考与选择内在地包含着本能的力量。

三、接受暗示

人作为社会性动物，通过接受暗示的方式在不知不觉中学习是道德学习的一种主要方式。在《道德学习在生活中是如何发生的》一文中，我对接受暗示的论述包括如下方面：接受暗示这种学习方式的特点是接受影响而不自知，受影响于浑然不觉之中；在接受暗示的过程中，道德本能以及过去生活所建构的品格与性情起着筛选和过滤的作用，符合或贴近自身品性和偏好的影响更容易被接受，反之则容易被忽略；接受暗示多发生在影响一致的情况下，即来自他人的影响是一致的，如果来自他人的影响是矛盾的、明显相互冲突的，就会引起学习者的注意、思考和选择，接受暗示这种学习方式就会中止；等等①。这些论述依然成立，不再赘述，这里仅作几点补充。

第一个关键性的问题是有自主性要求的人为什么会接受来自他人、群体和社会的暗示？诚如多亚尔所言，人有自我意识，自主与健康一样是人的一种"基本需要"②。但人又是群体动物，有群体归属需要，离开群体，单个的人异常脆弱，根本谈不上什么自主。在这个意义上，归属是绝对的，而自主则是相对的，是归属基础之上的自主。正是在这个意义上，杜威说，"一个人首先是群体的成员而非个体"③。作为群体成员，一个人首先要接受群体的规范，接受来自其他群体成员的不用言明的要求（暗示）。这是一个人被群体所接纳的"通关密码"，或者说是被群体所接纳的不言自明的前提。再"离经叛道"的人，也对群体之"经"和"道"有所接受，接受之后才谈得上"离"和"叛"。

每一个个体来到这个世界上，都是一个"新来者"。作为新来者，这个世界是先于个体而存在的。在一定意义上，先在性就是理所当然性。也就是说，先在的世界对"新来者"来说是理所当然的，对"新来者"来说，接受这个世界及其规范和要求，是首要的任务，也具有理所当然性。此外，作为"新来者"的个体，我们一开始都是那么脆弱、那么无助，必须依赖父母、长辈的养育才能存活。我们所依赖的养育，既包括身体的，也包括精神的、心理的、社会的。我们接受父母的身体照顾，同时也接受他们对我们的心理、精神的照顾，接受他们作为群体成员所传递的规范要求。

先在的世界、先在的他人往往不是有意识的教育者，他们给我们的影响多是无意识的，否则就是"明确的要求"，是另外一个问题了（下文将

---

① 高德胜：《生活德育论》，人民出版社 2005 年版，第 51—53 页。

② ［英］莱恩·多亚尔、伊恩·高夫：《人的需要理论》，汪淳波、张宝莹译，商务印书馆 2008 年版，第 78 页。

③ 《杜威全集·晚期著作（1925—1953）·第七卷（1932）》，魏洪钟、蔡文菁译，华东师范大学出版社 2015 年版，第 21 页。

讨论）。先在的世界有自己的运行方式和逻辑，它就在那里"不动声色"地存在着。先在的他人作为群体和社会的成员，一方面是社会风俗习惯的承载者，在不知不觉中传递着社会风俗习惯所要求的思考和行为方式；另一方面，作为自主的个体，他们有自己的品格和性情，这种品格与性情也会"默默言说"。先在的世界及其蕴涵，先在的他人及其品性的展露，对"新来者"来说都是犹如空气一样自然的存在。我们要存在，就要呼吸，在呼吸的过程中，我们很少能意识到空气的存在；我们要生活，就要纳入来自世界、来自他人的影响，在这一过程中，同样很少意识到他人影响的存在。在这一过程中，影响者和被影响者都是不知不觉的。

第二个关键问题是他人暗示的性质。人是道德存在，我们周围的他人都有自身德性，他们对我们的暗示当然包括道德性的无意识要求。同时，他人又都不是纯粹的道德存在，每个人在道德上都不是完善的，因此他们给我们的暗示也不可避免地有非道德甚至是反道德的无意识要求。作为道德学习者，如前所论，我们在道德上都不是"白板"，都有来自道德本能和生活历程的品德结构。品德结构是我们的"无意识选择器"，对来自他人的暗示进行着无意识的选择。同样，我们每个人的品德结构也不是完善的，有这样或那样的缺陷和问题，正因为如此，它在吸收道德的无意识要求的同时，也会吸收非道德的、不道德的无意识要求。人都是有限的存在，都是不完善的，但在充分意识的情况下，我们会在一定程度上用理性去努力克服这种不完善，使其不至于扩大。问题是，无论是给我们暗示的他人，还是接受暗示的我们，都是在无意识状态下完成这一过程的，理性在这里无从发挥作用。以上三个方面都说明了通过接受暗示所进行的道德学习是粗放型的，缺少意识选择性，在学到好东西的同时也可能接受了坏的影响。

那么，如何才能保证更多好的影响、更少坏的影响呢？显然影响源是关键因素之一。由于暗示是非意识性的，是不自觉发出的一种影响，那么影响源的道德品质就成了决定性因素。比如，一个品端行正的老师，她自在、自然地工作、与学生交流，并没有刻意去影响、教育学生，但却已经给了学生良好的道德影响。这影响不是来自教师有意识的道德教育，而是来自其品格魅力的自然散发。在学校教育中，不仅具体的他人是影响源，作为机构的学校也是影响源。一所学校，如果风气良好，有正气、有品格，同样会自然散发出良好的影响。反之也一样，一个教师、一所学校，如果品不端、行不正，即使在外在约束下没有教唆学生去做坏事，实际上已经对学生产生了不良的影响。第二个关键因素是学习者自身的品性。如前所论，学习者已有的品性或品德结构是接受外在影响的"选择器"。已有的品性反映的是人的道德偏好，对他人暗示起着筛选的作用：一个正直的人更容易接受正直的影响，一个自私的人则更容易接受自私的暗示。由此看来，一个人的天性和早期家庭生活所奠定的基本品性，在道德学习中所具有的重要作用不容忽视。

接受暗示作为一种道德学习方式，与其他道德学习方式不是割裂的关系，而是交织互融的。如前所论，道德本能是接受暗示的"选择器"，在这一过程中，道德本能也得到了滋养和发育。同时，我们从先在的世界、群体和他人那里习得的习俗、习惯本身既有社会规范的元素也有道德本能的元素。这是因为风俗、习惯不是在道德本能之外无中生有的任意创造，在其来源处，也是人性要求的反映。他人不自觉的要求，如果被我们不自觉地接受了，社会心理影响过程的发生就是比较顺畅的。如果我们总是忽视他人的无意识的影响，就会引起他人的警觉，这时候暗示就会变成明确的要求。比如，一个品端行正的老师突然意识到自己的影响抵不过青少年亚群体的不良风气时，就会对班级学生提出明确的道德要求。如果来自他人的暗示并不一致，就会促发学习者的道德思考与选择。比如，来自父母与老师的暗示如果差别很大，甚至是矛盾的，就会促发学生进行思考和选择。同时，我们通过接受暗示所形成的品德结构不但是我们进行道德思考和选择的基础，也可以成为道德思考和选择的对象。同样，我们通过接受暗示所涵养的品性，既是我们行动的基础，也会在行动中得到检验，或者通过行动得到修正、提升，或者通过行动而被抛弃。

四、服从要求

他人不但会在不自觉的情况下给我们各种暗示，还会对我们提出各种各样的道德要求。这种明确的道德要求，既有来自个体的，也有来自群体和社会的。家庭对于个体来说是先在的存在，每个人的成长都离不开家庭的养育。在家庭中成长的每个人，都会收到来自父母和家庭的道德要求，包括应该去做什么样的事情这样的期待性要求和不能做什么样的事情这样的禁止性要求。家庭是首属群体，父母作为个体会提出要求，家庭作为群体也会提出要求。每个人都会生活在各种层次、各种类型的群体中，而不同层次和类型的群体也会对我们提出明确的道德要求。同样，作为社会成员，我们也会感受到来自社会的道德要求。当然，群体也好，社会也好，群体本身不会说话，都是由个体代表群体和社会来说话的，来对我们提出明确的道德要求的。

他人（包括作为个体的他人与作为群体和社会代表的他人）为什么能对我们提出道德要求呢？首先，人是道德存在，他人作为人类的一员，对自己有道德要求，对我们当然也有道德要求。反过来也是一样，我们把自己当作道德主体（moral agency），也把别人当作道德主体，对自己有道德要求，对别人也有道德要求。其次，如前所论，我们每个人虽然都是独立的个体，但更是群体和社会成员，都会自觉或不自觉地代表群体、社会说话，在特定情况下，甚至会代表人类、代表道德说话。比如，遇到特别败德的事情，很多人都会说"没有这样的"。"没有这样的"这句话的潜台词就是：作为人，没有这样做的。说这话的人，也许并未意识到自己是站在人类的立场上说话，但事实上已经如此了。

他人要求，有直接和间接两种方式。直接要求又可分为正面要求和禁止性要求两种。正面要求就是直接要求我们去做正确的事情、道德的事情，比如尊敬他人、礼貌待人等；禁止性要求就是不能做什么样的事情，比如不能说谎、不能欺负弱小等。既然是明确的要求，从道理上讲都应该是直接的，但为什么还会有间接要求呢？这是因为他人对我们的要求虽然是明确的，但提出要求的方式却是间接的。间接要求可以通过赞同和否定（批评）两种方式提出。他人用对我们言行的肯定间接地对我们提出要求，即这样的言行是对的、应该坚持、应该继续、应该有更多类似的言行。同样，他人用否定（批评）来间接地对我们提出要求，即这样的言行是错误的、应该立即停止、不能再犯。间接要求与暗示的区别在于，要求虽然是间接的，但却是明确的。在暗示中，暗示发出者并未意识到自己的意图，而在间接要求这里，要求提出者是意识清楚、态度明确的。

成年人对青春期少年的逆反与不服从印象深刻，似乎他们的不服从是常态，而服从是非常态。事实并非如此，实际上在进入青春期之前，对他人的要求，我们总体上服从的比拒绝的多。即使在青春期，拒绝的也往往是道德之外的要求，对来自他人的道德要求，同样也是服从多于拒绝。其实，人生发展的每个时期都有自己的特点和问题，现代心理学对青春期的描述可能存在偏见，在青年期、成年期，我们对外在要求的不服从也许并不比青春期少。对来自他人的道德要求，有自主性要求的人为什么服从多于拒绝呢？如前所论，人是群体动物，有归属与接纳的基本需要。被他人、被社会排斥和孤立，对人来说是最大的惩罚，会带来无法承受的痛苦。要避免这种痛苦，就要接受群体规范，这是被群体接纳的基本条件。而他人的道德要求，并不单是作为个体的他人所提出的要求，往往是代表群体、社会甚至是人类所提出的要求。拒绝这种要求，往往就意味着拒绝群体、社会甚至人类的要求，就意味着被群体和社会排斥在外。这是其一。其二，我们明白，他人对我们提出道德要求，实际上包含着对我们的爱和期待。他人对我们的爱与对我们的要求是一体的，道德要求就是对我们爱的体现。正是因为爱与要求的一体性，我们对道德要求的接受就更为顺畅。当然来自陌生人的道德要求，虽然与亲近之人的道德要求有很大的区别，但却意味着陌生人对我们作为人的尊重与期待。正是因为他人将我们视为有尊严、有道德的人，才会对我们提出道德上的要求。其三，我们是道德存在，对自己也有道德要求和道德期待，他人的道德要求如果契合了我们自己的道德需要，就是内外交汇贯通的，接受起来就没有障碍。其四，即使是从自主需要的角度来看，作为社会性存在，我们也不可能无视来自他人的评价。事实上，每一个人都很在意他人的赞同和批评。他人的赞同会有力地增强我们的自尊与自信，给我们更加自主的感觉；他人的批评则会使我们反观自身，是我们反省自己的契机。也就是说，我们对他人的赞同和批评这种间接要求的重视，一点儿也不亚于他人的直接要求。总之，人是关系性的存在，与他人在一起是我们根本性的存在形态。我们虽然有自主性，但不能无视来自他人的道德要求。正如杜威所言，"正当、法律、责任（道德要求）来自人类紧密地相互支持的联系，它们的权威力量来自把人们联系在一起的关系的真正本性"①。

如前所论，对来自他人的道德暗示，我们都是在不自觉中有所"选择"的，对他人明确的道德要求更不可能照单全收。人对道德的理解，既有共识，也有差异。他人的道德要求，就他人而言在道德上可能是理直气壮的，对被要求者而言则可能是有道德瑕疵的或者是过分的，这时候，被要求者往往不会服从。道德问题从来都是复杂的，来自他人的道德要求即使是道德的，还有一个价值优先性问题，如果他人的价值排序与我们的价值排序不同，就会出现价值优先性的矛盾，我们就可能会基于自己的价值排序拒绝他人的道德要求。比如，老师可能基于诚实的要求，让我们如实汇报班级发生的问题，但学生则可能基于友谊第一、为朋友保守秘密的要求，拒绝老师的要求。如果来自他人的道德要求互相矛盾，也会引发我们的思考与选择，然后作出服从某种要求、拒绝另外一些要求的决定。比如来自同龄人与来自父母的道德要求互相矛盾的情况并不少见，服从一个就意味着拒绝另外一个。当然，服从还是拒绝并不单单取决于道德要求自身的性质，还与道德要求发出者在我们心目中的地位密切相关。如果一个人在我们心目中地位异常重要，其提出的道德要求即使存在上述所论问题，我们也不会轻易拒绝。另外，如果一个人个性比较软弱，即使知道他人的要求存在问题，应该拒绝，但却因为个性而不敢拒绝。

对道德要求的服从是道德学习，对道德要求的拒绝同样也是道德学习。一方面，拒绝不会轻易作出，都是经过思考与选择的。也就是说，拒绝是道德思考的开始，拒绝就意味着道德思考的展开，意味着从服从到思考的过渡。另一方面，正是在拒绝中，我们更加明确了自己的道德坚守，即什么是自身所看重的道德价值。如果说接受是以外在要求来使自身成长

---

① 《杜威全集·晚期著作（1925—1953）·第七卷（1932）》，魏洪钟、蔡文菁译，华东师范大学出版社 2015 年版，第 174 页。

的话，那么拒绝则是用否定来使自身内在力量得到激发、确认和巩固。

　　还有两个问题需要澄清，一个是服从的意识性与非意识性问题，另一个是服从的外在性与内在性问题。既然是服从，显然都是有意识的，是我们在意识范围内所作出的决定，在这个意义上，服从就是一种选择。简单来说，我们在意识不清醒的时候是没法作出服从这一决定的，比如，在睡眠时，我们不可能去服从一个道德要求。但有时候我们的服从却是自动化的，甚至是下意识的。比如，我们到了一个安静的公众场所，不自觉地就会放低自己的声音，不去破坏已有的安静。但总体上看，服从还是意识性的，只不过有时候我们未将服从的意识再意识化，从而表现出自动化、下意识性。服从从表面上看是对外在要求的接受，似乎印证了道德学习的外在性。确实，外在社会规范和道德要求是我们学习道德的重要渠道之一，这一点毋庸置疑。但却不能因此推断出道德学习的外铄性，原因在于服从实际上意味着"选择"，而"服从的选择"的标准其实还是内在的，即我们内在的道德品性是我们服从还是拒绝外在道德要求的尺度。我们以自身道德品性和偏好为标准来"决定"是否服从外在道德要求，通过这一过程，也使内在道德品性得到滋养。在这个意义上，服从这一道德学习方式所印证的不是道德学习的外铄性，而是道德学习的内外交互性。

五、行动即学习

　　人是行动者，活着就是行动着，一旦行动彻底终止，也就意味着生命的完结。人不是抽象的存在，而是生活者，是人的生活建构了人。那么，该如何理解生活呢？我在《生活德育论》一书中借用阿尔弗雷德·许茨（A. Schutz）的概念，认为"劳作"（working）是生活的首要特性，是劳作使我们与环境相连，是劳作使我们能够与他人沟通，是劳作为意义建构奠定了基础。[①]这里的劳作，其实就是行动，即由人发出的、通过身体表现出来的行动。在这个意义上，行动就是生活，生活就是行动。当我们反

---

　　① 高德胜：《生活德育论》，人民出版社 2005 年版，第 1—5 页。

思生活的时候，生活被对象化、名词化，但实际上生活是要去"过"的，生活是一个动词，生活就是去行动，生活就是行动。我们通过行动与外在环境发生连接，发生交互作用，在满足自身需要的同时将自身力量投射到环境中。同时，作为社会性动物，我们必须与他人交往，而这一基本需要的满足也是借助行动的，没有行动，也就没有交往。不仅如此，我们对自身的建构、对生活意义的探寻，都是通过行动来完成的。与环境交互作用、与他人交往沟通、自身建构只是为了论述需要所做的区分，在生活中这些过程实际上是交织在一起的。道德学习融汇于这些过程之中，或者说在这三种过程中都有道德学习的发生。而且，前文所论的接受暗示、服从要求这些道德学习方式，同样不是孤立于这些过程之外的独立过程，也是融汇于这些过程之中的。

道德行动是道德学习最有效的方式，正如亚里士多德所说，"我们通过做公正的事成为公正的人，通过节制成为节制的人，通过做事勇敢成为勇敢的人"①。首先，品德不是潜能，而是实能。如果没有行动，就无法证明一个人真正拥有某种德性，只有在行动中体现出来，才能得以证明。确实存在这样的情况，即我们以为我们很勇敢，但在需要勇敢行动的时候，却发现自己没有那么勇敢；或者我们以为我们并不勇敢，但在关键时刻却很勇敢。也就是说，只有行动才能验证我们是否真正拥有某种德性。其次，我们在行动中体现出某种德性，一方面是我们拥有了这种德性，另一方面也就意味着这种德性拥有了我们。德性拥有人，即一种德性通过人而得到体现，这时候我们成了某种德性的承载者。我们拥有德性，德性拥有我们，德性与我们互相拥有，体现的是人与德性的交融，还有比这更好的道德学习方式吗？再次，通过行动学习道德是一种综合性的学习方式，其他道德学习方式都被融合进来。我们的行动不是无缘无故的，行动的驱动力既有思考之后所确定的目的，也有来自先天的本能冲动，道德本能以行动驱动力的方式参与到行动中并在行动中得到加强。我们接受他人暗示

---

① ［古希腊］亚里士多德：《尼各马可伦理学》，廖申白译，商务印书馆 2003 年版，第 36 页。

也好，服从他人要求也好，都不是在静止中完成的，都是在与他人发生互动的行动中得以实现和完成的。同时，我们从他人那里通过接受暗示和服从要求而获得的学习成果，通过行动得到检验，有的得到加强、巩固，有的被削弱甚至被丢弃。虽然存在着所谓的"下意识行动"，但人是有意识和自我意识的存在，多数行动都是受意识支配的，行动中多有思考。或者说，在多数情况下，行动与思考是一体的。这就意味着通过行动进行道德学习，实际上已经伴随着通过思考进行道德学习。最后，虽然行动不是形成习惯的唯一渠道，但却是主要渠道，我们的多数习惯都是通过行动而形成的。而习惯在道德学习中的意义，亚里士多德早就已经阐明："道德德性则通过习惯养成，因此它的名字'道德的'也是从'习惯'这个词演变而来。"① 如果说我们的诸多本能是第一天性的话，通过习惯而形成的德性则成了我们的"第二天性"，也就是说，一方面，经由行动和习惯，德性成了类似于本能的存在（关于行动与习惯、习惯与德性的关系，后文还会论及）。

如果我们做什么事都是为了道德，或者将所有行为都视为道德行为，我们的生活是过不下去的。实际上，生活中大量的日常活动与道德是没有直接关系的。那么，这些日常行动就真的没有道德学习意义了吗？杜威对此有过有力的论述："人们作出的大量行为本身似乎是微不足道的，但它们实际上是那些涉及明确的道德考虑的行为的支持或支撑。不顾大量的日常行为和少数有明确道德争议行为之间联系的人，是完全不可靠的人。"② 也就是说，一方面，日常生活中的大量与道德无关的行动，实际上却是道德行动的支撑，比如，一个少年早上不赖床，顶多只是一个良好的生活习惯，与道德没有直接的关系，但却是守时、守约、不迟到等道德行动的基础。由此看来，我们做好日常活动，虽然不是直接的道德学习，但却间接地为道德学习奠定了基础。另一方面，我们的诸多行动，虽然与道德没有

① ［古希腊］亚里士多德：《尼各马可伦理学》，廖申白译，商务印书馆 2003 年版，第 35 页。

② 《杜威全集·晚期著作（1925—1953）·第七卷（1932）》，魏洪钟、蔡文菁译，华东师范大学出版社 2015 年版，第 174 页。

直接联系，却是我们整体品格的体现。纷繁复杂的行动，其实是由我们的品性统领的，品性是我们行动的核心。大量日常活动，既是品性的体现，也作用于我们的品性。与道德无关的大量日常活动通过对品性的反作用而具有了道德和道德学习的意义。

崇拜和效仿是具有专门性的、主动的道德学习方式。在儿童时期，模仿就是一种主要的社会学习方式。儿童对成年人的模仿是整体性的，当然包括道德上的模仿，比如儿童对布偶娃娃的关心、照顾，其实就是对妈妈关心他的行为的模仿。到了少年时期，在模仿基础上衍生出一种新的道德学习方式——崇拜。崇拜是"以真挚不渝的热情，去效仿某种可钦佩的品格的一种努力"[①]。我们一般把崇拜与效仿分开来理解，但实际上崇拜与效仿是一体的，崇拜中自然包含着对崇拜对象品格的效仿，否则就不是崇拜。在大众传媒时代，媒体的操控性前所未有地强大，偶像制造变成了一种产业，崇拜这一学习方式也因此声名不佳。但"崇拜在一切积极向上的生活中，特别是在性格可塑造的青年时期，占有重要的地位。在性格形成时期，我们通过所佩服的楷模的观察来培养自己的品质"[②]。在性格尚未成熟阶段，我们对自己的道德自我虽然有了朦胧的感觉，但清晰的概念尚未形成，而崇拜对象或者我们选定的楷模，是理想品格的化身，给了我们前进的动力和努力的方向。崇拜的特性决定了其作为道德学习方式的综合性。崇拜对象是我们自己选择的，意味着崇拜学习中有思考和选择；崇拜不单是理性选择，里面还有很深的情感投入。可以说，正是理性选择和情感投入的融合，使得崇拜这一学习方式的主动性得以凸显。

通过行动进行道德学习的另外一个维度则是习惯的形成。习惯虽然不仅仅是行动、行为的，情感体验、思考判断，甚至接受暗示、服从要求都可以成为习惯，但行动与习惯的关联是根本性的。一方面，我们可以通过行动直接形成习惯；另一方面，通过其他方式形成的习惯不但会在身体性

---

① ［美］查尔斯·霍顿·库利：《人类本性与社会秩序》，包凡一、王源译，华夏出版社 1999 年版，第 219 页。

② ［美］查尔斯·霍顿·库利：《人类本性与社会秩序》，包凡一、王源译，华夏出版社 1999 年版，第 220 页。

行动中留下痕迹，还会通过身体性行动体现出来。行动可以形成习惯，而习惯则可以成为德性。在杜威看来，"品格"是由习惯构成的，"品格"就是习惯的互渗互联（interpenetration）。① 杜威的"品格"概念显然不同于个体品德或德性，更类似于一个人的性格或个性。准确说来，德性是一个人与道德有关的各种习惯的互渗互联。说一个人具有某种德性，也就意味着其有施行该德性的习惯。比如，某人具有慷慨品质，也就意味着其在思与行中有慷慨的习惯，换句话说，在面对相应情景时，其会自动化地表现出慷慨的行为。如果没有慷慨的习惯，慷慨的品质显然无处存在，也无从证明。既然习惯是形成道德的有效方式，那我们就可以通过行动形成习惯来进行道德学习。通过习惯进行道德学习贵在持之以恒，俗话说，"一只燕子构不成春天"，同样，一次行动不是习惯，更不能凝结为品质。以节俭品德为例，偶尔一次节俭行动无法形成节俭习惯与品德，长期笃行节俭，使节俭行动自动化，使节俭行动所蕴含的价值与情感"砌入"我们的身心之中，才能使节俭成为习惯与品德。

六、选择与思考

人有各种本能，在一些情况下靠本能就能行动；人又是社会性动物，在诸多情况下，按群体和社会性要求行事即可；人还是"习惯的生物"（杜威语），日常生活中按习惯行事方便而有效。问题是，人有意识和自我意识，有思考能力，自主性需要是人的基本需要之一，不能只过自动化、被动性的生活，否则就是对人的降格。这是选择和思考的主观要求，实际上，通过思考作出选择也是客观要求。首先，人有多种本能冲动，本能冲动之间也会相互矛盾，这时候就要作出选择；本能冲动与已有的习惯、思想，与他人的隐含或明确的要求也会不一致，也需要作出选择；来自他人的暗示也有不一致甚至是相互冲突的情况，这时候靠不假思索地接

① Stephen Pratten, "Dewey on Habit, Character, Order and Reform", *Cambridge Journal of Economics*, 2015（39）, pp. 1031-1052.

受暗示已经不能完成任务，思考和选择必须从后台走向前台；来自他人的暗示或明示也会相互矛盾，比如学校一方面明确要求同情助人，但学校竞争性的生活却又暗示学生是为自己而学习，这时候的思考和选择就是必要的；来自不同社会角色的明确要求也可能是相互冲突的，比如家长要求孩子这样，老师却要求那样，作为孩子与学生的被要求者必须进行选择；来自他人的暗示、明示都有与自己已有的品德、观念相冲突的情况，是坚持自己、拒绝他人的暗示或明示，还是改变自身、接受他人的暗示或明示，必须进行思考与选择；人自身的冲动与对自我的道德期待也存在着矛盾，也会激发思考与选择；已有习惯与新的环境也会发生矛盾，是坚持已有习惯，还是放弃已有习惯，也需要思考与选择……总之，人是选择的动物，时刻都面临着选择的要求。所谓选择，就是取舍，就是在多种可能性中进行取舍。既然是对多种可能性的取舍，就需要在内心中对多种可能性进行"考察"，这一"考察"过程就是思考。

思考有不同的类型。第一种是伴随性思考，即在其他学习方式中的伴随性思考。如前所论，接受暗示之中有选择，即接受什么样的暗示与我们已有的品德相关，而已有的品德有过去选择和思考的成分，在一定程度上也是过去选择与思考的积淀。在接受暗示过程中，其实也是有选择的，即没有意识到的选择。既然是没有意识到的选择，似乎没有思考的余地与空间，但深究起来，还是有瞬时发生的、没有意识到的思考过程，即"认知无意识过程"①（思维直接快速地运行，以至于无法进入意识）。同样，在服从要求的过程中也有思考的伴随。对要求的服从，呈现出来的是没有思考、没有选择的认同，但实际上每一服从中都有快速的或意识到或没有意识到的思考，一旦遇到矛盾与冲突，潜藏在"水面"之下的思考就会浮出"水面"。在行动性学习中，思考又是构成性（必不可少）的因素。正如杜威所说，有目的的行为都是深思熟虑的，其中既有对行动目标的预见，也有对行动后果可能性的衡量，而且，在行动中外显的身体活动与内

① ［美］斯蒂文·费什米尔：《杜威与道德想象力：伦理学中的实用主义》，徐鹏、马如俊译，北京大学出版社 2010 年版，第 125 页。

在的思考过程是一体的。"并不是先有纯粹的心理的活动，然后再突然换过，变成完全不同的身体活动。这是一个连续的行为，是从一个不确定、分心、犹豫的状态转变成更明确、肯定和完整的状态。"①

第二种是情景化思考。这是面临选择时的思考，或者是为了选择而进行的思考。情景化或选择性思考与伴随性思考并没有明显的界限，如果是与其他学习活动结合在一起的，思考并不中断其他活动，就是伴随性思考；如果不得不中断其他活动，集中精力进行思考，然后才能作出选择，这时候的思考就是情景化思考。情景化思考类似于我们所说的"深思熟虑"或"慎思"（deliberation），即由特定情景激发、为了作出选择、需要一定时间的思考。一说到思考，我们就会自动联想到推理和计算，但杜威却把思考理解为在想象中的"彩排"（rehearsal）："慎思不是计算。把慎思理解为计算，抛弃了当前而抑制了想象力，妨碍了我们以长远眼光看待当前之事的能力。"② 在杜威那里，思考就是"戏剧式彩排"："慎思是（在想象中）对各种相互竞争的可能的行为方式的戏剧性预演……是一种弄清各种可能的行为方式究竟像什么的实验……思维跑到结果前面并预见到结果，由此避免了不得不接受已酿成的失败和灾祸的教训。"③ 杜威的描述符合我们的经验，即当面临重要选择的时候，我们不是计算，而是通过想象将各种可能性进行彩排预演，以弄清楚每种选择的可能后果。预演的好处是，一种想象中的选择是可撤销的，即一旦通过预演发现某种选择会引发严重后果，就可撤销这种选择。现实选择就没有这种优势，因为一旦作出了选择，就是无法撤销、无可挽回的。情景化思考的意义就在于通过想象对各种选择进行"择优"，避免作出糟糕的选择。比如，面对诱惑，我们就可能会在想象中预演被诱惑所俘虏的后果，有的人看到了后果的严重性，进而抵御住了诱惑；有的人则发现后果也没那么严重，因

① ［美］约翰·杜威：《民主主义与教育》，林宝山译，（台北）五南图书出版公司1989年版，第352页。

② ［美］斯蒂文·费什米尔：《杜威与道德想象力：伦理学中的实用主义》，徐鹏、马如俊译，北京大学出版社2010年版，第115页。

③ 《杜威全集·中期著作（1899—1924）·第十四卷（1922）》，罗跃军译，华东师范大学出版社2012年版，第117—118页。

侥幸而"下水"。由此看来，情景化思考并不像我们通常所理解的那样是逻辑的、概念的、计算的，而是充满了故事性和戏剧性，是在想象中"放电影"。

如果说情景化思考是一种"事前思考"的话，那么反思性思考则是一种"事后思考"。阿伦特（H. Arendt）以苏格拉底为典范，非常重视思考（thinking）在精神生活中的重要地位："从柏拉图开始，思就被定义为我与我自己之间的一种无声的对话；它是我与自己相伴、自足自乐的惟一方式。"① 这种思有两个特性，一是指向自我的，不是对外界世界的认识；二是与回忆密切相关，是对自己所作所为在想象中的重现与反思。事情已经发生，行动已经完结，那么这种事后性思考的意义何在？阿伦特从精神生活出发来阐述思的意义，即这是我们作为人与自己进行对话的过程，正是在这种对话中，我们才能与自己"在一起"。我们与自己"在一起"的过程，也是一种检视的过程，即我们所作所为是否符合自己，是否配得上自己。哈特曼（E. F. Hartman）的"道德追复情感"则更直接，通过事后思考，如果我们的所作所为令自己满足、愉悦，则产生一种"伦常骄傲"；如果我们的所作所为令自己感到羞耻，则会产生道德后悔与自责。②伦常骄傲的作用在于强化我们的道德行动与品质，而道德后悔与自责则是我们改过迁善的力量。

如前所论，思考不是计算，但并不否认思考中道德原则的作用。在事前思考我们对后果的想象性预演中，道德原则发挥着判断标准的作用，即哪种选择会产生什么后果，显然与我们看重什么道德原则密切相关。比如，如果我们特别看重亲情，一种选择如果可能对亲情造成伤害，那么我们就会赋予这种选择以严重后果；如果我们特别看重尊严，一种选择如果有损于自尊，我们就会赋予这种选择以严重后果。从这个角度看，科尔伯格以不同的道德原则作为衡量道德发展水平的标准，自有其道理。但无论

① ［德］汉娜·阿伦特：《责任与判断》，陈联营译，上海人民出版社 2011 年版，第 7 页。

② ［德］爱德华·封·哈特曼：《道德意识现象学——道德情感篇》，倪梁康译，商务印书馆 2012 年版，第 35 页。

如何，这种强调道德原则的道德发展理论，是对杜威想象性道德思考的补充与发展，而不是替代。

无论是事前思考还是事后思考，都有情感体验性，这与我们以往对思考的片面理性化理解是不同的。在事前思考中，我们对一种选择后果的想象，其实就包含着情感体验。我们想象一种选择可能带来的后果，在想象性图景中进行尝试，不是单纯的理性操作，而是包含着情感体验在内的综合心理过程。事后想象更是如此，通过想象，我们要么体会到一种对自己所作所为的满足与自豪，要么体会到对自己所作所为的羞愧与自责，由思考而走向情感体验，或者说思考过程本身就是情感体验过程。

第三种是整体性思考，即我是什么样的人、我要成为什么样的人这一类思考。杜威认为这种整体性的思考在人生道路选择和道德成长中的意义异常重大："在任何重大的思虑中，实际上攸关利害之事不是量上的差别，而是一个人要变成哪种人、他要塑造哪种自我以及他正在创造的是哪种世界。"[①] 因为这种思考是关于选择什么样的生活道路、过什么样的生活、成就什么样的人生这样的思考。比如在风气不良的学校里，考试抄袭司空见惯，这时候是随波逐流还是坚持对自身的道德要求，对面临这一处境的学生来说，就是一个需要认真思考的问题，因为不同的选择，就意味着选择不同的学习方向、成为不同的学生。由这个事例可以看出，即使是整体性思考，也与前面讲的与具体事情密切相关的事前思考、事后思考有着不能截然分开的关联。一方面，整体性思考虽然是整体性的，但多数情况下也是由具体情景触发的；另一方面，整体性思考也只不过是将具体事件与自身道德和价值认同联系起来的思考，是来自具体事件又超越具体事件的思考。

整体性思考也可以分为展望式思考和回望式思考。展望式思考是一种理想型思考，即将自己想要成为的那种人生状态在想象中呈现出来。展望式思考在人生目标的确定、价值观念的确信中起着关键的作用，我们就是

---

① 《杜威全集·中期著作（1899—1924）·第十四卷（1922）》，罗跃军译，华东师范大学出版社 2012 年版，第 132 页。

在这种对理想人格的想象中确定了奋斗目标和价值原则的。展望式思考在儿童、青少年的成长中扮演着重要角色，因为孩子们乐于思考"如果我拥有这种能力，我就会……"之类的问题。如果说展望式思考集中于"我要成为什么样的人"这一问题的话，回望式思考则集中于"我是什么样的人"这一问题。在回望式思考中，人生的过往尤其是重要的经历被重新激活，思考者对其进行回味、反思，以此透视自己的人格与自我状态。展望式思考与回望式思考不是截然分割的，在展望式思考中有回望式思考的影子，我们常常用展望式思考来弥补回望式思考所发现的不足；在回望式思考中也有展望式思考的印迹，我们也总是以理想自我作为标准来审视现实自我。

应该承认，能够自觉进行整体性思考的人并不常见，而那些真正能够做到自觉思考的人，其所取得的人性与道德成就也非常人所能企及，比如，苏格拉底念念不忘"人应该如何生活"这一重大问题，鄙视不经思考的、靠习俗和惯性支配的生活，也因此成为不朽的、伟大的教师之典范。常人做不到这一点，如果生活没有变故，很多人就会遗忘自己是什么样的人、想要成为什么样的人这类"抽象问题"，集中精力于眼前的具体生活。但生活有如常的一面，也有意外与变故的一面。我们日常所理解的意外与变故，在博尔诺夫（O. F. Bollnow）看来就是遭遇，"突然闯入人的生活，突然地、往往是令人痛苦地中断正在进行的活动，使之转向一个新的方向"[①]。遭遇中断了我们正在过的生活，中断了生活的连续性，甚至会引发自我认同危机，迫使我们去思考自己是一个什么样的人、想要成为一个什么样的人。比如一个有伦常骄傲的人突然做出了一件背德的事情，遭到了周围人的鄙视与唾弃，这时候过去的那种自我认同就不再牢固，就需要进行重新思考并作出选择。作为常人，我们不能像圣人那样将整体性思考作为自觉活动，但如果遗忘了整体性思考，就会滑向平庸、滑向没有方向与坚守的生活，正是遭遇所提供的时机，为我们对自己的整体

---

① ［德］O. F. 博尔诺夫：《教育人类学》，李其龙等译，华东师范大学出版社 1999年版，第 58 页。

生活与自我提供了一个进行全面检视、大修的契机。

在思考的几种类型中，有一个心理机制至关重要，那就是想象。情景化思考、反思性思考与整体性思考都以想象为基础，没有想象这些思考就无法进行。即使在伴随性思考中，想象也在发挥作用。一方面，伴随性思考具有及时性、快速性的特点，不容我们细细思量，但可以成为事后思考的对象，可以成为我们进行反思性思考的材料，可以在反思性思考中加以重现；另一方面，即使是在伴随性思考中，也有我们没有意识到的快速的想象性预演与反思。在科学主义的时代，我们总是以为科学化的概念式、逻辑化的思考就是思考的唯一样态，但道德思考不同于科学思考，是以想象为基础的一种包含逻辑、情感在内的整体性思考，是对现实生活的想象化预演或想象化重现。看上去与思考不搭界的叙事性、图景性、体验性，在道德思考中都是构成性要素。

七、道德学习的综合性

将道德学习分为接受暗示、服从要求、行动学习、选择与思考等不同的类型，只是为了论述的方便。在实际生活中，这些道德学习方式不是可以截然分开的，而是交织在一起，你中有我、我中有你。具体来说，就是接受暗示中有服从要求、行动学习、选择与思考的因素；服从要求中有接受暗示、行动学习、选择与思考的因素；行动学习中有接受暗示、服从要求、选择与思考的因素；选择与思考中有接受暗示、服从要求、行动学习的因素。而道德本能在所有学习方式中都发挥着作用，所有的道德学习方式都会反作用于道德本能，是道德本能得以巩固、生长的因素。

在这几种道德学习方式中，接受暗示可以单独存在，选择与思考也可以单独存在，而服从要求与行动学习则不能单独存在，必须和选择与思考结合起来才能进行，也就是说，没有纯粹的毫无选择与思考的服从，也没有纯粹的没有思考参与的行动。接受暗示之所以可以单独存在，在于这种学习方式是在不知不觉中发生的。正是这种不费力、不劳神的学习方式的存在，使我们在日常生活中可以"将道德学习放进括号"，在忘却道德的指引与约束的同时学习道德。但这种单独存在是相对的，一方面，如前所论，接受什么样的暗示、不接受什么样的暗示，与我们已有的品德结构密切相关，已有的品德结构是接受暗示的"自动选择装置"，而已有的品德结构是过去多种学习方式共同建构的；另一方面，接受暗示的过程一旦受阻，就会进入意识层面，就会和选择与思考发生联结。思考意味着进入想象世界，意味着暂时退出现实世界，所以思考可以单独存在。但这种单独存在也是相对的，一方面，思考一旦完成，一旦作出选择，就再一次与其他学习方式发生联结；另一方面，我们的想象力，我们的思考能力，不是凭空而有的，而是在本能基础上通过多种学习方式而造就的。更重要的是，虽然思考可以暂时"将现实世界放在括号里"，但在思考中、在想象中，我们还是在精神中再造一个世界。正如在现实世界中的道德学习是综合性的一样，在这个再造世界里，我们一样要通过想象再造我们的行动、他人的态度与反应，再造其他类型的道德学习方式。

既然这些道德学习方式是交织在一起的，那么它们就不可能是先后关系。在生活中，我们既通过接受暗示进行学习，同时也通过服从要求、行动等其他方式进行道德学习，多种学习方式具有共时性，多数情况下是混合在一起的。当然，也应该承认，不同类型的学习方式，在人生的不同阶段，在不同的道德发展水平上，所起的作用是不同的。行动作为道德学习方式贯穿于人的一生，在人生的不同阶段、在道德发展的不同水平上，都是主导性的道德学习方式。接受暗示、服从要求同样是贯穿一生、贯穿所有水平的学习方式，但在人生的早期与较低发展水平上，其作用更大。而选择与思考也是贯穿一生、贯穿所有水平的学习方式，但在人生早期与较低发展水平上，其作用小些，在成年期与较高发展水平上，其作用就大一些。

道德学习的综合性还体现在每一种学习方式本身都是综合的。接受暗示是一种无意识的道德学习，但这种无意识里面有理性认知成分，是"有理性的无意识"；也有情感成分，是"有情感定向的无意识"。服从要求，取决于要求本身的正当性，也取决于我们对群体的归属性，更受我们对提出要求者的情感与态度的影响，本身也是理性与情感的交融。在行动中既有目标确定、判断选择等理性因素，也有情感定向、动机驱动等非理性因素。如前所论，我们习惯性地以为选择与思考是纯理性操作，但实际上却是充满情感的。知识学习是认识论的，即将客观世界作为认识对象的一种学习方式。由于现代科学的统治性地位，对学习的认识论理解扩张膨胀，挤压了我们对学习的其他理解。从道德学习的综合性来看，虽然并不排除认识，但道德学习主要不是一种认识活动，而是存在活动。我们生活、我们存在，道德学习正是在生活与存在的过程中实现的，道德学习过程就是生活与存在过程。

第三章 "关心你自己"：
教育之"本心"

作为一种自觉的人类活动，教育显然应该有自己的指向，即自身努力朝向哪里、期待达成什么目的。没有指向，就不能称之为自觉的活动。从现实来看，现代教育的指向是清晰明了的，那就是指向客观世界。教育的对象是人，但指向却是外在于人的客观世界，看似矛盾，其实不然。现代教育就是帮助教育对象认识客观世界、获得驾驭客观世界之能力。这种指向的百年持续与世界范围内的流行，使得我们以为这就是教育的当然指向，而忘记了古典教育的另一种指向，即指向人，指向人的主观世界，指向"关心你自己"。

一、"关心你自己"：古典教育之指向

苏格拉底是不朽的教师典范，他将提醒、督促同胞"关心你自己"作为为之献身的事业。这种献身他不是说说而已，不但落实在日常生活之中，在关键的时候，甚至不惜牺牲生命。饮下毒酒，弥留之际，他还对此念念不忘："克里托，我们必须向阿斯克勒庇俄斯献祭一只公鸡。注意，千万别忘了！"①阿斯克勒庇俄斯是希腊神话中的医药神，向他献祭就是感谢他的"治愈"恩典。在这里，医药神治愈的是什么疾病呢？历来的解释众说纷纭，比如尼采（F. W. Nietzsche）等人解释说"活着是一种疾

---

① 《柏拉图全集》第 1 卷，王晓朝译，人民出版社 2002 年版，第 132 页。

病"，医药神用苏格拉底的死治愈了他的"活着这种病"。杜梅齐尔（G. Dumezil）和福柯（M. Foucault）等人则从苏格拉底坚信神灵照管生灵、生灵是神灵的"财产"出发，推导出"活着是一种疾病"不合逻辑、不合事实。按照杜梅齐尔和福柯的理解，苏格拉底的献祭是因为弟子们劝他逃跑这种错误的观念被他们的对话、被逻各斯治愈了，所以才要感谢医药神。献祭的主体是"我们"，包括苏格拉底本人在内，这说明苏格拉底的坦诚，即一开始他自己都没有把握说服为自己好但却被错误观念所误导的弟子们。福柯认为，苏格拉底最后的献祭说出了教育中最本质的东西，即不要被大众流俗观念所左右、所腐蚀，以至于忘记了自己、忘记了真理。这一点在他最后的言论那里得到了印证：克里托问他，你要我们为你的孩子们做些什么？这时候克里托想到的是最后的愿望、遗嘱，苏格拉底的回答却是"做我一直不停地叮嘱你们的事吧……不是什么新内容。"苏格拉底终其一生反复在说的，其实就是"关心你自己"。①

对于自己的这一使命，即提醒同胞和弟子关心自己、照管自己，苏格拉底在《申辩篇》中有毫无保留的自我剖白。首先是从神灵那里领命，德尔菲神庙神签说雅典"没有人比苏格拉底更智慧了"。面对这一神谕，诚实的苏格拉底相当震惊，因为诚实的他知道自己的无知。他所做的不是用神谕为自己贴金，或者阐释神谕、等待神谕的实现，而是考察、验证神谕的真实性。通过对不同行业人士的考察，他才明白这是神灵以神谕的方式赋予他的一个使命，即提醒同胞关心自己，知道自己的无知和有限。"由于这项工作很忙，所以我没有余暇去参加政治活动，也没有工夫料理自己的私事。如今我一贫如洗，两袖清风，这就是我一心侍奉神道的结果。"② 他自喻为"牛虻"，使命就是去"叮"城邦这匹庞大笨重的"骏马"，促使城邦保持清醒。正是他"牛虻"一样的行为，让城邦公民无法过"安静的日子"，他遭到多数人的厌弃，被投票处以死刑。而苏格拉底所要斗争的，就是这种"忘记自己的安静日子"，同胞们就是在这种只关

---

① ［法］米歇尔·福柯：《说真话的勇气：治理自我与治理他者Ⅱ》，钱翰、陈晓径译，上海人民出版社 2016 年版，第 93 页。

② 《柏拉图对话集》，王太庆译，商务印书馆 2004 年版，第 32 页。

心获取钱财、斤斤计较于名声与荣耀的"安静日子"里将自己忘得一干二净的。他说，"我这个人，一辈子忙忙碌碌……一心为你们每个人做出我认为最大的服务，千方百计说服各位关心你们自身，关心自己尽可能地臻于完善和智慧"①。这是苏格拉底献身的使命，也是令他骄傲的生活。

一个典型的实例是《阿尔喀比亚德》篇。很多人认为《阿尔喀比亚德》篇是柏拉图（Plato）对话的"导论""前言"，开宗明义，直接亮明苏格拉底对话的宗旨就是提醒对话者、在场者和雅典同胞"关心你自己"。出身优越、相貌俊美的阿尔喀比亚德雄心勃勃，想从事政治，做城邦的首领。苏格拉底通过对话推理竭力让他明白，要服务城邦，首先要"关心你自己"，只有"先做自己的郡主，不做自己的奴隶"，才有资格与可能为城邦服务。可以说，这篇对话是"柏拉图的苏格拉底"（通过柏拉图对话所流传下来的苏格拉底）"关心你自己"教育思想的"概论"。第一，通过对话，苏格拉底让阿尔喀比亚德意识到了自己对政治、对公正的无知，更可怕的是对这种"无知的无知"，即以为自己知道实际上并不真的知道。第二，在对话中引入了"关心你自己"与"认识你自己"的区分与定位，即"认识你自己"是"关心你自己"的一个构成部分，是"关心你自己"的一个前提，是为"关心你自己"服务的。第三，"关心你自己"的主体与对象都是人的灵魂，即灵魂对灵魂的关心。第四，灵魂如何关心灵魂呢？一方面在于注视，"灵魂自己看灵魂"；另一方面需要神作为镜子。第五，关心自己与关心属于自己的事物不同，关心自己不是让属于自己的事物更好，而是让我们自己更好，让我们的灵魂更好，让我们的灵魂被美德，包括勇敢、节制、智慧、公正所支配。②

亚里士多德比苏格拉底、柏拉图"现实"，但在教育的指向上，他与前两人没有根本的分歧。在亚里士多德看来，人的最终目的是追求幸福，因此幸福是最高善。怎样才能获得幸福呢？那就是过有德性（不限于道德德性）的生活。不难看出，他的幸福论虽然不是直接的"关心你自

①《柏拉图对话集》，王太庆译，商务印书馆2004年版，第49页。

② 参见［古希腊］柏拉图：《阿尔喀比亚德》，梁中和译/疏，华夏出版社2009年版，第51—178页。

己"，但精神实质是一样的，即我们要追求幸福，而达至幸福的道路不在其他，而在灵魂德性的完满实现。从他对自爱的论述中，可以看出他对苏格拉底、柏拉图"关心你自己"教育思想的直接继承。在论友谊时，他说友爱其实是产生于"一个人对自身的关系"，并由此出发论证了自爱的重要性：（1）一个好人希望并促进着自身的善（因为一个好人就是要努力获得善）；（2）他希望他自身活着并得到保全，因为存在对好人来说是善；（3）他希望与他自身一起生活，因为他自身使他快乐；（4）他同自身悲欢与共。①自爱的重要性、必要性，其实也就是关心自己的必要性、重要性。亚里士多德是将人与自身关系，放在人与他人关系的对比框架里讲的，但实际上他是将自爱、关心自己作为比与他人关系更为根本的"原始关系"。不自爱、不关心自己，实际上就不可能是一个好人。"……好人必定是一个自爱者，因为，做高尚［高贵］的事情既有益于自身又有利于他人。坏人必定不是一个自爱者，因为，按照他的邪恶感情，他必定既伤害自己又伤害他人。"②

苏格拉底用生命捍卫的哲学与教育思想并没有因为他的离世而消散，据说苏格拉底死后，正如他在《申辩篇》中所预料的那样，雅典人很快后悔了。可以说，苏格拉底用自己的死最后一次提醒雅典人"关心你自己"。"关心你自己"慢慢成了古希腊、古罗马哲学的一个基本原则，以至于成了"一个真正总体的文化现象"③。我们可以从斯巴达的一个格言里窥得一些信息，有人问斯巴达人亚里山大·里德：你们有那么多的土地，你们怎么不自己去耕种这些土地而是把它们交给希洛人呢？亚里山大·里德回答说，"这只是能够让我们关心我们自己"。④耕种土地获取食

---

① ［古希腊］亚里士多德：《尼各马可伦理学》，廖申白译，商务印书馆 2003 年版，第 266—268 页。

② ［古希腊］亚里士多德：《尼各马可伦理学》，廖申白译，商务印书馆 2003 年版，第 276 页。

③ ［法］米歇尔·福柯：《主体解释学》，佘碧平译，上海人民出版社 2005 年版，第 11 页。

④ ［法］米歇尔·福柯：《主体解释学》，佘碧平译，上海人民出版社 2005 年版，第 35 页。

物当然重要，但与"关心你自己"相比，则是第二位的，这充分说明"关心你自己"在希腊化与古罗马时期的广泛传播与深入影响。

哲学有学说形式和生活形式，苏格拉底是能够把两种形式结合起来的大家。犬儒学派的哲学则是以生活形式存在，即不用理论和学说去阐释一种哲学，而是用自己的生活方式、生命存在去展示一种哲学主张。正如福柯考证后发现，很多后世哲学把犬儒主义视为极端个人主义，忽视了其将生活风格、生活形式作为哲学主张的载体这一特征。犬儒主义者就是用不顾流俗、打破传统、无视财物的生活方式把生命的真实揭示出来，用来提醒被流俗、被金钱所掳以至于忘记自己的大众"关心你自己"。①基督教的修行方式其实就有犬儒学派的遗存。哲学的学说形式一直延续至今，而生活形式则只存在于宗教之中了。后世的各种哲学流派提出的各种自我审察、修身学说，都是指向"关心你自己"的。比如，塞涅卡（L. A. Seneca）的"独立自我审察"（solitary self-examination）② 就是"关心你自己"的思想和具体实行方法。

二、"关心你自己"：道德的根基

古典教育将"关心你自己"作为教育的根本指向，自有关于道德、关于自己、关于教育的思考作为根据。现代人对何为关心、何为自己、何为道德之本体、何为自爱、何为自私的理解与古人已有很大区别，正是这种区别，才导致现代人对古人为何将"关心你自己"作为教育的根本指向产生了理解上的困难。

首先看对关心的理解。关心就是在意，就是注意力投放，就是愿意为在意对象付出。比如，一个老师关心自己的学生，就是在意学生的安康和发展，就是能够将自己的注意力放在学生身上，就是愿意为学生付出。如果做不到这些，所谓的关心就是虚假的自我标榜。关心的含义古今没有什

---

① ［法］米歇尔·福柯：《说真话的勇气：治理自我与治理他者Ⅱ》，钱翰、陈晓径译，上海人民出版社 2016 年版，第 193 页。

② Michel Foucault, *Fearless Speech*, Los Angeles：Semiotext（e），2001, p. 139.

么变化，变化的是关心所能指向的事物。正如克龙曼（A. T. Kronman）所揭示的，现代人所理解的关心是"他向性"（other-directedness）① 的，即关心总是意味着对他人的关心，意味着为另外一个人谋福祉。也就是说，在过去时代双向性的关心，既可转向自身，又可指向他人的关心，在现代社会变成了单向的关心，只能指向他人。

对作为关心对象的自己，现代人的理解也是不同的。虽然没有人公开否认人的精神性、道德性，但这种否定实际上已经在潜意识中悄悄完成了。现代人不区分自己与属于自己的，把属于自己的当成自己本身。人是有限的存在，好的生存甚至是发展都离不开外物，在一定范围内，拥有便利、丰富的物质条件当然不是什么坏事，对拥有物的适当关心也不是恶。但把所有物、把属于自己的当作自己本身，所谓"我拥有，我存在"，则是另外一回事。作为人的每一个"自己"无法论价，而被所有物所替代的"自己"则可论价，结果是人的物品化、商品化。由于根深蒂固的自尊需要，极少有人公开承认自己是一个商品，但几乎每一个人都会在内心为自己估价，掂量自己的斤两。从现代人对自己的理解来看，"关心你自己"不是问题，我们每天都在关心我们自己，根本不需要教育来特意提醒。

一个现代意义上的"自私"概念就足以把"关心你自己"这一池历史悠久的清水搅浑。现代人将道德置于人与人之间，只把道德视为人际范畴，"道德是调节人与人之间关系的规范"的说法虽然老套，但已经渗入我们的潜意识，成为理解道德的下意识反应。既然道德是一种人际关系规范，如果为自己着想，在一定范围内是"权利主张"，超出一定范围就是"自私"；只有为他人着想、为他人服务，才是道德。用这种逻辑来衡量古典哲学、古典教育的"关心你自己"，问题就严重了，因为"关心你自己"即使不是"自私"，但也够不上道德的边。

现代人、现代社会对关心、对自己、对道德、对自私的理解有明显的

---

① ［美］安东尼·克龙曼：《教育的终结：大学何以放弃了对人生意义的追求》，诸惠芳译，北京大学出版社 2013 年版，第 15 页。

逻辑矛盾，弗洛姆对此有毫不掩饰的揭示："……爱人与爱己决不相容的概念是一种逻辑谬误。如果把我的邻居当作人来看是一种美德，那么爱己就必然是一种美德而不是一种罪恶，因为我也是一个人。"① 弗洛姆从我们都是人的角度来质疑现代观念对"关心你自己"的误解，非常有力。确实他人是人，爱他人是美德；我们自己也是人，爱我们自己为什么就不是美德？如果我们把亚里士多德关于自爱的思想作为一面镜子，也能映照出现代人观念的矛盾。好人是自身善的人，这自身善也是人自己努力追求的；不仅如此，他也希望自身及自身善得到保全，不是因为其他，只是因为自身、自身善是善的，自身就是值得保全的。② 人首先要与自己生活在一起，能够与自身快乐相处是成为好人的构成性条件，这是好人与他人友善相处的前提。也就是说，追求自身善、保全自身善，这是作为人的首要使命，做不到这一点，其他都是妄谈。这是其一。其二，只有自身是善的，我们对他人的关心才有善的保证，因为我们每个人都是从自身出发去看待他人、对待他人的。没有自身善的保证，我们对他人的关心甚至可能是害人之举。其三，能与自己快乐、友善相处的人才是一个好人，才能以一个整体性的好人与他人快乐、友善地相处。

关心他人是道德的，关心自己也是道德的。如果只停留在这个层面，古典哲学和古典教育以"关心你自己"作为教育的根本指向，其理由还不充分。一个显而易见的疑问就是，既然关心他人和关心自己都是道德的，为什么不以关心他人而只以关心自己作为教育的根本指向？对这一疑问的回答，除了上文论及的追求、保全自身善是作为人的首先使命之外，则是真正的"关心你自己"就是关心道德。这个回答，将"关心你自己"与关心道德等同，也就是说关心自己与关心道德是一回事，只是说法不同而已。

"关心你自己"与关心道德等同，这对现代人来说，又是一个难以理

---

① ［美］埃·弗洛姆：《为自己的人》，孙依依译，生活·读书·新知三联书店 1988年版，第 128 页。

② ［古希腊］亚里士多德：《尼各马可伦理学》，廖申白译，商务印书馆 2003 年版，第 276 页。

解的问题。但在苏格拉底那里，在雅典，甚至是在斯巴达，都是显而易见的事情，不然也就不会有斯巴达人略显骄傲的说辞：我们忙于关心自己，没有精力去耕种土地。按照苏格拉底的逻辑，人不是其他，而是其灵魂；关心自己不是关心其他，而是关心自己的灵魂。从关心灵魂到关心道德，有两个理路：一个是灵魂的有序即德性，勇敢、节制、正义、明智等德性都是灵魂功能；另一个理路则是关心灵魂，其实也是关心人之中的"神性"，也即关心正义、关心德性，因为神是正义的、道德的。① 在这一点上，亚里士多德与苏格拉底是心意相通的，他说，自爱者爱的是自身那个主宰的部分，"他尽力地满足他自身的那个主宰的部分，并且处处听从它"②。什么是人自身那个"主宰的部分"呢？不是其他，而是灵魂中的逻各斯。自爱，就是按照逻各斯的要求安排灵魂秩序，使感情生活服从于理性的要求。

　　每个人都是独特的存在，人首要的责任就在于看护自身存在。问题是自身存在到底是什么。即使在"关心你自己"是"总体文化现象"的时代，也已经存在着对"什么才是真正的自己"的分歧。亚里士多德关于"贬义自爱者"的论述就是一个证据："那些在贬义上用这个词的人把那些使自己多得钱财、荣誉和肉体快乐的人称为自爱者。"③ 这类自爱者，所关心的自己是欲望、是灵魂的无逻各斯的部分。弗洛姆观察到关于如何理解自己的一个"下坠现象"，即古时候"我是我德"，到了近代则是"我是我所思"（所谓"我思故我在"），到了现代则是"我是我所有"。④ 如果"我是我德"，那么"关心你自己"就是关心道德本身；反过来，如果"我是我所有"，"关心你自己"就是关心你的身价。

---

① ［法］米歇尔·福柯：《主体解释学》，佘碧平译，上海人民出版社 2005 年版，第77 页。

② ［古希腊］亚里士多德：《尼各马可伦理学》，廖申白译，商务印书馆 2003 年版，第 276 页。

③ ［古希腊］亚里士多德：《尼各马可伦理学》，廖申白译，商务印书馆 2003 年版，第 275 页。

④ 参见［美］埃·弗洛姆：《为自己的人》，孙依依译，生活·读书·新知三联书店1988 年版，第 133—134 页。

　　"关心你自己"之所以能作为教育的根本指向，还在于真正的"关心你自己"包含着关心他人，在"关心你自己"中实现了与关心他人的统一。如果我们关心的是"我是我所有"意义上的自己，那这种关心自己与关心他人就有冲突，因为物质毕竟是有限的，你的拥有就会与他人的拥有相矛盾。如果我们关心的是"人是其德"意义上的自己，那这种关心与关心他人就没有冲突。亚里士多德说，道德德性其实就是一种中道，都包含着对自身的限制和对他人的关切。以勇敢德性为例子，勇敢一定包含着对自身恐惧情感的克服、对自身外在利益的放弃。在勇敢中，我们在实现自身德性的同时，也体现了对他人的关切。如果我们关心的是道德意义上的自己，那么成就自己与关切他人就是一体的。在道德中，我们可以放心大胆地关心自己而不用担心滑向自私，在这个维度上，我们越关心自己，实际上也就越对他人有益。反过来也是一样，我们在关心他人的时候，也不用担心遗忘、牺牲了自己，因为我们在行道德之事时，其实也是在实现最好的自己。在道德领域，"牺牲论"很有影响，比如把教师比作蜡烛，说什么"牺牲自己，成就他人"。这种论调，其实是对道德和教师职业的曲解，教师的德性其实就是在成就学生的过程中得以实现的，成就学生与成就自己是一体的，这不是牺牲，而是双重灿烂、共同开放。"拯救"在现代社会宗教意味浓厚，但根据福柯的梳理，"拯救"在希腊化、古罗马时期是一个哲学概念，其含义之一就是做善事。①也就是说，做善事表面上看是为他人着想，但实际上是自我拯救的一种方式。在"拯救"概念中，关心他人与关心自己之间，没有任何缝隙，是完全一体的。

　　道德既是人我关系，也是人己关系。那么，在这两种关系中，哪种关系更为根本呢？说到道德，我们下意识的反应就是对他人的关心，似乎人我关系更为根本。但人类历史上影响广泛的"道德金律"，包括"己所不欲，勿施于人""爱邻如己"等，都是以人自己作为道德标准的。在"己

---

① ［法］米歇尔·福柯：《主体解释学》，佘碧平译，上海人民出版社2005年版，第196页。

所不欲，勿施于人"中，"己"是对待他人的标准，即如何对己，就如何对人。在"爱邻如己"中，"己"同样是标准，也是如何对己，就如何对邻。"道德金律"或者说"黄金规则"是人类几千年智慧的结晶，是人性美好力量的凝结与沉淀，当然不是偶然、随意的。第一，如前所论，既然人可以独立，那么爱护自己就是造物者赋予我们的首要使命。自己是我们每个人立于世的"锚点"，只有自己立住了，不被雨打风吹去，才能谈得上其他。第二，对己不好，也就意味着人对什么是好没有正确的理解，也许其主观上可能有对他人好的愿望，但事实上不太可能真正对他人好。第三，真正对己好，也如前所论，实际上也就是对他人好，从主观上也是愿意并知道如何对他人好。第四，由于人是有限存在，对物质有依赖、有群体依赖，又有自恋痼疾、自知之难，如果能够超越这种有限性，关心他人就不是问题。因为如果一个好人对他人不好，他过不了自己这道关。对此阿伦特有精辟的论述，她说，"道德关涉的是独一无二的个体。判断对错的标准，对'我应该做什么'这个问题的回答，归根结底既不取决于我与周围人共有的习惯和风格，也不取决于出自神或人的命令，而取决于我对自己所做的决定。换句话说，我一定不能做某些事，因为如果我做了，我会无法容忍我自己"①。

三、"关心你自己"：现代教育的一个悖论

作为教育根本指向的"关心你自己"在现代教育这里变成了一个悖论性的存在。有些人指责，现代教育教学生只关心自己，除了自己之外，什么都不去关心；另一些人则批评说，现代教育不教人关心自己，反而是教人遗忘自己的力量。在各自的逻辑上，两种完全相反的说法却都是成立的，这就是现代教育的一个悖论。

布雷钦卡（W. Brezinka）引用斯汀纳的话来描绘现代人对自己的关

---

① ［德］汉娜·阿伦特：《责任与判断》，陈联营译，上海人民出版社 2011 年版，第77 页。

心，"我关心的既不是神性，也不是人性，更不是真理、善恶、权利和自由等，我只关心我自己……而且，我的关心不会多于我自己"①。这种态度在教育中的反映则是"任何超越个体的教育目的，哪怕是有法律效力的教育目的，也要拿到个体理性的法庭上接受审判。不过，这些个体理性是有限的，并为自我利益所主导"②。各个国家都会制定各种各样的体现公共价值的教育目的，但多数情况下，这些教育目的都是只具有表面装饰意义，现代教育的真正驱动力是个人利益。也就是说，家长把孩子送到学校里，就是为了让其能获得好的个人生活前景，教育用以吸引学生和家长的也是利益回报。"当今学校主要任务是为生活实践及未来就业做准备。一切教学内容今天均被置于'是否有用'的标尺之下。这里的'有用'一般被理解为是否能为个人带来物质利益。"③ 人人都想通过教育获得个人利益，那么怎么调配个人利益呢？竞争在这一过程中扮演了至关重要的角色。"人人为自己而学"为现代教育以竞争作为主要的运行方式提供了依据，而同龄人大量聚集则为现代教育的竞争化运作提供了客观条件，现代学校系统就是以竞争为基本结构进行设计的④，目的在于通过竞争使个人利益的获得合法化。

对于现代教育事实上利用、鼓励相关者关心自己利益的取向，每个家庭都心知肚明，在这个问题上，家庭和学校可以说有一种心照不宣的"共谋"。但成为悖论的是，就是在这样的事实背景下，有一批思想者却批评现代教育不关心自己、遗忘了自己。弗洛姆从现代社会的道德问题出发，说："我们的道德问题是人对自己的不关心。它产生于这样一个事实，即我们丧失了对个人重要性和独特性的意识，我们使自己成为外在于

---

① ［德］Wolfgang Brezinka：《信仰、道德和教育：规范哲学的考察》，彭正梅、张坤译，华东师范大学出版社 2008 年版，第 16 页。

② ［德］Wolfgang Brezinka：《信仰、道德和教育：规范哲学的考察》，彭正梅、张坤译，华东师范大学出版社 2008 年版，第 17—18 页。

③ ［德］曼弗雷德·富尔曼：《公民时代的欧洲教育典范》，任革译，人民出版社 2013 年版，第 168 页。

④ 高德胜：《竞争的德性及其在教育中的扩张》，《华东师范大学学报（教育科学版）》2016 年第 1 期。

我们的目标的工具，我们把自己当作商品来体验，并把自己当作商品来对待……"① 对自己不关心在教育领域的表现，更早的尼采已经有深刻的揭示，他说现代人不关心自己，结果变成了一个个"没有核心的空壳""镶了金边的幻影"，教育成了迎合"不思考这种普遍需要"的工具，也成了帮助人逃避自己的方式。② 香波瑞奥（H. S. Shapiro）也说，学校成功地教育学生：竞争是人类动机的根源；至于人生意味着什么、人应该如何度过一生，学校什么也没有教，学校所做的就是让学生追逐利益、忘记自己。③

该如何理解这种悖论呢？既然有人说，现代教育教人关心自己，那么我们首先要认识清楚现代教育鼓励相关者关心的是什么样的自己。如前所论，布雷钦卡说现代教育及其参与者所关心的只是个人物质利益。当然，与物质利益相关的，或者说有助于获取物质利益的权力、地位，也是现代教育及其参与者所热切关心的。对这些事物的关注如果没有什么害处，在这个问题上对现代教育的指责就没有什么力量了。因此，一个前提性问题是，物质利益、权力、地位在人性中的位置。柏拉图和苏格拉底对财富深具戒心，因为他们清醒地认识到了财富对灵魂的腐蚀作用。比较而言，亚里士多德更为中道，他充分认识到"外在善"对幸福的重要性，而物质条件和财富就是这种外在善之一。"……幸福也虽然需要外在的善。因为，没有那些外在的手段就不可能或很难做高尚［高贵］的事。许多高尚［高贵］的活动都需要有朋友、财富或权力这些手段。"④ 物质财富作为外在善，只具有工具价值，不具有目的价值。如果将物质财富作为目的，作为人生追求，显然是一种错位，也是对人性的贬低。处在这种位置

---

① ［美］埃·弗洛姆：《为自己的人》，孙依依译，生活·读书·新知三联书店 1988 年版，第 223—224 页。

② ［德］弗里德里希·尼采：《作为教育家的叔本华》，周国平译，译林出版社 2012 年版，第 43 页。

③ H. Svi. Shapiro, *Losing Heart*：*The Moral and Spiritual Miseducation of America's Children*, Mahwah, New Jersey：Lawrence Erlbaum Associates, Publishers, 2006, p. 59.

④ ［古希腊］亚里士多德：《尼各马可伦理学》，廖申白译，商务印书馆 2003 年版，第 24 页。

的"外在善"已经不再具有善的价值，而是一种恶了。即使是作为工具价值，也需遵循中道，过与不及都有损于德性。

物质利益不是洪水猛兽，但至多具有工具价值，不能代表人本身。将"关心你自己"替换为关心自己的物质利益，包含着多重危险。第一，用外在事物代替了人本身，用"物性"代替了人性，使人性物化。第二，把物质利益当成了关心对象，我们把注意力投放在物质利益上，而真正需要关心的对象却不在视域之内，"关心你自己"的使命就落空了。第三，真正的自己不在视域之内，他人也就不在眼中。我们把自己当作商品，那么，从自己出发，别人在我们眼里也只是有价格的商品。第四，物质利益虽然受法律保护，但不可否认物质利益具有排他性，再加上其有限性，关心我们自己的利益，往往会排斥他人的利益。正是这些原因的存在，过于关心物质利益，就会使曾经美好的"关心你自己"变成自私的代名词。

"关心你自己"变成关心自己的物质利益，对教育本身也是巨大的伤害。教育本身是一个价值性的存在，关心物质利益对教育的价值性存在是一种颠覆性的威胁。在物质利益的冲击下，教育的道德根基遭到了动摇，教育自身也变得物质起来，成了"欲望的工具"。这样的教育，对人类前途、对他人苦难都是视而不见的，教育也因而失去了仁慈心性。接受教育的人，即使通过教育获得巨大的成功，但依然缺乏意义感，经常不知道人生意义何在，这也是现代人普遍的意义感缺乏的教育根源。

再看现代教育不关心的是什么，或者说不关心人的什么。其一，是对人如何度过一生的不关注。古典教育的根本指向"关心你自己"，从形而上的维度看就是关心自己的灵魂，从形而下的维度看就是人应该如何生活。教育在引导人如何生活上的使命自古而然，但现代教育对此几乎保持沉默，只是教人如何在竞争中获胜，如何去获得更大的物质利益。这种取向，在沉默中隐含着一种人生价值观教育，那就是人生就是为了追求利益和地位。有多少人在潜移默化中受此影响，献身于利益追求，但终归会失望地发现，那里并没有人生真义。其二，现代教育不关心人的灵魂及其德性。现代教育是客观主义、物质主义的，灵魂在这里成了带有宗教迷信色彩的词汇。可以说，"现代教育的兴起就是以道德作为代价的"[1]，现代教育的兴起与道德教育的衰落是同一个过程。道德不是现代教育所关心的主要事物，道德教育当然也因此逐渐边缘化。现代教育较少关心灵魂及其德性，较少引导年青一代关注精神性的自己，当然也较少引导学生去关心他人生活、关心人类未来，结果不是"心中有他人"，而是"心中无人"。其三，如果说不关注灵魂、不引导生活是取向上的，那么在如何转向自己的方法上，现代教育往往也是忽视的。学生自身的状况本应成为教育的起点，但"我们告诉他们：'你们的经验，你们的关心，你们的好奇心，你们的需要，你们了解的一切……没有丝毫价值'"[2]。与对学生自身关切的忽视相一致，现代教育对如何转向自身、如何认识自己不但没有引导，而且往往还会干预、破坏学生自发的转向。

从以上分析来看，现代教育在"关心你自己"上的悖论实际上并不是一个真正的悖论，其关心和不关心其实是相通的。现代教育对物质利益的关心其实就意味着对真正自我的不关心，即将注意力主要放在物质利益上，哪有精力去照看灵魂和生活？反过来，现代教育对灵魂、德性、生活的不关心，其实也就意味着对物质利益的关心。从古典教育"关心你自己"的指向出发，现代教育的"关心就是不关心"，"不关心更是不关心"，总之，是"关心你自己"的失落。

四、"关心你自己"：教育之"本心"

教育是代际活动，体现的是上一代人对下一代人的关心。正是因为上一代人希望下一代人比自己更好，愿意为他们的存在与完善付出，才有了教育。也就是说，关心或者说爱是教育的底色，无论教育如何发展、演变，代际之爱、上一代人对下一代人的关心都是教育的最基本的构成，否则就不是教育，就可能是对教育的反动。上一代人关心下一代人有多种方

---

[1] 高德胜：《论道德作为现代教育之代价》，《高等教育研究》2013 年第 10 期。

[2] ［美］克里夫·贝克：《优化学校教育——一种价值的观点》，戚万学译，华东师范大学出版社 2003 年版，第 30 页。

式，但教育是最重要的方式。之所以这样说，一方面在于这种关心的整体性，即教育关心的是年青一代每个成员作为一个人的整体的美善与幸福；另一方面则在于这种关心的全局性和持续性，即教育是整个社会的努力，而且是持续时间最长的关心。更重要的是，教育这种关心出现在年青一代最需要的时段，不早不晚。早了，没有需要，那时候家庭的关心已经足够；晚了，同样没有必要，已经长大的人需要的是自主、自立，是自己关心自己。可以说，在年青一代最需要关心的时段，上一代通过教育来满足他们的需要。

如前所论，作为关心的教育，也可能关心不到"点儿"上，也可能将关心指向错误的方向，比如将物质利益看作最大的"利益"，导引年青一代去追逐物质利益。因此，要保证教育作为关心的正确性，必须紧扣年青一代的真正福祉之所在，将关心用对地方。真正的关心就是关心年青一代之所关心，关心真正对他们好的事物。如前所论，真正对年青一代好的教育，就是帮助他们学会关心自己，学会关心自己的灵魂、关心自己的生活、追求德性。如果说教育是一种关心，那么这种关心的真正落实，在于年青一代学会真正关心他们自己。如果做不到这一点，不但上一代的关心会落空，还可能好心办坏事。简单来说，对年青一代来说，教育就是"关心你的关心""关心你的'关心你自己'"。

关心当然要看对象的需要，如果关心对象没有被关心的需要，强行关心，那这关心就不是爱。教育作为一种关心，其存在的必要性还在于"关心你自己"的使命上，人人需要引导，未成年人更是如此。既然"关心你自己"是人的最大福祉之所在，为什么其施行还那么难呢？根源在于我们有关心自己的需要与能力，也有掩盖、转换这种需要的需要和能力。一方面，人能意识到自我，意识到自己与他人、世界的分立。这种意识及意识到的事实衍生出人的自恋，正如普罗塔克（Plutarch）所说，根植于自恋这一人性弱点，人会制造关于自身的假象、乐意听到奉承，还会成为自己的奉承者，善于制造关于自身的假象。①一旦任由这种弱点蔓延，

---

① Michel Foucault, *Fearless Speech*, Los Angeles：Semiotext（e），2001, p. 115.

人就离真实的自己越来越远，其所关心的就不是真实的自己了。这不是个别人的问题，而是所有人的问题，所有人都会有不同程度的自恋陷溺。走出这种陷溺，当然要靠自身的努力，但单靠自身是不够的，需要外力的作用。只有内外配合，才能更为有效地不断与人性之弱点斗争，才能在斗争中进步。教育就是这种"外力"，就是这种救援性力量。另一方面，意识到自身分立的人又有孤立感，由此衍生出对群体归属的本能性冲动，渴望汇入群体之中以获得接纳的安全。归属性的本能冲动可以升华为对群体的热爱，也可以变形为对群体的盲从。作为个体，我们总是想当然地预设群体的道德优越性，但群体失去了独立思考之个体的制衡，在历史上给人类造成的伤害远远大于哪怕是罪大恶极的个体。个人一旦被群体流俗所控制，失去自由意志，单靠个人力量同样无法摆脱，同样需要他人施以援手。

人容易忘记关心自己的另一个原因在于"外面的世界很精彩"。人来自自然世界，自然世界是人的"老家"，虽然已经没有回头路，但人有无限的"乡愁"，对自然世界有无限的怀念，自然是我们永不枯竭的审美对象。更重要的是，自然世界是我们的生存依靠，我们欲望的满足需要自然世界提供资源。现代社会更是建立在对自然资源的利用之上的，无论是从国家的角度还是从个人的角度看，谁更了解自然，谁就能更好地利用自然，谁就能从自然中获取更多资源和财富。自然的无限魅力、无限资源与人内在的深层渴求、欲望的联合作用，使得人很容易将生命力放在外在世界上，用对外在世界的关心遮蔽对自我的关心。在这里，教育再一次有了存在的理由，即引导人从关注世界中调转"眼光"关注自身，将对世界的关心与对自身的关心结合起来，用对自己的关心去导引对自然万物的关心。

关心首先意味着一种朝向、转向，一种生命力的投入性。生命力投入外物，就是对外物的"关心"（可能是善意上的关心，也可能是恶意上的毁坏）。"关心你自己"首先也是一种朝向，将生命力朝向自己，或者将生命力从外物转向自身。同样，这种朝向或转向，既可能是真正的关心自己，也可能是执迷于物质利益反而远离真实的自己。因此，为了保证朝向、转向的正确性，古代哲学、古代教育发明了一整套实践方式，福柯的总结非常精确，即关心自己不仅是一个原则，而且是一个恒久的实践，"在全部古代哲学中，关心自己同时被视为一种职责和一种手段，一种基本的义务和一整套精心确立的方法"①。在柏拉图那里，关心自己首先要承认自己的无知，认识自己是关键，过什么样的生活是需要格外用心思考的重大事务，回忆是基本方法，即通过回忆发现自己灵魂之所是。②在塞涅卡那里，关心自己即修身方式，包括：（1）克服邪恶；（2）在逆境和厄运中保持坚定和镇静；（3）与快感做斗争；（4）不追求外在的财富，而是寻求更好的灵魂、良知；（5）了无牵挂、灵魂出窍等环节。③由此来看，无论是雅典的"关心你自己"，还是希腊化与古罗马时期的"关心你自己"，都不仅仅是一个原则、一个转向，而且是一整套修身实践方式。

真正成为人不是一个生物过程、生物事件，不是一出生就算完成的事务，而是一个需要努力去完成的使命。没有这一努力，出生所得到的人形并不能完全落实为真正作为人的存在。做人是需要努力的，需要从各种偏离拉力中坚守、探寻人生之道。从这个意义上看，人生就是一种自我拯救的过程。世界上各种宗教皆以拯救为号召，受此影响，现代人总是将拯救与宗教联系起来，总是与特定的危险事件联系起来，实际上在古希腊、古罗马时期，拯救是哲学概念、教育概念。福柯考证说，拯救的希腊含义不是戏剧事件，而是生活常态，即在生活中避开危险，武装自己，做善事。拯救就是小心、持续、完满的修身方式，就是紧扣着自身不放。因此，关心你自己，不是别的，就是自我拯救。④

这里有必要再一次说明"关心你自己"与"认识你自己"的关系。在后世哲学和人文教育传统中，"认识你自己"成为"关心你自己"的替

---

① ［法］米歇尔·福柯：《主体解释学》，佘碧平译，上海人民出版社 2005 年版，第513 页。

② 《柏拉图对话集》，王太庆译，商务印书馆 2004 年版，第 154—206 页。

③ ［法］米歇尔·福柯：《主体解释学》，佘碧平译，上海人民出版社 2005 年版，第279 页。

④ ［法］米歇尔·福柯：《主体解释学》，佘碧平译，上海人民出版社 2005 年版，第194—197 页。

代者，"关心你自己"只能在"认识你自己"中找到一些余绪。实际上，二者有着深刻的不同，不能互相替代。如前所论，"关心你自己"不仅是一个原则，更是一整套生活和修身方式，不是单单通过认识所能达成的。"关心你自己"的指向是人之所是，这种所是的完成一方面要求人从外物、外诱的包围中解放出来，另一方面则是坚守人之道德心性。这一任务的完成，不是认识事务，而是生活与灵魂事务，是靠灵魂与生命的努力才能完成的。当然，"认识你自己"的重要性也不容否认，是"关心你自己"的一个环节。因为要真正"关心你自己"，就要对自己有一个真实的认识。可以用一句话来概括二者的关系："认识你自己"是"关心你自己"的一个前提条件、一个构成环节；"关心你自己"是"认识你自己"的目的和指向。既然如此，那么"关心你自己"是如何被"认识你自己"所取代的呢？首先，"关心你自己"属于严格道德，即不停地对自身进行约束和审问，所谓"未经审查的生活是不值得过的"，这与大众的生活趣味相矛盾，在资本主义大众社会里没有市场。其次，"关心你自己"一开始一直是正面的，因为在"关心你自己"中为己与为人是统一的。后来由于人之自我含义的转变，"关心你自己"几乎等同于关心自我利益，几乎与自私同义，被集体取向的伦理所排斥。再次，笛卡尔（R. Descartes）的转向，即从笛卡尔开始，认识的地位上升，不但成了人之存在的标识，而且不需改变自己，单靠认识就可达至真理。①

　　指向"关心你自己"的教育就是教给学生这一整套修身方法，包括通过转向自己的方法来指导与练习，如何与欲望、恶意做斗争，如何在快感中保持中道，如何处理与外物的关系，如何归属群体又不被群体所裹挟，如何使灵魂和良知发育、生长，如何与自己对话，等等。在这一过程中，教师的作用至关重要，因为教育毕竟是由具体的人、具体的活动所构成的。教师起码可以在三个层次上发挥作用：第一，是如上所述的直接教育，即直接教给学生修身的一系列方法。第二，教师用关心自己间接地对

---

　　① ［法］米歇尔·福柯：《主体解释学》，佘碧平译，上海人民出版社2005年版，第17页。

学生进行引导。在"关心你自己"的伟业中，没有完成者，每个人都是"在路上"，教师也不例外。教师所过的修身生活，本身是"关心你自己"这一原则的落实，也是对学生的一种激励和示范。第三，教师的直言提醒。人性的弱点需要超越，处在成长中的人更容易迷失，这时候教师的直言，即不加修饰、不加隐瞒地说出年轻人的真实状况，提醒年轻人不要忘记自己，进而转向自己，具有非凡的意义。正是在这个意义上，福柯说，"扮演直言者，就是做教师；做教师，就是扮演直言者"①。

现代教育在"认识世界"上所取得的成就不容否认。如何调试"关心你自己"与"认识世界"的关系是现代教育的一个关键问题。显然，人类发展到今天，已经不可能放弃科学技术所带来的便利，现代教育也不可能置"认识世界"的任务于不顾。而且，对世界的认识也不一定阻碍对人自身的认识，把握得好，也可能促进对人自身的认识，进而有益于对人自身的关心。人在世界中存在，人与世界既是分立的，也是融合的，人在世界上留下了痕迹，世界也会进入人之中进而成为人的一部分。从人与世界的融合这一角度看，认识世界有益于认识人自身，或者说就是对人自身的认识，因为人之中有世界。在过去时代，为了更好地认识人、认识我们自己，往往需要神的参照，即以神为镜鉴来反观人。如今，我们也可以以宇宙为镜鉴来反观人自身。卡西尔（E. Cassirer）指出，从人类意识原初萌发之时起，对人自身的理解与对外在世界的认识就是成对出现的，"在对宇宙的最早的神话学解释中，我们总是可以发现一个原始的人类学与一个原始的宇宙学比肩而立：世界的起源问题与人的起源问题难分难解地交织在一起"②。现代教育之"认识世界"的问题就在于单纯对象化的认识，失去了对人自身的观照。这样的"认识世界"不但使世界变成了获取资源的工具，使世界工具化，还使人与世界割裂开来。更糟糕的是，这种对象化、割裂化的"认识世界"成了逃避自我之途，人通过对世界的认识来回避对自身的认识与关心。

---

① Michel Foucault, *Fearless Speech*, Los Angeles：Semiotext（e），2001, p. 105.
② ［德］恩斯特·卡西尔：《人论》，甘阳译，上海译文出版社1985年版，第5页。

还是杜威洞明，他说，"当一个学科是按照了解社会生活的方式去教的，它就具有积极的伦理上的意义"①，同样，"认识世界"如果是按照服务于对人自身的认识与关心的方式去教的，就具有了"关心你自己"的意义。也就是说，当"认识世界"的知识教育是服务于个体生存、个人利益的获得时，这种知识教育就是与"关心你自己"格格不入的；如果"认识世界"的教育是着眼于一个人关心世界、关心人类、关心他人能力的提升，那么这种知识教育就是与"关心你自己"相一致的。如前所论，行善是修身或"关心你自己"的一种方式，在行善中，我们既关心了世界、他人，也关心了自己。但行善需要能力，通过教育掌握知识，提高行善的能力，那么这种知识学习就是服务于"关心你自己"的。教育不能只把自然世界当作获取资源和利益的工具，而应引导年青一代领悟人与世界的关联，认识当今环境的危机和人类同胞的苦难，形成爱护环境、解除苦难的意愿和能力，若如此，"认识世界"与"关心你自己"也就内在相通了。

---

① ［美］约翰·杜威：《学校与社会·明日之学校》，赵祥麟等译，人民教育出版社1994年版，第157页。

第二部分
重大德育主题的探索

生活德育作为一种德育思想，不能只停留在理论建构上，还要深入理论、实践的教育问题之中。习惯与生活、习惯与教育，生活中的道德想象力及其培育，感恩与感恩教育，道德伪善与道德教育，等等，都是重大却没有得到充分探索的德育课题。

第四章　习惯、道德与教育

"人是理性的动物""人是政治的动物"这类说法深入人心，因此杜威之言"人既不是理性的生物，也不是本能的生物，而是一种习惯的生物"[①]，就显得突兀、另类了。即使有杜威如此鼎力加持，习惯在伦理学、教育学话语中的没落依然是显见的事实。与在学术话语中的隐身不同，在日常生活中，我们还是天天与习惯照面，天天言说习惯，习惯依然是日常话语中一个使用频率很高的词汇。这说明习惯依然是我们生活的一个重要维度，依然具有强大的生命力。那么，习惯在学术空间中的隐身，不是习惯本身的枯萎，一定是另有原因。

本章从习惯如何在学术空间中被败坏入手，论述习惯与自我、习惯与德性、习惯的寓所、习惯的指称、习惯的时空维度、习惯的习得性、习惯的双重律、习惯的意识性与非意识性、习惯的主动性与被动性、习惯的稳定性与可变性等有关习惯的基本理论问题，在此基础上从作为环境的教育、作为笃行的教育、作为思考的教育、作为习惯改变的教育等几个方面来论述教育在习惯形成中的作用。

一、习惯：一个被败坏的概念

习惯曾经是一个带有光环的词汇，习惯就是道德或德性的别称。比如

[①] 《杜威全集·中期著作（1899—1924）·第十四卷（1922）》，罗跃军译，华东师范大学出版社 2012 年版，第 78 页。

古希腊的亚里士多德就将习惯与道德德性等量齐观，认为"道德德性则通过习惯养成"①，古罗马的鲁弗斯（Mosonius Rufus）也说习惯是比理性更为有效的美德获得方式②，阿奎那（T. Aquinas）更是视习惯为不易消失的品质，是性情的据守③。众所周知，在过去时代，教育几乎是道德教育的同义词，教育基本上就是道德教育。正因为习惯是道德或德性的别称，习惯在作为道德事业的教育中也处于核心的位置，或者说习惯过去一直是教育的一个"关键词"。

习惯在伦理学和教育学中的没落，与影响极大的康德哲学不无关系。康德对习惯没有好感，认为习惯只是以同样方式重复先前行为的内在身体必然性，这种必然性减损了心灵自由，也因此剥夺了善行的道德价值。康德在道德上是严格主义者，从他对意志自由的维护来看，他对习惯的贬抑一点也不意外。在他那里，出于同情而行善，都不一定是道德的，因为同情导致的善行很可能是基于同情心这种自然倾向，而不是基于道德义务的指引。④康德对理性与意志自由的强调，将习惯归入机械重复范畴，对思想界对待习惯的态度影响巨大。启蒙运动之后，任何与人的理性相抵牾的事物都是需要消除的对象。但即便如此，康德之后的哲学家，看重习惯的依然不少，杜威甚至公然宣称"人是习惯的生物"。

对习惯构成致命伤害的是行为主义。比如华生（J. B. Watson）将习惯理解为"由刺激与反应之间所形成的稳定关系所构成"⑤ 的行为方式。行为主义对习惯的类似定义，从多个方面败坏了习惯。一是习惯的行为

① ［古希腊］亚里士多德：《尼各马可伦理学》，廖申白译，商务印书馆 2003 年版，第 35 页。

② William O. Stephens，"The Roman Stoics on Habit"，in Tom Sparrow and Adam Hutchinson（eds.），*A History of Habit*：*From Aristotle to Bourdieu*，Lanham：Lexington Books，2013，p. 52.

③ William O. Stephens，"The Roman Stoics on Habit"，in Tom Sparrow and Adam Hutchinson（eds.），*A History of Habit*：*From Aristotle to Bourdieu*，Lanham：Lexington Books，2013，p. 66.

④ ［美］理查德·J. 伯恩斯坦：《根本恶》，王钦、朱康译，译林出版社 2015 年版，第 19—20 页。

⑤ 柯永河：《习惯心理学》，（台北）张老师文化事业股份有限公司 1998 年版，第 365 页。

化。在习惯的思想史上，习惯虽然总是与行动、活动、行为交织在一起，但很少有人把习惯只局限于行为，心灵习惯、灵魂习惯、感觉习惯、情感习惯的说法都不少见。行为主义则把习惯仅仅局限于行为，习惯就是行为习惯，习惯从此被推向了与内在心灵无关的外在化境地。行为主义对习惯的这一窄化，绵延至今天的教育实践领域，"行为习惯养成"之类的话语不绝于耳，就是明证。二是行为主义对习惯的外在化，不限于行为化。在行为主义之前，虽然极少有人否定习惯与环境的关系，但习惯是主体的习惯，即在习惯形成过程中，习惯主体是第一位的。行为主义将习惯理解为对外在刺激的稳定反应方式，也就是说习惯来自外在刺激。在这里，主体与外在刺激的地位被翻转，外在刺激成了第一位的，主体则是被动反应的第二位的存在，失去了习惯形成的主导性。三是习惯的机械化。行为主义将习惯视为刺激与反应之间所形成的稳定关系，甚至渴望用神经回路来标示这种稳定关系，导致习惯的僵化与固化，使习惯失去了过去学术话语中的"在稳定与变化之间"的那种中道性质，进而失去了思想解释力和生命力。

行为主义之所以盛极一时，不在于其理论的说服力，而在于其是科学化时代科学化思维方式在心理学、教育学、伦理学等人文学科中的反映。虽然诸多学术领域都对行为主义的谬误进行了清算，但行为主义的影响依然存在于我们的意识和无意识之中，一有适当的条件，就会显身，就会发挥其影响力。杜威对习惯的理解，带有清算行为主义的色彩，但他所处的时代依然是行为主义如日中天的时代，因此杜威的清算不可能彻底。再加上其实用主义哲学立场对行动的强调，使得他的习惯立场也没有完全摆脱行为主义的干扰。杜威之后，学术界的基本倾向是回避使用已经被败坏的习惯概念，而不是对行为主义习惯观念进行批判与清算。

行为主义对习惯的败坏，还表现在行为主义习惯观念为社会控制与教育控制提供了"灵感"。既然习惯是对外在刺激的稳定反应方式，那么通过发明、强化外在刺激就可以在目标人群那里获得期待的行为方式。福柯的研究表明，通过控制身体对人进行规训，古已有之，但规训的大规模运用，则是现代实践。在这种规训体系中，行为主义习惯思想的幽灵无处不在。虽然教育学术话语中习惯隐身不见，但在学校实践之中，通过外在刺激形成习惯以达到在学生那里获得预期行为的做法比比皆是。行为主义习惯思想在教育实践中的默然潜行，对教育事业、对成长中的人都是伤害，也使习惯背负上了更大的恶名，是对习惯概念的更为严重的败坏。

二、习惯与自我

要拯救被行为主义败坏的习惯概念，可以从习惯与自我的关系开始。习惯不是行为主义者所限定的那样仅仅是行为的，而是自我的标示。人是多维复杂的存在，人有身体、有思想、有情感，这是人之共性。一个人，怎么才能在芸芸众生中活成一个独特的个体呢？也就是说，个体怎样才能将自身变成一个可辨识的独立存在呢？也许我们首先想到的是身体，因为每个人的身体本身就是独特的。但没有纯粹的身体，所有的身体都是结合了精神的身体，否则就是"行尸走肉"。作为"行尸走肉"的身体，即使形态各异，也没有辨识的必要。每个人的感情、思想也是不同的，问题在于感情、思想的内隐性、易变性、零散性，使之很难成为一个可辨识的标准。习惯处在身体、思想、感情、行动的交汇处，将人之分散的"心絮"与"活动"联结在一起，形成一个稳定而又连续的存在。正如杜威所说："自我就是长时间形成的联合而又连续的习惯。如果没有习惯，人们所过的生活就会蜕化为松散的活动丛，无法凝成稳定、连续的自我。"①

由习惯凝成的自我，并不排斥身体、思想、感情，而是这些人性维度的沉淀。杜威说人不是本能的生物，也不是理性的生物，他不是在否定人的本能、人的理性，而是说这些人性维度如果不通过习惯表现出来，就不能作为人之存在的标识。人有这样或那样的本能，但本能不是人也不是个体独有的标识，本能只有通过习惯这一通道，才能成为人、成为个体独有的力量。比如，愤怒是一种本能性情感，本能性的愤怒不能作为一个人的

---

① Stephen Pratten, "Dewey on Habit, Character, Order and Reform", *Cambridge Journal of Economics*, 2015（39），pp. 1031-1052.

标识，愤怒只有成为一种带有个人风格的情感习惯，才能成为一个人的标识。我们常说人是理性的存在，问题是：一方面理性不是凭空而来的，而是以先前形成的习惯为基础的；另一方面，理性活动也会凝结成习惯。

我们常说习惯是人的"第二自然"，那么人的"第一自然"是什么呢？显然是与生俱来的生理本能。按照惯常的思维，"第一自然"比"第二自然"原初、根本，因为"第二自然"是派生性的。但在人这里，作为"第二自然"的习惯则更为根本，才是人之所以为人的标志。从个体的角度看，"第一自然"构不成自我，构成自我的只能是"第二自然"。习惯作为"第二自然"，与自我一体，就是自我本身。当然，构成自我的习惯不是单个的习惯，而是"习惯丛"（bundles of habit）。"一只燕子构不成春天"，同样，单个的习惯也构不成自我，由多种习惯有机组合在一起的我们的在世生活方式，才构成自我。

习惯是人在世而立的方式。如前所论，分散、易逝的"心絮"与活动凝成习惯，一个人才有了不同于他人的可以辨识的自我。别人看到的"我"，是由习惯构成的稳定存在。从这个角度看，我们是用习惯与他人建立联系的，我们是通过习惯扎根人间的。同样，我们与环境的联系也是以习惯为中介的。人在环境中生存，不可能每时每刻都思考如何去重新理解、重新创造环境，正是在与环境互动过程中形成的习惯，成了我们与环境进行交互的方式，也成了我们的生活方式。因此，从这个意义上说，习惯也是我们扎根世界、与世界建立联系的方式。

习惯与自我的一体性还表现在习惯的非对象化上。人是有意识和自我意识的存在，与意识相比，自我意识作为"意识的意识"是更为高级的意识，发育更晚。儿童不是一出生就有自我意识的，其自我意识形成的标志是能够说"我"。在能够说"我"之前，生成中的自我已经存在。如前所论，这生成中的自我，也即动态的习惯结构。因此，从个体发育的角度看，习惯是先于自我意识的存在，也就是说在个体意识到自我之前，习惯已经在建构自我了。米德（G. H. Mead）用"I"和"Me"来标识两种自我，主体形态的自我"I"主要来自经历和习惯，而客体形态的"Me"则主要是以他人视角看自己的结果。在米德看来，儿童在能够以他人眼光看自身之前，已经有了一个基于习惯的主体自我。这种主体自我不是主题化、对象化的，而是一个隐在的自我。这个隐在的主体自我是儿童看世界、从他人视角看自身的基础。①先于自我意识的习惯，在形成之后，往往沉潜在意识之下，与自我浑然一体，"习惯就是自我，一般不会对象化而进入意识，而是与自我一体去意识其他事物，使其他事物对象化"②。作为理性、感情的存在，我们会去感受、思考其他事物，将其他事物对象化。在这个对象化的过程中，都有一个主要由先在习惯构成的主体自我站在对象的对面。人是理性的存在影响至深，我们常常强调理性选择的重要，但习惯是我们自身的一个更亲近、更基础的部分，比有意识的选择更能代表自我（后文还会论及选择与习惯的关系）。当然，沉潜在意识之下的习惯，也可以上升到意识层面成为反思的对象，但这种上升不是无条件的，而是发生在习惯受到阻碍、无法正常发挥作用的情况下，或是被他人指出、提醒而进入意识的。

三、习惯与德性

在被行为主义败坏之前，习惯之所以受到重视，在于习惯在品格与德性形成中的不可或缺的作用。亚里士多德关于道德德性主要来自习惯的思想影响至深。人是道德存在，千百年来，我们都在探寻德性形成之秘。在这一探寻中，很少有人能无视习惯的存在。确实，习惯与德性有太多共同的地方。首先，德性与习惯都不是客观知识，而是与人自身结合在一起的倾向（disposition）或存在状态。德性如果是客观知识，那么德性形成之路就会清晰很多，但事实是我们许许多多的关于道德的知识都与我们真实品性无关。正是这个原因的存在，引导我们从同样不是客观知识的习惯那

---

① Nick Crossley, *The Social Body: Habit, Identity and Desire*, London: SAGE Publications, 2001, pp. 143-149.

② Shannon Sullivan, "Oppression in the Gut: The Biological Dimensions of Deweyan Habit", in Tom Sparrow and Adam Hutchinson (eds.), *A History of Habit: From Aristotle to Bourdieu*, Lanham: Lexington Books, 2013, p. 237.

里去寻找德性的本质。其次，德性和习惯与实践、实行密切相关，亚里士多德说我们是通过做公正的事情而成为公正的人、做节制的事情而成为节制的人、做勇敢的事情而成为勇敢的人，同样，我们也是通过做某种事情而形成某种习惯的。再次，德性与习惯都与环境的熏陶密切相关。人是社会性动物，必须扎根于人间，否则就不能在世生存。扎根于人间，就意味着要接受先在群体的基本道德预设和生活习惯，这是人进入社会的前提条件。道德预设也好，生活习惯也罢，都是一种隐在的环境因素，其对新生成员的影响主要是间接的、默默的，新生成员也多是在不知不觉中受到熏陶而形成自身的品性和习惯的。如果说实践与实行是通过主动活动来形成德性和习惯的话，环境熏陶则是通过被动活动来形成德性与习惯的。最后，德性和习惯都与过去相关，又都是指向未来的。德性与习惯都不是凭空而来的，都是过去经历沉淀的结果，且在当下和未来发生作用。

　　那么，习惯在德性形成中到底起着什么样的作用呢？在杜威看来，品格是由习惯构成的，品格就是习惯的互渗互联（interpenetration）①。杜威的品格概念显然不同于个体品德或德性，更类似于一个人的性格或个性。这里的品格如果是指德性的话，显然有不合逻辑之处，因为有很多习惯与道德无关，这些与道德无关的习惯对德性的形成没有直接关系。但杜威的观念依然深富启发性，我们由此可以类推出德性是一个人与道德有关的各种习惯的互渗互联。威廉·奥克汉姆（Willian Ockham）将习惯分为三种类型：一是道德习惯；二是智力习惯；三是感觉欲望习惯。我们更为熟悉的行为习惯在他那里并不能单独成类，因为行为习惯只是以上三种习惯的实行。②且不论这种习惯分类的说服力，德性显然与道德习惯的关系更为紧密，从杜威的角度看，德性就是各种道德习惯整合而形成的道德倾向与品性。当然，智力习惯，尤其是感觉欲望习惯，与一个人的德性显然不是全无关联，也是一个人德性形成的基础性或背景性的存在。

---

　　① Stephen Pratten, "Dewey on Habit, Character, Order and Reform", *Cambridge Journal of Economics*, 2015 (39), pp. 1031-1052.

　　② Oswald Fuchs, O. F. M., *The Psychology of Habit According to Willian Ockham*, New York: The Franciscan Institute, 1952, p. 5.

　　由此看来，德性中一定有习惯，虽然我们还不能确定德性中的习惯只是道德性的习惯，还是包括其他习惯，或者以其他习惯为基础。说一个人具有某种德性，也就意味着其有施行该德性的习惯。比如，某人具有诚实品质，也就意味着其在思与行中有诚实的习惯，换句话说，在面对诚实情景时，其会自动表现出诚实的思与行。如果没有诚实的习惯，诚实的品质显然无处存在，也无从证明。因此，我们可以说，没有习惯作支撑的德性是抽象的、虚幻的、不能兑现的德性。德性中不能没有习惯，但并不意味着德性全是习惯，德性中有习惯之外的因素，比如思考与判断。德性中有思考与判断等其他成分，并不排斥习惯在德性构成中的作用。一方面在于习惯是思考、判断的基础，我们的思考、判断能力同样不是凭空得来的，其自身也有习惯的成分；另一方面，思考、判断也有习惯性，也会成为习惯。

　　既然德性中一定有习惯，那么就可以通过习惯来培养德性，因此，习惯是成就德性的一个重要方式。亚里士多德说："从小养成这样的习惯还是那样的习惯决不是小事。正相反，它非常重要，或宁可说，它最重要。"① 从这句话可以看出，亚里士多德认识到习惯是到达德性的一个异常重要的通道。在他看来，德性不是出于自然，当然也不是反乎自然，德性体现的是人的努力与提升。在获得德性的过程中，这种努力并不那么容易，甚至需要克服痛苦。但通过习惯，德性变得可欲、自然、稳固。当然，亚里士多德这句话也指出了习惯与德性关系的另一种可能，那就是不好的习惯可以让人失去德性。一般而言的习惯是一个中性概念，可好可坏，好习惯可以成就德性，而坏习惯则会毁坏德性。而这正是教育可以着力之处：教育的使命就在于培养年青一代的好习惯、改正他们的坏习惯。

四、习惯的寓所

　　习惯的寓所，就是习惯居于何处。行为主义剔除了习惯的精神成分，

━━━━━━━━━━

　　① ［古希腊］亚里士多德：《尼各马可伦理学》，廖申白译，商务印书馆 2003 年版，第 37 页。

将习惯限定于生理甚至肌肉反应，显然，行为主义的习惯，其寓所是剔除了精神的身体。这与过去时代对习惯的认识大相径庭。亚里士多德虽然强调习惯的活动性，但依然认为习惯是灵魂持续而灵活的状态、倾向，是拥有者在特定情境下感受与行动方式的预示。①塞涅卡也认为习惯是理性统御激情的力量，以思维方式、思维定式为形态。②阿奎那虽然不否认习惯与身体的关联，但认为习惯的寓所只能是灵魂。在他看来，身体不能直接习惯化，因为身体的自然本性很难改变，只有与灵魂相关的身体部分才能习惯化。在阿奎那的习惯观里，理性是关键，因为只有情感、欲望服从理性，习惯才有形成的可能。表面上习惯直接与行动联系在一起，但实际上是居于灵魂的习惯在号令行动。③现代以前的习惯理论，诸如休谟、拉韦松（F. Ravaisson）等，多数都认为习惯的寓所在于灵魂、在于心灵。

对于被行为主义遗留所浸染的现代人来说，习惯居于灵魂的说法多多少少有点费解，但对有"心灵优先"（mind-first）这一传统的西方哲学来说，这一点也不奇怪。从古希腊开始，对心灵、灵魂的强调，对身体的排斥就已经很明显。柏拉图就说过，"身体是灵魂穿过的衣服"④。此外，如果我们撇开行为主义的干扰，从自身体验出发，也能体验到这种习惯居于灵魂的说法并非全是古人的偏见或虚妄。人是有灵的存在，内在心灵活动，包括理性、感情，都会沉淀而成习惯。即使是身体习惯，也不是纯粹身体的，都与心灵相关。

但如果说习惯纯粹是心灵的，又与我们的直观感受有落差，有太多的习惯与身体无法分离，即使是最内在的思考、情感习惯也往往会有身体显现。黑格尔（G. W. F. Hegel）解决这一难题的方案是将习惯理解为精

---

① Thornton C. Lockwood, "Habituation, Habit, and Character in Aristotle's Nicomachean Ethics", in Tom Sparrow and Adam Hutchinson (eds.), *A History of Habit: From Aristotle to Bourdieu*, Lanham: Lexington Books, 2013, pp. 27−28.

② William O. Stephens, "The Roman Stoics on Habit", in Tom Sparrow and Adam Hutchinson (eds.), *A History of Habit: From Aristotle to Bourdieu*, Lanham: Lexington Books, 2013, pp. 41−43.

③ Robert C. Miner, "Aquinas on Habit", in Tom Sparrow and Adam Hutchinson (eds.), *A History of Habit: From Aristotle to Bourdieu*, Lanham: Lexington Books, 2013, pp. 68−71.

④ 《柏拉图对话集》，王太庆译，商务印书馆 2004 年版，第 249 页。

神与形体的结合，即习惯是形体"砌入"精神，是精神对形体的直接占有，是精神在形体中的直接体现。①黑格尔对习惯的这一理解深有启发性，即习惯既与精神有关，又与身体有关，是将身心结合起来的一种力量。但黑格尔认为这种"砌入"是由外而内的，即从形体开始进入精神的，然后才作为精神的直接体现。这与习惯灵魂论的顺序是颠倒的，因为灵魂论者认为习惯在身体上的呈现只是灵魂习惯的外化而已。

与黑格尔试图联结精神与形体不同，梅洛·庞蒂（M. Merleau-Ponty）直接将习惯的居所定为身体，"习惯的住所不是思想，而是身体；不是客观化的身体，而是作为世界调节者的身体"②。庞蒂认为习惯首先是一种身体记忆。身体记忆不同于回忆，回忆是心理的，是朝向过去的、非连续性的图像（表象）记忆，而身体记忆则是连续的、行动的（非表象的）、朝向未来的记忆。心理性的回忆来自意识活动，而习惯性的身体记忆则来自过去活动的有意识和无意识沉淀。没有身体就没有习惯，过去也不可能存在，习惯就是过去通过身体对现在的绵延。庞蒂将习惯理解为"具身图式"（corporeal schema），即与身体结合在一起的"知道如何"（know-how）的实践感、一种对世界的身体理解。③如果说作为身体记忆的习惯将过去绵延到现在的话，那么习惯的"具身性"则开创了习惯的空间性。通过身体和身体姿态进行建构和表达，习惯与世界的联系得以建立。正是在这个意义上，庞蒂说身体是"世界的调节者"。

庞蒂关于习惯是"具身图式"的思想独树一帜，开创了关于习惯的现象学视域。但是不是所有习惯都是"具身"的，或者说身体是不是习惯的唯一寓所呢？庞蒂的习惯来自过去活动在身体上的沉淀，是我们理解当下、在当下做事的一个前反思性基础。他没有解决的是我们过去的思维活动，它不可能消失不见，也会绵延到现在。比如胡塞尔关于归类（typi-

---

① 高兆明：《论习惯》，《哲学研究》2011 年第 5 期。

② Edward S. Casey，"Habitual Body and Memory in Merleau-Ponty"，in Tom Sparrow and Adam Hutchinson（eds.），*A History of Habit：From Aristotle to Bourdieu*，Lanham：Lexington Books，2013，p. 200.

③ Nick Crossley，*The Social Body：Habit, Identity and Desire*，London：SAGE Publications，2001，p. 123.

fication）和配对（pairing）的概念就揭示了过去思考活动所产生的习惯在当下活动中的作用。语言就是一个归类系统，在归类的意义上，语言也就是一个习惯系统，只要我们使用语言，习惯就在发生作用。①而且，思维中的习惯并不仅仅限于心智，还会在身体中得到体现。比如一旦我们形成了体积与重量比例关系的概念，在提起同样体积的物体时，身体就会不假思索地使出与该体积成比例的力，如果同样体积的物品重量却出乎意料的轻，我们就会被闪着。这说明即使是归类这样的心智习惯，也会与身体结合在一起，成为身心一致的习惯。

身心二元论是思想史上一个长久的思想裂痕，习惯寓所的争议，正是这一裂痕的体现。人是整体性存在，我们在理论表达上可以将身和心分开来说，但实际上作为一个真实存在的人，身与心根本无法分离，就是一体的存在。由以上分析可以看出，习惯的寓所既可以是心灵，也可以是身体。寓居心灵的习惯，虽然主要来自心灵活动，但不会与身体活动全无干系，也有来自身体活动的沉淀，也会在身体姿态与活动中有所体现，也具有"具身性"；寓居身体的习惯，其来源往往是身心兼具的，同样不会与心灵全无干系，同样是当下心灵活动的非反思性前提，具有"具心性"（与"具身性"对应）。也就是说，"具身性"的习惯具有"具心性"，"具心性"的习惯也具有"具身性"。因此，习惯的寓所不是单纯的身，也不是单纯的心，而是身心的结合，在身心之间，在我们的生命中。

五、习惯的指称

所谓习惯的指称，就是当我们解释习惯的时候用什么词汇来替换"习惯"一词。可以用来替换、指称习惯的词汇很多，大体可以归为四类：第一类是机制、惯性；第二类是结构、图式；第三类是倾向、品格、品质；第四类是技能、能力、实践智慧。

---

① Nick Crossley, *The Social Body*：*Habit*, *Identity and Desire*, London：SAGE Publications, 2001, p. 131.

　　行为主义喜欢用机制（mechanism）来指称习惯，将习惯视为外在刺激所形成的身体反应机制。用机制来指称习惯，突出了习惯的自动性，这是其合理的地方。正是因为有这一合理性，即使行为主义遭到了摒弃，机制之称依然有生命力，在日常的理解中，我们还是会有意无意地把习惯当作一种自动化的机制。用机制指称习惯的不合理性在于僵化。机制、机械首先是外在的、身体的、被动的，这与行为主义之前将习惯理解为灵魂的功能背道而驰。也许有人会说，机制也可以是心理的，即心理机制。但即使是心理机制，也是一种机械性的东西，突出了习惯的稳定性，却扭曲了习惯的灵活性。正如拉韦松所言，不能将习惯理解为机械用语，习惯克服了自由与必然、稳定与变化的二分：在必然中融入了自由，在自由中融入了必然；在稳定中预示了变化，在变化中体现了稳定。①确实存在着机械化的习惯，但这种习惯只是习惯中微不足道的类型，更多的习惯只是偏好和倾向的体现，规定了我们思与行的方向，至于具体的行为则是灵活的。

　　用惯性来指称习惯存在着同样的问题。杜威反对将习惯理解为惯性，他的反对理由在于：惯性是被动的，无法体现习惯的主动性；惯性只能用来指称动作，这样一来，一方面心智习惯被排斥在外，另一方面，即使是手眼习惯也有心智成分，惯性无法体现动作习惯中的心智成分。出于这些认识，杜威说关于习惯的"第一个误解，就是把习惯看成机械的、外在的种种反应，忽略了习惯也有心智与道德的层面"②。

　　结构、图式是第二类习惯指称。比如，布迪厄（P. Bourdieu）就是用结构来指称习惯，说习惯是"结构化的结构"（structured structures），已经形成的习惯会持续发挥作用，是"结构中的结构"（structuring structures），综合起来看，习惯就是"结构化的结构中的结构"（structured structuring structures）。这种指称，既揭示了习惯的稳定性（是一种结

_____

① Clare Carlisle, "Ravaisson on Habit and Moral Life", in Tom Sparrow and Adam Hutchinson (eds.), *A History of Habit: From Aristotle to Bourdieu*, Lanham: Lexington Books, 2013, p. 142.

② ［美］约翰·杜威：《民主主义与教育》，林宝山译，（台北）五南图书出版公司1989年版，第45—46页。

构），又标明了习惯的动态性和生成性，即习惯永远处在结构之中。用图式（schema）来指称习惯，类似于结构。用结构、图式来指称习惯，一个比较大的问题是比较模糊。心理学中，很多心理品质都可以是一种心理结构、一种心理图式，那么习惯是一种什么类型的结构或图式，这一点没人能说清楚。另外一个问题是，结构与图式的心理色彩比较浓厚，对身体习惯的指向性不明显。正是基于这个原因，庞蒂在使用图式来指称习惯时，特意加上身体性，即"具身图式"。

第三类习惯指称包括倾向（disposition）、品格（character）、品质（quality）。用"倾向"翻译 disposition，虽然约定俗成，但二者之间还是有细微差别的。倾向指在特定情况下的选择（多数情况下是无意识选择）偏好，而 disposition 则超过选择偏好，指一个人的基本性格状态，更类似于性情。一方面，倾向或性情作为习惯的指称，标识了习惯的内在性，即习惯是事关整个人的个性的；另一方面，倾向与性情也给予习惯一定的灵活性，因为一种倾向可以用多种类型的行为表现出来。倾向与性情作为习惯的指称，其优势也是其问题，即未能清晰表达出习惯与身体的结合，未能标识出庞蒂所强调的习惯的"具身性"。用品格、性格来指称习惯，合理性在于品格或性格中都有习惯的成分，但问题在于品格或性格又不只是习惯。此外，品格或性格对习惯来说过于综合，与习惯还是有距离，标识不出习惯的特性。在一定情况下，我们说习惯是一种品格，所能表达的意涵并不多，甚至是对习惯的一种消解。用品质来指称习惯，也有类似于品格、性格的问题。习惯确实是一种品质，问题是人的品质多种多样，用品质来指称习惯，模糊性不可避免。而且，在日常话语中，品格、品质都是有价值判断的用语，品格意味着"好品格"，品质意味着"好品质"，但习惯并不一定意味着"好习惯"。

也有人用技能、能力来指称习惯。习惯作为一种"灵巧"，即思考、做事的不假思索形式，确实呈现出技能或能力的样态。但技能与习惯的区别还是很明显，即不是所有技能都来自习惯。亚里士多德在论述道德习惯时还发现了道德习惯与技能的另一个明显差别：技能是双向的，有一个技能，你可以做也可以不做，但道德习惯则不同，你必须做道德行动才能证明你有该道德习惯，在这个意义上道德习惯是"单向的"。① "实践智慧可以用习惯来描述"②，也就是说实践智慧具有习惯的特征，即一种说不清道不明但却真实存在的能力。反之亦然，习惯也可以用实践智慧来指称，即我们可以将习惯看成是一种实践智慧。用实践智慧来指称习惯，其优势在于描摹出了习惯与人的一体性、习惯的综合性，劣势在于用实践智慧来指称习惯模糊了习惯的非反思性。已形成的实践智慧具有非反思性，但其来源并不是如此，而是理性选择持久作用的结果。习惯的来源则更为多元，可以是过去生活的无意识沉淀，也可以是无意识选择的持续，当然，也可以是有意识选择的无意识化。用实践智慧指称习惯的另一个问题是，实践智慧也是一个有正向价值判断的词汇，在通常情况下，我们不会说一个奸诈狡猾之人具有实践智慧，而习惯则是一个相对中性的词汇。

总起来看，习惯可以用不同类型的各种用语来指称，但没有任何一个用语可以完美替换和指称习惯，这是习惯的尴尬，也是习惯的特性。一方面习惯牵涉人性的方方面面、各个维度，另一方面习惯又不能纯粹归属到任何一个单纯的人性层面。从习惯在人性中的处境来看，习惯的本性在于其"中介性"，即习惯居于各人性力量之间，是一种"在之间"的存在：在过去与现在之间、在先天与后天之间、在增减（强化与削弱）之间、在意识和无意识之间、在主动与被动之间、在稳定与改变之间、在内与外之间、在身与心之间……

六、习惯的时空之维

习惯是时间的产物，时间对习惯来说至关重要。对个人来说，习惯具有先在性。我们每个人，一出生就要面对这个充满习惯的世界。诞生也就

---

① Thornton C. Lockwood, "Habituation, Habit, and Character in Aristotle's Nicomachean Ethics", in Tom Sparrow and Adam Hutchinson (eds.), *A History of Habit: From Aristotle to Bourdieu*, Lanham: Lexington Books, 2013, p. 24.

② G. P. Henderson, "Habit and Reflection in Morality", *Dialogue*, 1970 (9), pp. 20-34.

意味着进入，我们所要进入的世界是一个充满着习惯的世界。我们所要互动的人都是习惯存在，或者说是一个个"习惯丛"，我们所要学习的语言本身就是一个习惯体系，我们所要学习的生活方式也是习惯体系。对个体来说，在一个由习惯构成的世界中诞生，这不是一个自然事件，而是一个文化事件、习惯事件。诞生意味着进入，这种进入不是单向的，而是双向的，作为个体，我们通过学习习惯而进入这个世界；同时，习惯世界也会进入我们自身，也会将这个世界的习惯"砌入"我们的生命中。从这个意义上看，先在的习惯不仅仅是时间的，也是空间的，或者说是时空互建的。

习惯最突出的特征在于连续性，而连续性所体现的正是习惯的时间之维。习惯是过去的结晶，存在于当下，指向未来。习惯用自身的连续性将过去、当下和未来串联在一起。没有过去，就没有习惯，习惯是过去在我们身心上留下的"印痕"。已经形成的习惯储存在我们的身心之中，倾向、品格也好，技能、实践智慧也好，无论如何指称，习惯总是在那里，总是一种准备状态，一旦适合的情景出现，习惯就会自动化地发挥作用。作为一种准备状态，存在于当下，实际上已经指向未来。杜威形象地将习惯比喻成"导管"（conduit），通过这一导管，将过去记忆、当下体验和未来事件联结在一起，将个人与其所处的社会与文化联结在一起。①

在过去、现在和未来三个时间维度中，从习惯的作用来看，习惯不指向过去，而是指向未来，因此现在和未来更为重要。从习惯的形成来看，过去更重要，因为习惯来自过去，是过去的结晶。过去的活动，无论是有意识的还是无意识的，无论是理性的还是非理性的，也包括过去的习惯，都会经过沉淀（sedimentation）而在身心上留下"痕迹"。沉淀意味着过滤，不是所有过去都会绵延到现在，如果是这样，现在的空间就会被过去占满而无法朝向未来。过滤有被动的一面，即我们无法控制什么被留下、什么被过滤掉。但沉淀也不全是被动的，也有我们的主动性在里面，即

① Terrance MacMullan, "Habit and Social Meliorism in Pragmatist Tradition", in Tom Sparrow and Adam Hutchinson (eds.), *A History of Habit: From Aristotle to Bourdieu*, Lanham: Lexington Books, 2013, p. 213.

我们希望什么被留下、什么被过滤掉，沉淀在一定程度上是我们偏好（不一定是有意识的偏好）的反映。当然，沉淀过程的复杂性在于，即使是我们偏好的东西也不一定被留下，我们不想要的东西也不一定被过滤掉。

有人说记忆是习惯形成的机制①。从习惯的时间维度看，习惯与记忆确实相关，问题是什么意义上的记忆。如前所论，习惯与回忆性记忆关联不大，因为习惯具有连续性，而回忆打捞出来的只是过去的片段。与习惯密切相关的记忆则是那种无意识的"具身性""具心性"记忆，这种记忆虽然有主动性的成分，但更多的是我们所经历的过去不受控制、自然而然的沉淀。回忆可以追溯到一个事件的时空缘起，而习惯作为记忆则与一开始的时空缘起越来越远，直至完全忘记。比如，一个人有做事干脆的习惯，但却早已记不起这一习惯是从哪里、从什么时候开始。从这个意义上看，习惯与其说是记忆，倒不如说是忘记。因此，说记忆是习惯形成的机制，并不准确，沉淀才是习惯形成的机制。

至于习惯的空间之维，个体与先在于己的习惯之互动已经体现了习惯的空间性。习惯的空间性还体现在另外两个方面：身心习惯的互相"砌入"与习惯在世界中的展现。习惯是身心贯通的，主要以身体活动为形态的习惯会"砌入"心灵，主要以心灵为领域的习惯也会"砌入"身体，在身体上留下影子。也就是说，习惯在个人范围内，以个人身心为界域，内外交互、内外循环。无论是内在习惯还是外在习惯，都会通过身体与外在世界发生联系，在世界中得到展现。"具身性"习惯通过身体展现并对环境发生影响，而且，外在环境也可以借助习惯而被整合进入习惯主体。以驾车为例，开得久了，我们在行驶、转弯、停靠的时候不再去想象、测算车的大小，不再将车作为一个对象去思考，而是将自己作为车去思考，这时候车已经通过习惯整合进我们自身，实现了"人车合一"。如前所论，"具心性"习惯也具有"具身性"，都有外显在世界中展示的倾向，同样也受外在环境的影响。

---

① 高兆明：《论习惯》，《哲学研究》2011 年第 5 期。

七、在先天与后天之间

习惯是后天习得的，这一点有广泛共识，也与我们的个体经验相符，没有人天生就有什么习惯。习惯的这种后天性，可以从几个方面来理解。第一，习惯对个体来说具有先在性，如前所论，个体诞生的这个世界是习惯的世界，习惯是个体与世界进行交互作用的一个通道。第二，对个体来说，习惯是先前活动的结果，意味着习惯不是来自先天，而是来自后天的活动。第三，如前所论，习惯形成的机制是沉淀（布迪厄认为是结构化），而所沉淀或结构化的不是先天的遗传而是后天的经历。第四，习惯是可以改变的，这也是习惯后天性的一个表现。先天的本能可以引导，但很难改变。习惯一旦形成，改变虽然并不容易，但可改变的性质不可否认。我们一生要形成数不清的习惯，也会丢弃数不清的习惯。即使那些伴随我们一生的习惯，也不是一成不变，而是始终处在演化过程之中的。

习惯是后天习得的，这一点毫无疑问，但后天的习惯与先天因素并非毫无关系。习惯之所以存在，与人的先天秉性密切相关。阿奎那说，后天的习惯既以人的先天秉性为条件，又是对先天秉性的弥补、提升。人是非完美但有潜能的存在；但人的潜能不是限定性的，而是多向的，可以朝向诸多事物，可以在多种维度上得以实现；诸多因素、事物同时朝向主体，主体必须有效地做出适时、适当的回应。①人有这样或那样的潜能，但一方面潜能是不够用的，必须得有包括习惯在内的其他力量的弥补，而潜能为习惯的形成提供了先天基础；另一方面，多向的潜能被多样的事物所牵引，必须通过习惯使其得以稳定，潜能为习惯的形成发出了"邀请"。因此，后天的习惯与先天的本能不是对立关系，而是互补关系。

亚里士多德说德性不是自然，但也不反乎自然，习惯也是如此。习惯不是先天的，但以先天本能为基础，反本能的习惯很难长久。关于本能、

---

① William O. Stephens, "The Roman Stoics on Habit", in Tom Sparrow and Adam Hutchinson（eds.）, *A History of Habit: From Aristotle to Bourdieu*, Lanham: Lexington Books, 2013, pp. 68-69.

习惯、理性的关系，还是达尔文（Darwin）说得透彻：我们的心智是多层叠加的（layered mind），本能在最底层，习惯建基于本能，而思考则建基于本能与习惯。[1]如果我们将本能视为一种可以生长出多种可能的潜能的话，那么习惯就是本能的一种实现方式。在杜威看来，天生本能是有机体伸出去的触角，从社会和他人那里吸收营养，由此生长出习惯，而习惯则是结合了本能与社会力量的新存在，因此，"习惯的形成是力量的扩展而不是缩减"[2]。更有意味的是，习惯作为建基于本能的力量，又有朝向本能的倾向：自动化、稳定性。从习惯朝向本能的倾向出发，我们可以说习惯虽是后天习得的，却是一种"类本能"。

八、习惯形成的"双重律"与"一重律"

拉韦松认为习惯存在双重律（double effect of habit, double law）：激情的连续或重复弱化激情，行动的连续与重复提升、增强行动；延长或重复的情感一点一点弱化直至消失，延长或重复的行动越来越容易、敏捷、确定。[3]为什么存在这种双重律呢？拉韦松的解释是，激情、感情是一种感觉活动（sensation），来自身心感受到的变化。感觉活动使感觉器朝向刺激源并做好准备，慢慢地就减少了刺激物的新鲜感，进而导致感觉强度的下降，其内在机制是惰性力（the force of inertia）。而行动则相反，其重复只会使行动得到加强，变得更加熟练，直至变成"类本能"。

习惯化行动强化行动及行动所蕴含的感情、品质很好理解。比如，我们关爱他人的习惯不但使关爱自动化，变成一种"类本能"，而且这种关

---

① Geoffrey M. Hodgson, "Instinct and Habit Before Reason: Comparative the Views of John Dewey, Friedrich Hayek and Thorstein Veblen", *Cognition and Economics*, 2015 (9), pp. 109-143.

② 《杜威全集·中期著作（1899—1924）·第十四卷（1922）》，罗跃军译，华东师范大学出版社2012年版，第63页。

③ Clare Carlisle, "Ravaisson on Habit and Moral Life", in Tom Sparrow and Adam Hutchinson (eds.), *A History of Habit: From Aristotle to Bourdieu*, Lanham: Lexington Books, 2013, p. 144.

爱行动所蕴含的情感也会沉淀为一种品质，成为我们的品性之构成。激情与情感的重复与延长会降低激情，这一点也不难理解。比如我们第一次看到一个悲惨的事情，会在内心激起很大的波澜，但看得多了，也就习以为常了，这就是所谓的"同情疲劳"。问题是同情疲劳之后，引发同情疲劳的悲惨事件给我们留下了什么。如前所论，习惯是沉淀的结果，对一个事物的习惯意味着该事物在我们的身心留下了痕迹。情感上对悲惨事件的习惯，同样意味着悲惨事件已经在我们的身心留下了痕迹与影响。表面上看，我们对他人的悲惨遭遇已经没有反应，但实际上反应已经在身心里了，即我们不再给予他人的悲惨遭遇以应有的同情。从这个角度看，拉韦松的双重律有值得商榷的地方，即激情的延长与重复导致激情的减弱和消失，但在减弱和消失的同时已经在我们的身心里种下了激情与情感的对立物。

可以从不同的维度来深化习惯的双重律。第一个维度是行动与情感的区分，第二个维度是主动与被动的区分，第三个维度是价值好坏的区分。第一个维度，即行动与情感的区分前文已经论及。行动也有主动和被动之分，主动行动（其所伴随的情感也是主动的）强化行动及其附带的情感；被动行动的持续和延长一方面使行动变得自动化，另一方面也使一开始因被动而产生的消极情感消失。被动行动的自动化，意味着这一行动及其附带的价值已经沉淀到或建构进我们身心之中，成了我们生命的一部分，同样是表面上消失而实际上却以隐身的方式存在。比如，以分数作为刺激、衡量学生的力量与标准，个别学生一开始会有行动和心理上的抵触，久而久之，这种抵触就会消失于无形，分数则成了一种深入人心、理所当然的标准。情感也有主动和被动之分，主动情感无论好坏，都会得到强化，比如主动的关爱强化的是关爱，主动的歧视强化的是歧视。被动情感的习惯化则有两个方向，正面情感强化的是正面情感，比如别人的关爱情感给我们关爱的暗示，在我们心中可能种下关爱的种子；负面的情感（指负面事件本身所蕴含的情感，不是其刚一出现时我们的情感反应）比如残酷、悲惨事件的重复，给我们残酷与冷漠的暗示，消除的是我们对此的原初反应（比如愤怒、痛苦、同情），在我们心中种下的更可能是残酷与冷漠的种子。这是第二个维度，即主动与被动的区分。

第三个维度则是价值好坏的区分。无论是情感还是行动，如果是好的、道德的，其重复或延长直至沉淀到我们的意识之下，加强的都是好的、道德的行动与情感。如果是坏的、恶的，其重复和延长有双重效应：一方面是坏的、恶的行动、价值得到加强，成为一种身心结构；另一方面则是减弱，即我们一开始对坏的、恶的行动与情感的反抗、抵制逐渐减弱。

由这三个维度的分析可以看出，所谓习惯的"双重律"其实还是"一重律"，即无论什么样的情感和行动，经过持续和延长，加强的还是其自身。这一点在主动行动、正面情感、正向价值上非常直观，根本不存在所谓的"双重律"或"双重效应"。存在"双重律"的是被动行动、负性情感、负面价值，即在这些维度上我们的行动、情感和价值一方面有所加强，另一方面又有所减少。但从本质上看，这种"双重律"其实还是"一重律"，即被动行动、负性情感和负面价值本身得到了加强，减少、减弱的只是我们对这些东西的抵触、抵制与反抗。以"同情疲劳"为例，在一个残酷事件中，事件本身所蕴含的情感是残酷与冷漠，随着对此类事件的习惯，我们接受的正是残酷与冷漠，而抵抗这残酷与冷漠的同情则随着习惯被消磨殆尽。被动行动、负性情感与负面价值在习惯化的过程中之所以存在着"双重律"，标识的是人之特性，即人是自主与道德存在。被动行动冒犯的是人的自主需要，所以会遭到抵触；负性情感与负面价值侵犯的则是人的道德性，自然会滋生出相反的情感与反应。但这些人性的基本力量，都抵御不了习惯的力量，都会被习惯所消解，这更说明了习惯力量的强大。

九、在意识之外与在意识之中

从我们自身感受来看，习惯往往都是下意识的，不是意识指导下的活动。关于习惯的非意识性，我们可以从不同的维度来理解。如前所论，习惯与自我一体，是非对象化的存在，是用来意识其他事物的，习惯因此呈现出一种非意识性。在这个意义上，习惯通常在意识之外，是一种不需要花费额外意识和注意力的生命力量。习惯作为生命力量，作用强大；但消耗心力最小，甚至无声无息，我们不用去体会其存在。正是习惯的存在，心力有限的人从常规事务中解放出来，将主要精力集中在常规之外的事务上。可以说，习惯是我们的"效率器官"，借助习惯，我们在常规活动上，可以直接跳过意识，跳过选择、思考，用自然化、自动化的方式毫不费力地加以解决。有死亡、有局限的人，如果没有习惯所给予我们的解放，我们的创造性何以可能呢？雅斯贝尔斯对习惯的意义有一个精辟的概括："从原初的意义来看，人不可能每一刻都生活于重新创造的环境中。因此，许多习惯就作为决定的规则、风俗的形式、行为举止而约定俗成，被人们所普遍接受。这些又成为人类的生活方式。……缺少它们，人类社会将萎缩到永远无所依持的境地。"①

习惯是一种自动化的力量，是我们的"第二自然"，在这个意义上我们说习惯在意识之外。但习惯作为生命力量，不可能与意识完全隔断联系。从习惯是意识与理智的自动化，意识、理智之中都有习惯的成分，习惯本身也是一种知识、智力的维度来看，习惯又在意识之内。一个成熟的习惯不需要意识的参与就可以自动发挥作用，但在其来源处，一般都有意识的参与，或者就是意识活动自身，只不过随着活动的持续、熟练，不再需要意识的参与，意识因此退场罢了。也就是说，如果追溯到源头，习惯要么有意识参与，要么就是意识活动自身。现代人对习惯的理解偏重于无意识重复，而阿奎那那个时代的人则认为习惯是深思与勤践之后所获得的自动化能力与品质。②不得不说，古人的理解更接近于习惯的本质。

习惯在意识之中的另一个表现是我们的意识里有习惯的成分。我们有意识，意味着我们"知道"事物、"知道"自己、"知道"自己与事物的

---

① ［德］雅斯贝尔斯：《什么是教育》，邹进译，生活·读书·新知三联书店1991年版，第15页。

② William O. Stephens, "The Roman Stoics on Habit", in Tom Sparrow and Adam Hutchinson (eds.), *A History of Habit: From Aristotle to Bourdieu*, Lanham: Lexington Books, 2013, p. 67.

关联。那么这"知道"是由什么构成的呢？显然这"知道"里有我们过去经历沉淀下来的习惯。杜威说，习惯是知识和思想的手段，"习惯做了知觉、想象、记忆、判断、思考、推理活动所做的事情"①。一方面，我们的知识和思想里有习惯，我们在建构知识的时候不可能脱离习惯，我们在思考的时候也必然以习惯作为手段；另一方面，在通常情况下，习惯可以起到意识构成中的不同意识类型的作用，不同意识类型中也同样有相应习惯的成分。当杜威说习惯可以做知觉、想象等意识类型所做的事情时，不是说习惯可以替代这些意识类型，而是说习惯有这些意识类型的功能，这些意识类型本身也离不开习惯，比如，知觉离不开习惯，想象也离不开习惯。当然，习惯给予我们的"知道"只是"知其然"的"知道"，不是那种"知其所以然"的反思性、理论化的"知道"。

习惯在意识之内，还意味着通常情况下在意识之外的习惯也可以意识化，进入意识之中，成为反思的对象。形成习惯是应对生命有限性、使自身能力最大化的方式，中断习惯、对习惯进行反思则是我们预防习惯惰性的方式。如果没有反思、中断、改变习惯的能力，习惯的负面作用就得不到遏制，就会被放大。在人类历史中，我们既有这样或那样的养成习惯的方式，也有这样或那样的反思、中断、改变习惯的方式。沉思就是将习惯意识化、对象化的方式。在沉思中，与我们自身一体的习惯得以对象化，成为反思的对象。阅读，也可以使自身根深蒂固的习惯由幕后调到前台，成为我们审看的对象，因为书籍里有前人、他人对人生的思考，可以成为我们生活的镜鉴。与他人交流，也可以使我们自身的习惯由隐在变成显在。在与习惯差别巨大的他人进行交流时，差别巨大的习惯如此突兀，在引起我们注意的同时，也会引发我们对自身习惯的对照；反过来，我们的习惯对他人而言也是如此突兀，他人的强烈反应更是促使我们反思自身习惯的刺激物。环境的改变，也会使习惯变得不适用，进而成为反思的对象。比如，一个人做了父母，就会发现过去几十年生活所形成的习惯已经

---

① 《杜威全集·中期著作（1899—1924）·第十四卷（1922）》，罗跃军译，华东师范大学出版社 2012 年版，第 109 页。

无法适应婴儿到来所引起的生活变化，这时候，过去在意识之外的习惯就会进入意识之内。

十、在主动与被动之间

与习惯的意识性紧密相连的是习惯的主动性与被动性。一方面，习惯对人有支配性，已经形成的习惯总是要发挥作用，多数情况下可以不经人的"意识同意"，自发地发挥作用；另一方面，如果通过意志控制，或外在条件发生变化，习惯不能得到实行，这时我们就会感到难受，感觉受到了阻碍。由此看来，习惯有不受意志控制、自发发挥作用的一面。在习惯自发发挥作用的地方，习惯主体的自由受到了限制，作为习惯主体，在很多情况下，我们"不得不"按习惯所设定的轨道活动。从习惯与主体的关系看，我们拥有了习惯，也就意味着习惯拥有了我们。拥有了我们的习惯，用对我们的控制来实现这种拥有。如前所论，习惯具有"具身性"和"具心性"，是"砌入"我们身心的存在，是在我们身心内部发生作用的力量，我们在一定程度上被其所控制，是再自然不过的事情。

换个角度看，习惯也具有主动性。关于区分意愿行为与非意愿行为，亚里士多德不是看现在而是看初因的思想深富启发性，"一个行为仅当其初因在外部事物上且被强迫者对此全然无助时，才是被迫的"①。由此出发，我们的很多习惯，从现在看对我们有诸多控制，但如果追究到习惯形成的初因，则会发现多数习惯是我们主动选择的。当然，也有一开始是被动的，但在习惯形成的过程中我们有许许多多反抗的机会，我们没有反抗，其实已经意味着接受。这是习惯具有主动性的第一个维度。习惯体现主动性的另一个维度在于习惯就是偏好。我们习惯什么，无论是外在事物，还是内在趣味，就意味着我们偏好什么。如果一个事物是我们天生排

---

① ［古希腊］亚里士多德：《尼各马可伦理学》，廖申白译，商务印书馆2003年版，第61页。

斥的，无论如何我们都无法习惯它；如果一个行为与我们的本性不合，我们也很难将其变成我们的习惯。在这个意义上，习惯就是我们偏好的实现。由此看来，表面上是习惯对我们进行控制，实际上不过是我们用习惯去实现自己的偏好罢了。理解习惯主动性的第三个维度，是不把习惯与意志对立起来。康德不认可习惯，认为习惯是对自由意志的干扰。问题是自由意志从来都不是抽象孤立的，我们意愿什么，往往与我们过去经历所沉淀下来的习惯密切相关。也就是说，我们的所有意愿，其实都有一个习惯基础。从选择的角度看，也是如此。自由意味着选择，但所有的选择都有习惯基础，我们不可能横空出世做出一个纯粹的选择。一个选择，必然以先在的不可选择的世界（习惯是这个不可选择的世界的构成成分）为背景，必然以由习惯所建构的主体为基点和前提。在这一点上，杜威说得非常透彻："认为在选择之前没有任何偏好，这是非常错误的。我们始终是有偏见的存在物，总是倾向于一个方向而不是另一个方向。"①

可以这样来理解习惯的主动性与被动性：习惯的被动性中有主动性，是被动中的主动。我们被习惯所控制，这是被动性，但实际上习惯是我们偏好、意志和自由的实现，这是主动性。习惯的主动性中有被动性，是主动中的被动。我们借习惯去实现自己的偏好、意志和自由，这是主动性，但习惯自成体系，有习惯的自身律，也会将它们的"意志"加诸我们，我们也得听从习惯的安排，这是被动性。主动中有被动，被动中有主动，体现出一种主动与被动的共时性。如果我们不将人与习惯看成二元的存在，从一元的视野看习惯，人即习惯、习惯即人、人习合一，那么也就不存在被习惯控制的问题了。

十一、在稳定与可变之间

习惯是我们的在世存在方式，具有稳定性。第一，习惯与自我一体，

---

① 《杜威全集·中期著作（1899—1924）·第十四卷（1922）》，罗跃军译，华东师范大学出版社 2012 年版，第 109 页。

是自我的标识。作为自我的标识，习惯是可以将一个人与另外一个人区分开来的特性，这就决定了习惯必须具有一定的稳定性，如果习惯也是易变的，我们与他人也就失去了可识别性特征。第二，习惯具有"具身性""具心性"，即习惯是"砌入"我们身体、心灵的存在。这"砌入"我们生命中的习惯，已经与我们融为一体，不会轻易失去，当然具有稳定性。布迪厄将习惯理解为一种建构起来的结构，既然是结构，就具有相对的稳定性，否则就不能构成结构。杜威将习惯理解为活动因素的系统化、秩序化①，也表明了习惯的稳定性，即习惯不是一时兴起的活动，而是系统化、秩序化的活动。第三，如前所论，习惯具有非意识性、被动性，也就是说习惯甚至可以不顾主体是否"知道"、是否同意，一定要发挥作用，这也是习惯稳定性的表现。

　　稳定性并不意味着不可改变。如果习惯是不可改变的，个体的人将是不可想象的，人类也不会发展延续到今天。首先，自我也是动态变化的，与自我一体的习惯当然也是动态变化的。自我不是静态的，而是由动态生成性的生活所推动的，因而也是动态生成性的。人之变化，当然也包括习惯的变化，"习惯是一种'移动的等式'（moving equilibrium），从婴儿到坟墓，人一生要习得无数的习惯，也会丢掉无数的习惯"②。其次，如前所论，习惯是人与环境互动的方式，习惯中有来自环境的力量。我们生存的环境不会一成不变，环境变了，就会引起习惯的变化。比如一个过惯了单身生活的年轻人，走进了婚姻生活，生活环境发生了巨大变化，诸多过去的习惯不再适应，必须加以改变才能适应新的生活。第三，习惯还有另外一种双重性，即保存与创新的双重性。一方面，习惯是一种保存的力量，将我们过去的生活轨迹以习惯的形式保存下来，使我们不至于时时刻刻都处在重新思考、重新决定的境地，为我们更有效地应对当下生活奠定基础。显然，习惯所保存的，不单是过去无意识生活的遗存，也包括我们

① 《杜威全集·中期著作（1899—1924）·第十四卷（1922）》，罗跃军译，华东师范大学出版社2012年版，第27页。

② Nick Crossley, *The Social Body*：*Habit*，*Identity and Desire*，London：SAGE Publications，2001, p. 130.

过去的思考、判断和创造性行动的积累。另一方面，习惯也是创新的基础。任何创新都不是凭空而来的，而是在原有基础上的一种进化。以道德顿悟为例，顿悟似乎是一瞬间的事，但如果没有过去"持之以恒的坚持"（如果是无意识的坚持且毫不费力，那就是习惯），就不可能有顿悟开化的美妙时刻。而且，习惯作为"结构化的结构中的结构"，不是封闭的，而是开放的，本身也是处在变化和创新之中的。

习惯的变化大体上有两种形式：一种是自发的改变，一种是主动的改变。自发的改变往往是悄悄发生的，我们甚至没有注意到改变的发生。生活也具有连续性和变化性，连续的生活是一种积累，积累本身就是一种变化，这种变化本身就是习惯的悄悄变化；生活的变化性（习惯内在于生活，或者是生活的形态）如果没有超出一定的程度，也不会引起我们的注意。习惯的变化与生活的变化是同一个过程，生活的变化就意味着习惯的变化。主动的改变则是我们将习惯从无意识、非对象性状态移入意识之内成为思考的对象，进而运用意志和行动使其发生改变。如前所论，只要我们愿意，就可以使习惯进入意识之内，就可以对其进行反思，这就为习惯的改变创造了条件。当然，习惯的改变单靠意志往往是不够的，还需要一个持续的过程。此外，环境的变化使得旧有的习惯不再适用，我们也会以此为契机对习惯进行主动的改变。

正如雅斯贝尔斯所言："我们生活在形成习惯的过程之中，不断形成和打破习惯是我们此在生成的坚实基础，没有习惯为底蕴，我们精神的每一进步将是不可能的。……生成的静态形式即习惯，动态形式即超越。"①

十二、作为环境的教育

我们受用终生的诸多习惯都是在教育过程中形成的，教育是中心性的

---

① ［德］雅斯贝尔斯：《什么是教育》，邹进译，生活·读书·新知三联书店 1991 年版，第 15 页。

习惯形成活动。在杜威看来，教育就是培养个体有效适应环境的习惯（这也是他所认为的生长）①。如前所论，雅斯贝尔斯将教育理解为生成，即一方面形成习惯，另一方面超越习惯。其实，这种观点与杜威并不矛盾，因为所谓超越不是别的，而是习惯的变化与升级，是新习惯的形成。既然从事实上看我们从教育那里获得了诸多习惯，从理论上看教育又是培养习惯的活动，那么我们需要厘清的是教育在习惯形成中所处的位置。综合来看：其一，教育是习惯形成的环境力量；其二，教育可以通过笃行来主动形成习惯；其三，教育可以通过慎思来形成好习惯；其四，教育可以对旧习惯进行改变，是改变习惯的力量；其五，教育可以形成多种习惯，但作为心智活动，教育所形成的习惯以心灵习惯为主。

作为"最伟大的习惯研究哲学家"②，杜威对习惯的思考确实独到。比如，多数人只从习惯主体来思考习惯，但杜威却指出了习惯中的环境力量。他用呼吸来类比习惯，我们总是以为呼吸是机体的功能，但如果没有空气，呼吸不可能完成，因此呼吸是机体与环境相互作用的机制。习惯也是如此，我们的习惯也结合了环境的力量。在习惯形成的开端，环境已经"介入"。人不是孤立存在，而是社会性动物，我们的思与行总要顾及他人，他人也会对我们的思与行表达看法、施加影响。"习惯包括周遭各种条件的支持，所以，由同类人所组成的社团或某一特殊的社团，就总是这一事实之前和之后的同谋者。一个人做出了某一活动，然后这一活动在周遭引起了不同反应，有的赞同，有的反对，有的抗议，有的鼓励，有的参与，也有人加以阻止。即使任由一个人去做的这种立场，也是一种明确的反应。"③ 也就是说，一个可能成为习惯的活动，在一开始就渗入了环境与他人的力量。

---

① ［美］约翰·杜威：《民主主义与教育》，林宝山译，（台北）五南图书出版公司1989年版，第44页。

② Terrance MacMullan, "Habit and Social Meliorism in Pragmatist Tradition", in Tom Sparrow and Adam Hutchinson (eds.), *A History of Habit*: *From Aristotle to Bourdieu*, Lanham: Lexington Books, 2013, p. 220.

③ 《杜威全集·中期著作（1899—1924）·第十四卷（1922）》，罗跃军译，华东师范大学出版社2012年版，第14页。

环境对习惯形成的另一个作用，是环境激发习惯，或者说习惯之形成来自环境所发出的要求。人要在环境中生存，就要适应环境，就要"懂得"环境所提出的要求，就要建构与环境互动的稳定方式。比如，一个小学生升入初中，学校是新的，同学是陌生的，老师也是陌生的，学习方式也是不同的，在小学所形成的诸多习惯已经不太适用，初中生活环境向其提出了很多新的要求，他必须形成诸多新的习惯来满足环境的要求，并用这些新的习惯与环境进行稳定的互动。由此来看，环境既是形成新习惯的力量，也是改变旧习惯的力量。

教育不是自在的环境，而是带有特定使命的改造过的环境。杜威对此有经典性的阐述，即学校不是社会环境的照搬，而是根据受教育者的能力现状和发展需要进行简化的环境，是消除无价值事物的环境，是一种社会要素平衡的环境，有利于每个人脱离自身群体的限制。①这样的环境，对习惯的形成有特殊的意义。第一，既然是基于学生能力与发展需要的环境，那么这种环境对年青一代形成满足自身成长需要的习惯大有裨益，或者说这种环境的建构本身就是为了帮助学生形成适合其年龄与发展阶段所需的习惯。学校所建构的简化了的环境，不像自在的社会环境那样向年青一代无意识地提出各种各样的习惯要求，而是有意识、有重点、有倾向地向学生提出在他们这个年龄阶段迫切需要且对未来发展至关重要的习惯要求。第二，作为剔除了无价值事物的环境，学校其实对社会生活进行了一定程度的过滤。这种过滤与前面的简化一样，都体现了学校的习惯偏好。如果说简化体现的是希望在年青一代身上形成什么习惯，那么过滤体现的则是学校不希望学生形成什么习惯。社会环境纷繁复杂，其中的黑暗与丑恶无法被剔除，正如人性中的恶无法被剔除一样。但学校基于年青一代成长的需要，可以在一定程度上剔除，起码是减少社会环境中的黑暗与丑恶，避免年青一代在人生早期就受此影响而使身心受到污染。很多论者对柏拉图《理想国》中苏格拉底主张对诗等叙事作品进行审查的主张不以

①　[美]约翰·杜威：《民主主义与教育》，林宝山译，（台北）五南图书出版公司1989年版，第20—21页。

为然，认为这体现出柏拉图、苏格拉底的专制与独裁倾向。其实，如果我们不把《理想国》看成政治学著作，而看作教育学著作，站在教育的立场上，站在年青一代的立场上，我们就会承认他们的洞见，就会感受这一思想对后世学校诞生的意义，就会感受到杜威对这一思想的响应。《荷马史诗》那样的叙事作品再现的是人性的复杂，真实才能感人；但对年青一代来说，这样细致入微的作品却有危险性。同样，学校如果照搬社会生活，不对社会生活有所改造和过滤，那么学校也就没有存在的必要了。第三，这样的环境，还是年青一代超越个人生活限制，形成适应更广阔生活甚至是人类意义上的生活所需要的习惯的土壤。人在特定的地域、特定的社群中成长，不可避免地带有地域性、小群体性（即地域性、小群体性习惯），学校环境不排斥这些基础性习惯，而是通过学校教育过程对其进行改造与提升，以形成适应更宽广生活所需要的习惯。

人是有限存在，没有超能力。这就决定了即使是一个按照一定目的主动建构的环境，也不可能精细到每一个环节，也不可能完全剔除负面的因素。学校环境也是如此：一方面，虽然是主动建构的环境，但也不可能顾及一切环节；另一方面，即使是主动设计的环节，彼此间的交互作用也可能超出主动设计的控制，产生意想不到的影响。比如，学校按照一套系统规范来进行分班、指派教师，但学生之间、师生之间的互动远远超出系统规范的控制范围。在这个意义上，杜威所说的剔除无价值事物的任务不太可能真正完成，因为我们在建构学校的过程中，甚至是在剔除无价值事物的过程中，也会制造出新的无价值的事物。也就是说，即使是一种改造过的、主动建构的环境，在存续期间，也会有自发、自在的因素，也不可能完全消除坏的、不道德的影响。

学校环境自在的一面与学校外的自在环境一样，在与学生的互动过程中，也会诱发、促成一些超出教育设想的习惯。同时，作为一种生活的混成状态，其全部影响力也会通过沉淀过程在学生身心之上留下痕迹，并在今后的生活中以习惯为形态表现出来。由此看来，即使是学校这种改造过的环境，也并不能保证所形成的习惯都是好习惯。这是客观事实，但并不能因此否定学校在习惯养成中的意义，更不能由此导向对学校的虚无主义态度。一方面，如果学校的基本品性是正派的，学生会接受学校的基本品性所预设的各种习惯与品性要求；另一方面，学校也会"教给"学生一些不好的习惯，这并不可怕，因为学校作为改造过的环境，是一种主动活动，可以有意识地将在校内、校外所形成的不良习惯作为反思、批判的对象。一个毫无经历和习惯积累的人，我们是无法对其进行理性反思训练的。只有积累了一定经验和习惯的人，才有反思与理性思考的基础。学校教育虽然不能保证创建一个纯而又纯的环境，不能保证带给学生的都是好习惯，但能够做的是竭力提升自身的品性，为学生好习惯的养成奠定一个坚实的基础，并由此出发，对当下与过去的生活，对已经成型的习惯进行反思与改造。

十三、作为笃行的教育

在习惯的形成中，教育不仅仅是一种环境，还是一种主动的习惯形成机制。教育是一种活动，是教育者与学生之间的相互作用。发生什么样的互动，虽然受学生成长需要的限制，但教育者还是有一定的主导性。正是通过对互动活动的引导、塑造、坚持，师生共同笃行某些活动，习惯就在这一过程中形成。通过笃行培养习惯，利用的就是活动的持续、延长会使活动自动化、使活动本身所蕴含的价值与情感渗入身心这一基本原理。通过对一种活动的持续与坚持，该活动及其蕴含的价值、情感就会"砌入"我们的身心，成为习惯这样一种直接的存在。以礼貌习惯为例，在师生互动及学生间的互动过程中，对礼貌的笃行就会使礼貌成为一种"砌入"师生生命的习惯。正是笃行所具有的这种功效，教育，尤其是道德教育对笃行有特别的偏爱，比如通过笃行公正培养公正、笃行尊重培养尊重、笃行关爱培养仁慈等。

源于笃行的道德教育功能，笃行在教育文化中是一个有正面价值判断的词汇，我们一般都会想当然地认为笃行的都是好的活动。这样的直观反应是有一定依据的，即教育是教人向善、让人学好的。由此出发，教育让学生笃行的应该是好的活动，如果是坏的活动，还让学生笃行，那不是教人学坏吗？这些预设与推理都是对的，也体现出对教育的寄望与信任。但如前所论，人都是有限的，由人来办的教育也是有限的。这种有限性也会在笃行中体现出来，比如教育者主观上认为是好的活动，坚持让学生践行，实际上对学生来说却可能并不真的是好的。教育具有未来性，教育者往往会为未来的好而让学生笃行一些有损于现在的活动，用心当然是好的，但实际上是不是真的好就复杂了。而且，现代教育是规模化教育，再加上内在的竞争性结构，对一个学生好的活动，对另外一个学生则可能是伤害，因此学校所笃行的活动对所有人都是好的情况并不多见。由此，从习惯形成的角度看，我们可以去除附加在笃行之上的价值判断，纯粹从方法的角度来认识笃行的作用。根据习惯形成的"一重律"，无论是主动活动与情感，还是被动活动与情感，笃行与重复的结果都是活动、情感在身心上的"砌入"。为了提高笃行的相对正确性，教育者和教育机构必须具有这样一个习惯，即"不断反思自身习惯的习惯"。一般而言，整体正派的教育，要求学生所笃行的一般也是好的，但也可能以好的用心让学生笃行了坏的事情，这时候"反思自身习惯的习惯"就非常重要了。

笃行中的"行"可作扩展性理解，既包括行为，也包括言辞话语，更包括内在的心灵活动。将身心分开，认为身心可以单独存在与活动的身心二元论影响巨大。实际上，人是身心一体的存在，除了肌肉反射，每一个外在行为都有心理的成分；内在心理活动虽然不一定都转化为外在行为，但也与行为割断不了联系。一方面，内在心理活动以过去的活动尤其是过去的行为和习惯为基础；另一方面，内在心理活动往往借助生动的行为画面，是一种想象性的活动。我们总是将言辞与行为分开甚至对立起来，言辞与行为确实有可分离的一面，但言辞与行为也有不可分离的一面。在很多情况下，言辞就是行为，比如对需要的人来说，一句暖心的话就是很大的关心；对脆弱的人来说，我们一句带有敌意或恶意的话就是一种巨大的伤害。在学校这种以知识和思想为主导的场域，言辞话语甚至是最为主要的活动。言辞话语往往反映一个人的内心，又总是与一个人的外在行为结合在一起，综合而成一个人的性情状态。

由此看来，所谓笃行，显然不是重复某种行为。教育中的笃行，首先应该是超越割裂观的作为整体人的活动坚持。教育所引导的重点不在于特定行为习惯，而是作为整体人的活动。通过这样的笃行，在学生那里所造就的是作为整体人的习惯，是学生的自我形成与德性建构。当然，整体习惯的培养也并不排斥从特定的行为、特定的体验、特定的言辞表达入手。比如，让学生写字工整，这是从特定的行为入手，在养成良好的写字习惯的同时，还可以由此熏陶做事认真、专心的倾向；让学生说话注意礼貌，这是从言辞入手，在养成说话礼貌的同时建构礼貌、尊重的品性；让学生写清解题过程，这是从思维训练入手，在养成逻辑思维习惯的同时养成理性思考的品质；让学生多从他人的立场上想一想，这是从体验入手，在养成换位思考习惯的同时形成移情与同情的品性。

教育通过笃行来培养所期望的习惯，不会一帆风顺，甚至会遭到学生的对抗。让笃行有效的方法并不复杂，但真正做到，却也不易。第一，所笃行的应该是反映学生成长所需要的。诚如亚里士多德所说，德性不是自然，但也不反乎自然。学生成长的需要，就是教育的"自然"不违背这个"自然"是底线性要求。更高的要求是顺应学生成长的需要，主动培养那些对他们的成长来说必不可少的习惯。顺性而为，遇到的阻力就小；逆性而为，遇到的阻力就大。第二，笃行是双方的，不是单方的。简单说来，教育是两代人的互动活动。如果教育者只是命令学生笃行以成就某些习惯，那就不是教育，而是独裁。独裁可能短时间内有效果，但也会遭到抵制，学生的抵制即使失败、屈服了，学会的也是独裁的习惯，而不是独裁所要求的习惯。教育的方式不是命令的方式，而是互动引导的方式，即用自己的笃行去引导学生的笃行。当然，教师和学生社会角色不同，笃行的内容可以有所不同，但笃行的精神是一致的。更何况，诸多与道德相关的"行"，都是超越角色的，是双方都要笃行的。以礼貌为例，教师只能以自己的礼貌待人来促进学生笃行礼貌，不能一边粗暴地对待学生，一边又要求学生笃行礼貌。第三，适当的约束很有必要。作为人，尤其是成长中的人，有各种各样的冲动，有各种各样的诱惑，单靠学生的自主与自制显然是不够的，一定程度的约束是必不可少的。这约束可以来自学校和老师，也可以来自同龄人。正是因为教育现实中的约束过多、过度、随意，我们在理论上对约束往往是过敏的，不敢主张约束的意义。在成长过程中，约束也是发展理性与自制的方式。

十四、作为思考的教育

已经形成的习惯往往在意识之外，不需要意识的参与而自发运作。习惯的这一特征导致我们常常将习惯与思考对立起来，忽视思考在习惯形成中的作用。实际上，思考不是习惯的对立物。从思考的角度看，习惯是思考等理性活动的一个构成部分，我们的思考都有习惯的基础；从习惯的角度看，思考是形成习惯、改变习惯的一个重要环节，思考本身也可以成为习惯，即思考的习惯。如前所论，习惯既可以来自有意识的笃行，也可以来自无意识的生活沉淀。从数量上来说，来自后者的习惯应该更多，我们的诸多习惯都是在无意识中形成的。在无意识中形成，在无意识中发挥作用，习惯的这一特性给我们带来了极大的方便和解放，但问题是，这样形成的习惯既有好习惯，也有坏习惯。思考的作用在于一方面使已有的习惯进入意识之中，这样才能对习惯的好坏进行判断，才有坚持好习惯、改掉坏习惯的可能；另一方面，思考之后可以做出选择，从而形成一个新的好习惯。

亚里士多德非常重视审慎在好习惯（德性）形成中的作用。如何才能形成好习惯呢？亚里士多德的方法是命中中间、学会中道。为了命中中间、学会中道，就要避免中道两边的两个极端；警惕自身容易沉溺的事物；警惕快乐，因为快乐容易让人失去理性判断。①总之，在好习惯的形成过程中，审慎是关键。审慎作为一种品质（也是一种习惯），其构成并不简单，既与过去的无意识习惯有关，也与在生活中形成的思考能力与习惯有关。一个没有经验、习惯积累单薄的儿童或少年，不可能获得审慎的品质，审慎是在生活经历基础上发育出来的果实。但也不是所有经历丰富的人都能获得审慎的品质，这里的关键就在于有没有思考的能力与习惯。

---

① ［古希腊］亚里士多德：《尼各马可伦理学》，廖申白译，商务印书馆2003年版，第56页。

避免走极端，这是形成好习惯的前提，走了极端，就无法成就好习惯，问题是如何才能知道什么是过头和不及。做到这一点，经验和思考都是必需的。至于警惕自身容易沉溺的事物，警惕快乐，同样需要经验的积累，需要反思能力与习惯。

审慎在好习惯、好品质形成中的作用可以作为直接道德教育存在的依据。总体上看，习惯和道德都是在生活中自然、自发学习的，这是一种潜移默化性的非强制性学习。通过这样的学习，一个人可以形成一颗善良之心，达到一定的道德水平。但即便如此，只是自发地从社会环境中模糊地吸收养分，离受过教育的、批判性的精细道德还很远。有这样的基础，只有再加上专门道德教育引导下的主动道德学习，一个人才能达到更高的道德境界。历史上那些在道德上让后人景仰的人，没有谁只靠自发的影响就达到了高尚的道德境界，他们的道德成就，都有主观努力、自我修炼的成分。科尔伯格应该是了解这一规律，所以才发明了独特的道德教育两难法，通过两难问题启发学生对道德问题进行集中思考。杜威对专门德育课程的著名质疑，追随杜威思想传统的科尔伯格不可能不知道，但他还是倡导了一种直接的道德教育方式。如果说杜威阐述了道德教育的基本样态是间接道德教育，科尔伯格则充分论述了直接道德教育作为对间接道德教育之补充的意义。在好习惯培养、道德教育中，二者缺一不可，是互补关系，不是对立排斥关系。

阿伦特将思考（thinking）理解为从外在世界脱离出来、在内心深处自己与自己的无声对话，"从柏拉图开始，思就被定义为我与我自己之间的一种无声对话，它是与自己相伴、自足自乐的惟一方式"[1]。这种思考以记忆为基础，指向过去，是对已经发生的事情和自身作为、言行的反思、反省。杜威的思考（deliberation）更多的是未来预演，是朝向未来的，"是对各种不同的、相互冲突的、可能的行动方式的一种（在想象中的）戏剧式彩排"[2]。两种思考，方向不同，一个指向过去，一个指向未

---

① ［德］汉娜·阿伦特：《责任与判断》，陈联营译，上海人民出版社2011年版，第7页。

② 《杜威全集·中期著作（1899—1924）·第十四卷（1922）》，罗跃军译，华东师范大学出版社2012年版，第117页。

来，但都有益于好习惯的形成。指向过去的思考，是对过去的再思与整理，是对自己生活的"反刍"，有利于无意识习惯的意识化。习惯，尤其是无意识化的习惯，是生命力量的"经济化"，带给我们的是生命力的节省，使我们以最小的能量来有效地思考、行事。且不说习惯有好有坏，习惯一旦形成，就会有习惯自身的"意志"，就要脱离主体的控制，就有可能走向习惯初始的反面。以过去为指向的思考，就是对习惯的一种预防机制，保证人享有习惯带来的益处的同时，不至于被无意识的惯性所控制，滑向一种无意识的机械生活。指向未来的思考，发生于习惯与环境、习惯与习惯、习惯与冲动的矛盾、冲突，这时已有的习惯已经不再能够适应解决问题的需要，多种选择及其效果可以借助想象在我们的头脑中进行彩排，以便我们做出理智的选择。如果说阿伦特的思考是对已有习惯的"反刍"的话，那么杜威的思考则是对新习惯的选择。显然，这两种思考在习惯形成与改变中的作用，都是至关重要的。

人是整体性存在，既有"思"，也有"行"（包括与自然互动的劳动与工作，也包括与同类互动的交往与政治活动）。教育既与思相关，也与行相连。长久以来，教育都被看成是"思的事业"。柏拉图认为只有思不受外在环境的限制，才是我们作为凡人最接近神的活动。亚里士多德虽然看重行，尤其是作为政治的行，但依然赋予思更高的价值，思的幸福是最高的幸福。受此思想传统的影响，虽然不能说古代教育是排斥行的，但以思为主导则是基本的事实。古代教育的基本主题就是"认识你自己"，即对个人、对自身、对人性进行检视与反思。以书籍为载体的教育，在本性上更接近于思考，有思考的偏好。通过教育提高思考能力，不但有益于好习惯的形成，而且思考本身也可以成为习惯，即思考的习惯。

十五、作为习惯改变的教育

人是习惯的生物，形成习惯是重要的，改变习惯同样关键。杜威说，作为集体习惯的习俗是"社会的动脉"，习俗的固化就导致"社会动脉的硬化"，社会就会僵化、停滞。现代人误以为野蛮人就是没有社会规范的人，杜威则精细独到地指出，所谓野蛮人就是过于受风俗限制的人，他们不知道按自己的意志和判断行事，不知道根据变化的情景来调整自己的行为。①真正的文明人，是在习俗支配与个人自主之间达到中道平衡的人。如果习俗是"社会的动脉"，那么习惯则是"个人的动脉"，习惯如果固化，也会导致个人的"动脉硬化"。如前所论，人一生一直处在不断形成习惯、不断打破习惯的过程之中。如果只形成习惯，不打破、改变习惯，那么人的僵化、崩溃则是必然的。因此，社会和个人都有打破习惯、改变习惯的需要。

年青一代从上一代那里继承、学习已有的习惯是必然的，因为每个人都诞生于一个先于自身存在的习惯世界。但只有继承、学习，显然是不够的，年青一代也要有他们自己的习惯。正是在这个意义上，杜威说，"教育不是让年青一代接受现存的习惯，而是以他们的冲动为起点形成他们自己的习惯，并以此来改变现存习惯"②。每一代人新习惯的形成，对社会来说都是一个进步的机会。习惯与作为集体习惯的风俗，都有自身的延续性，一旦形成，就比较难以改变。比如利用人的好斗本性编织而成的暴力与战争倾向，利用原始占有本能而形成的自私与物欲倾向，都需要通过教育在年青一代那里得到化育与疏解，不然随着这些不良倾向的强化，人类就会走向冲突不息、物欲横流的不归路。在人类历史上，很多类似的不良习惯，都以本能为掩护大行其道。其实，本能无罪，有罪的是对本能的利用。好胜是一种本能，但这种本能可以用来导向战争，也可以用来导向人的卓越；占有是一种本能，可以导向自私、物欲，也可以导向对德性的获得、对精神的追求。已经形成的恶习具有顽固性，但每一代人都有克服这些恶习的机会。教育本身就是一个专门辅助年青一代与人类恶习斗争的活动，用以化育本能，克服旧有恶习的诱惑，形成新的属于年青一代的习惯。正是教育活动的存在，人类才不至于被恶习引向不归路。

---

① 《杜威全集·中期著作（1899—1924）·第十四卷（1922）》，罗跃军译，华东师范大学出版社 2012 年版，第 64—65 页。

② 《杜威全集·中期著作（1899—1924）·第十四卷（1922）》，罗跃军译，华东师范大学出版社 2012 年版，第 80 页。

走进学校的学生已经是"习惯丛"。一个又一个的"习惯丛"是教育的基础和出发点，没有这些"习惯丛"，教育就无从入手。正是因为习惯的存在，他们才有了与世界、与学校互动的"器官"，才有接受教育的可能。从学生的角度看，在学校之前形成的习惯是他们感知学校环境与教育的中介，也是他们进行体验、思考活动的基础。从教育的角度看，学生已有的习惯显然有好有坏，教育的一个入手点就是巩固学生的好习惯、矫正坏习惯。当然，教育的使命不尽于已有习惯的培养与矫正，新习惯的培养才是焦点所在。孩子都是从自身出发与世界交流的，家庭虽然重要，但在很大程度上还是自我的扩大，而教育站在人类的立场上与每一个人对话，教育所要培养的，就是"抬起头来凝望自身之外的世界"的各种习惯，包括超越当下、当地、个人偏好的习惯。

习惯改变不是容易的事情。如前所论，习惯就是偏好，改变习惯就是拂逆自己的偏好，往往让我们感到不舒服，甚至是痛苦，即使改变的是坏习惯。习惯是在人与环境的互动过程中形成的，习惯里有环境的因素，改变习惯的一个有效方式是从改变环境开始。学校就是一个不同于家庭和社会的环境，学生进入学校，生活环境发生了巨大变化，这种变化也就意味着习惯变化的开始。学龄儿童，作为社会的新成员，一进入学校，就开始改变诸多在家庭和社区生活中已经形成的习惯，并在学校环境的引导下逐步形成诸多新的习惯。在教育过程中，基于习惯改变的需要，学校和教师也可以通过改变小环境、微环境来促进学生不良习惯的改变。比如，一个竞争激烈的班级，学生之间更容易形成互相戒备、互相排斥的习惯，要想改变这类习惯，最有效的方式不是说教，而是改变竞争性环境。此外，学校作为正规教育机构有自己的习惯偏好，而这种偏好是学生习惯形成的环境因素。学校也会因为自身偏好的固化而导致学生习惯的固化。因此，作为自觉的教育机构，学校应该具有一个基本的品质，即不断反思自身、不断改进自身。这种反思与改进既关乎学校的活力，更关乎学生习惯的改变与发展。

另一个改变习惯的方式就是帮助学生将习惯从意识之外纳入意识之内。习惯是与自我一体的存在，一般情况下我们很难将习惯意识化、对象化。未进入意识的习惯，我们的主观意志就很难对其产生作用，更谈不上改变。因此，要想改变某些习惯，首先要做的是将其纳入意识之内。教育，尤其是人文教育，其使命就在于帮助年青一代认识自身。宏观上，教育应该从学生自身经验出发，在学生自身经验的基础上走向更深广的人类文化。在这一过程中，既有对学生自身经验的整理与反思，也就是对自身习惯的观照；也有以人类文化为镜鉴的返照，两者都是将习惯对象化、意识化。微观上，教师作为教育引导者，可以直接把学生的某些不良习惯凸显出来，让自在的习惯进入学生的视野。对年青一代来说，他们自己的习惯对他们而言具有隐藏性。而这种隐藏性正是教育的一个切入点，教育所要做的，就是通过宏观与微观的方式拨开迷雾，让学生看到自身那些隐而不彰的习惯。当然，习惯进入意识只是改变的第一步，因为习惯的改变与形成一样都是一个持续的过程，需要耐心与坚持。在改变习惯的过程中，教育一方面要给予学生足够的支持和帮助；另一方面，也要在教育过程中有意识地培养学生的毅力和意志力。

第五章　道德想象力与
道德教育

一、道德关乎想象吗？

在传统伦理学中，想象是要回避和排斥的一个概念，很多伦理学视想象为道德的敌人。在传统伦理学中，想象被看成是主观的、变幻不定的，不受道德原则控制和理性约束，对道德起着消解、损害、模糊的作用，因而是需要戒备、回避和排斥的。正如费什米尔（S. Fesmire）所说，传统道德哲学将自身理解为一门非经验的学科，包括想象在内的经验性心理倾向都是需要排除的，只有这样才能确保一个"净化了的理性母体"[①] 去洞见道德原则或道德律。受此影响，道德与想象无关的观念可以说已经渗入我们的潜意识而成了一种不言自明的"常识"（common sense），我们总是不假思索地将想象与艺术活动相联系，将想象运用于艺术活动与话语，很少将想象与道德联系起来，想象在道德活动与话语中没有位置。

当然，并不是所有伦理学都排斥想象，情感主义伦理学和实用主义伦理学对想象力就非常看重。休谟重视同情的作用，而同情就是能够体验他人的情感。在这一心理过程中想象力扮演着重要角色，因为没有想象力，我们无法到达他人，无法站在他人的位置上，也就无法体验他人的情感。休谟还认为"自我检视的习惯"（the habit of self-review）是德性的守卫

[①] ［美］斯蒂文·费什米尔：《杜威与道德想象力：伦理学中的实用主义》，徐鹏、马如俊译，北京大学出版社 2010 年版，第 3 页。

者，即我们总是想象他人如何看待我们的言行。亚当·斯密（Adam Smith）的"公正旁观者"（impartial spectator）与此相通，即我们在做出一项决定、采取一个行动时总会设想一个利益超脱者、公平持正者会如何看待。①"自我检视的习惯"也好，"公正旁观者"也好，都离不开想象力，或者说就是在想象中完成的一种道德思考活动。想象力是杜威诸多核心概念的关键部分，没有想象力，诸如经验、目的、思考等都是无法界定的。杜威将经验视为对行为后果的体验与思考②，这种体验与思考是在想象中完成的。没有想象力的经验，在他看来就是动物或野蛮人的经验。在杜威那里，目的的形成与对一个可欲后果的预见是一回事。③这里的"预见"（envision），当然不是别的，就是想象力。思考更是想象性的，他将慎思（deliberation）界定为"在想象中对各种相互竞争的可能的行为方式的戏剧性的预演"④。从这一定义来看，慎思与想象是同一过程，没有想象，也就没有慎思。也许，杜威引用的雪莱（P. B. Shelley）的这句话"想象力是道德的善的伟大工具"⑤最能概括他对想象力的推重。

从社会大众关于想象和道德的"常识"可以看出，排斥想象的伦理学比拥抱想象的伦理学影响要大得多。但这些伦理学对想象的排斥处在一种悖论性状态，即一方面竭力排斥，另一方面又无法真正离开想象，真是"欲罢不能"。柏拉图的"理念论"对后世理性主义哲学与伦理影响至深，但柏拉图伦理学没有想象恐怕是无法建立起来的，体现其主要伦理思想的《理想国》就是一个想象的作品。在柏拉图所创造的对话中，苏格拉底反对带有想象性的叙事演说，推崇逻辑性的对话，但一到关键处，他也离不

---

① Mark Coeckelbergh, *Imagination and Principles*: *An Essay on the Role of Imagination in Moral Reasoning*, New York: Paigrave Macmillan, 2007, pp. 84-88.

② 《杜威全集·晚期著作（1925—1953）·第七卷（1932）》，魏洪钟、蔡文菁译，华东师范大学出版社 2015 年版，第 138 页。

③ 《杜威全集·晚期著作（1925—1953）·第七卷（1932）》，魏洪钟、蔡文菁译，华东师范大学出版社 2015 年版，第 149 页。

④ ［美］斯蒂文·费什米尔：《杜威与道德想象力：伦理学中的实用主义》，徐鹏、马如俊译，北京大学出版社 2010 年版，第 104 页。

⑤ 《杜威全集·晚期著作（1925—1953）·第十卷（1934）》，孙斌译，华东师范大学出版社 2015 年版，第 294 页。

开想象色彩浓厚的神话叙事隐喻，最有名的当数流传至今的"洞穴"叙事隐喻。康德是理性主义哲学的集大成者，他的伦理学被认为是最纯的，与隐喻与想象的关系是最疏远的。但普特曼却发现康德的理论奠基于诸多想象性的"道德意象"之上，他的哲学人类学想象了"世界的一个道德形象"（a moral image of the world）①。不仅如此，康德的诸多概念及其运用都离不开想象的建构：比如"纯粹理性"，这里的"纯粹"就是一个想象性隐喻概念；比如"自由王国"与"必然王国"，也是充满想象的隐喻；比如"绝对命令"中的行动原则的普遍化，没有想象的参与，我们如何推论一个原则运用于所有人的情形？甚至康德关于"人是目的，不是手段"的思想，也是包含着想象的。罗尔斯（J. B. Rawls）是当代自由主义哲学大家，但他建构自己理论大厦的基点——"无知之幕"是想象的，即通过设想最原初的人的境况并从此推论出社会公正的合理性、合法性。

为什么伦理学对想象"欲罢不能"呢？根本的原因还是在于在真实的道德活动中，想象是不可或缺的一个基本要素。想象是道德活动的构成性因素，伦理学作为对道德活动的理解和解释，当然也无法完全排斥想象，否则就寸步难行。

首先，道德的存在是有前提的，而想象是建构这些前提的主要力量。世界、群体、社会、人类、自我、他人这些概念都是道德存在的前提，而这些概念的建构都有想象的参与。人是有限的存在，人所能直接感受的事物是有限的，却需要建立一个世界概念。有了世界概念，人才有了广义的"在家"感。在科技尚未发展的古代，先人们已经有了世界概念，那时，世界概念的建立主要靠想象力。即使在科技发达的今天，个体在建构世界概念的过程中，想象力依然是必不可少的因素，因为人所建构、所理解的世界从来都不单是现实性的，而是带有人的期望，是现实与理想的合体。每个人都是个体，但都能把自己"想象"为群体成员，都能借助想象建构群体意象与群体概念。我们总是以社会为参照来理解个体，但社会在哪

---

① Mark Johnson, *Moral Imagination: Implications of Cognitive Science for Ethics*, Chicago: The University of Chicago Press, 1993, p. 65.

里？社会是什么样子的？谁亲眼看见过社会？这些问题我们很难说清楚，但每一个人都能理解，心中又有一个实实在在的由想象建构的社会。原来我们耳熟能详的社会也是想象建构的，没有想象，社会就不可能"存在"。当然，社会有其客观性，但我们对作为实体的社会的理解，也需要借助想象，还会赋予实体的社会以可能的性质，即以可能社会来观照现实社会，诚如杜威所说的以事物之"能是"（what could be）去感知事物之"所是"（what is before us）①。从个体到人类，不知道有多少个"中间环节"，比如家庭、各种层次的群体、民族、种族、国家等，没有想象力，人类这一概念也是无法建构的。

其次，道德不可避免地涉及自我和他人，而自我概念与他人概念的形成都对想象力有依赖性。我们都有自我，但自我不是可以看得见、摸得着的"实体"，而是需要想象来建构的一种人格同一性。同样，我们不是他人，他人也不单是可以看得见、摸得着的"实体"，而是独立于我们的另外一个人格存在，对他人人格状态的"看见"，显然也需要想象。

再次，人是语言存在，语言不仅可以表情达意，也可以体现道德。语言具有符号性，正是这种符号的存在，使人在实体世界之外还多了一个由语言构成的意义世界。无论是语言符号的形成、指称，对语言符号的理解，还是进入语言符号所建构的意义空间，都需要想象力。没有想象力的帮助，语言符号就是一堆没有生命力的图形，无法理解；没有想象力，我们也根本无法进入语言符号所建构的意义世界之中，人的精神建构就会遇到巨大的障碍，文学也没有存在的可能。

最后，道德思考与行动都离不开想象，想象是道德思考与行动的构成性因素。人对道德的思考一开始就是充满想象的，宗教性的道德观将道德视为超验存在、神、上帝的要求，人世之外的超越标准成了道德的依据或根本。没有宗教性的世俗的道德，也将道德与"天道"联系起来，视人的道德为天道的贯彻与体现，这一点在中国古代伦理与古希腊道德观

---

① ［美］斯蒂文·费什米尔：《杜威与道德想象力：伦理学中的实用主义》，徐鹏、马如俊译，北京大学出版社 2010 年版，第 99 页。

（古希腊人将人视为宇宙秩序的一个构成部分，人世道德是"宇宙道德"的体现①）中都有明显的体现。即使到了人是道德主体、道德完全是人的事务的今天，道德依然有一个内在的想象结构，即"应该"结构，也就是更好的可能性结构。作为个人，我们的日常道德思考与行动，同样是依赖想象的。比如，在思考一个道德问题时，我们要"预见"每一种行动选择的可能结果；我们在行动中会想象自身行动给他人带来的或好或坏的影响等（关于这一点，后文还会详细论述）。

二、"道德的"想象力？

正是看到道德离不开想象，推崇想象力的伦理学者将想象力与道德联系起来，直接使用道德想象力（moral imagination）这个概念。这个概念的使用，最大的益处是将想象力纳入道德理论、道德研究的视野之内，想象力不再是道德的"局外物"，促使我们在理解道德、促进道德发展时将想象力一并考虑进去。但道德想象力这一组合性概念的问题在于其"误导性"，我们容易将这里的道德理解为限定语"道德的"，道德想象力很容易被理解成"道德的想象力"，暗示想象力本身就是道德的。我们在进行道德思考和道德活动时，想象力是必不可少的构成性因素，反过来呢？如果我们进行不道德的思考，心里想着如何陷害别人时，想象力不也参与其中吗？人在有意为恶的时候，也是要借重想象力的。比如，一个心怀歹意的人，在为非作歹前、中、后都有活跃的想象参与。正是因为看到了这一点，库克伯格（M. Coeckelbergh）认为最好不用"道德想象力"这一概念，只研究想象力的道德运用就行了。②

库克伯格的策略虽然回避了逻辑矛盾，但却也消解了"道德想象力"这一新概念所蕴含的理解道德的新视野。那么，到底该如何看待道德想象

---

① ［法］吕克·费希：《什么是好生活》，黄迪娜、许世鹏、吴晓斐译，吉林出版集团有限责任公司 2010 年版，第 169 页。

② Mark Coeckelbergh, *Imagination and Principles：An Essay on the Role of Imagination in Moral Reasoning*, New York：Paigrave Macmillan, 2007, p. 33.

力这一新概念呢？可以从两个维度来理解道德想象力。第一个维度是"关于道德的想象力"，其对立面是无关道德的想象力。想象力多种多样，但如果以道德作为划界标准，可以将想象力分为两类，一类是有关道德的想象力，一类是无关道德的想象力。与道德有关的想象力，也就是与善恶问题相关的想象力。将想象力运用于善恶问题上，如果是区分善恶进而行善去恶，那就是"道德的想象力"；如果是将想象力用在为恶上，那就是"不道德的想象力"。"道德的想象力"，也即给想象力加上了道德限定，想象力有了道德上的性质判定，这是理解道德想象力概念的第二个维度。多数推重道德想象力概念的学者，都是在第二个维度，即给想象力以道德定性的意义上使用这一概念的，即道德领域的想象力或运用于道德问题上的想象力不言自明是道德的。这样的推论不是没有道理，想象运用于道德领域，自然就受到道德的渗入，不再是一般意义上的想象力。比如，很多人认为作为想象力形式之一的移情或共情（empathy）在道德上是中立的，但纳斯鲍姆（M. C. Nussbaum）洞察到，如果我让自己的心灵进入你的经验，即使我不关心你，但我依然以最基本的方式认可你的现实与人性，在这个意义上，移情在道德上就不是中立的，至多是"准中立"（quasi-neutrality）① 的。也就是说，我去体会你的情感，或者我能体会到你的感受，即使不是为了关心你，或者事实上也没有帮助你，但只要共情发生，就已经证明我对你作为与我同等的人的认可。这种认可，不单纯是道德中立的，而是已经有了道德意味。科克斯（J. Kekes）也认为道德领域中的想象力不是道德中立的，而是已经带有了道德性，因为陷于这种想象的人，会对想象中的多种可能性做出善或恶的评价。② 科克斯道出了道德想象的特殊性，即我们在进行道德想象时，已经在想象中进行了善恶评价，正是在这个意义上，将道德想象力理解为"道德的想象力"完全是有依据的。既然道德想象力不太可能是道德中立的，是偏向道德或有道德偏向

---

① Martha C. Nussbaum, *Upheavals of Thought：The Intelligence of Emotions*, New York：Cambridge University Press, 2001, p. 331.

② John Kekes, *The Morality of Pluralism*, New Jersey：Princeton University Press, 1993, p. 101.

的想象力，那么该如何解释想象力也可以用在为恶上这一矛盾现象呢？对这一矛盾的解决其实并不难，只要把握住两点即可：第一，承认想象力既可为善，也可为恶，这是前提；第二，当我们使用道德想象力概念的时候，其实已经在无意识中将为恶的想象力排除在外了。也就是说，我们在使用道德想象力的时候，已经有意无意地赋予想象力以价值性、道德性，不再包含那种在为恶中发挥作用的想象力。在语言运用中，这类看似中立实则已经包含价值倾向的现象并不少见，比如"教育"，事实形态的教育可以让人变好，也可能使人变坏，但当我们使用教育一词时，已经赋予其价值倾向性，不约而同地赋予其正向的道德价值。

道德想象力是伦理学的新话题，传统伦理学里鲜有道德想象力的影子。关于如何定义道德想象力，目前还处在众说纷纭的状态。如前所论，道德想象力是道德与想象力的结合，一端是道德，另一端是想象力，问题是二者是如何结合的，在二者之间存在着什么样的中间环节使二者结合在一起。在道德问题上运用想象力，牵涉最多的是"可能性"，不少学者就是从可能性的角度来界定道德想象力的，比如，哈格里夫（T. J. Hargrave）将想象力定义为"在想象中辨识特定情况下行动的多种可能性，预见特定行动可能的益处与危害"①。道德想象力当然与行动的可能性有关，这是想象力的基本功能，但道德想象力之所以是道德的，就在于其是在善恶观照之下对可能性的思考。既然事关善恶，就与他人有关联。那么，个体化的他人（包括群体）也是道德想象力界定的一个必不可少的要素。实际上，道德想象力的一个重要功能就是从自我走向他人，去理解他人的处境、感受与心灵。而行动的可能性及其后果的参照，当然不只是想象者自身，也包括相关的他人。与伦理学建构中的道德想象力不同，日常生活中的道德想象力不是凭空产生的，而是派生于特定情境的。道德想象力既是由情境激发的，也是我们理解情境、从中发现多种可能性的方式。因此，情境也是界定道德想象力需要考虑的一个因素。此外，关于道

---

① Timothy J. Hargrave，"Moral Imagination，Collective Action，and The Achievement of Moral Outcomes"，*Business Ethics Quarterly*，2009（1），pp. 87-104.

德想象力的界定很容易忽视其与自我的关系。这种忽视有深远的伦理学根源，即诸多伦理学只将道德理解为"人我"关系范畴，不把道德理解为"我我"关系范畴。道德事关"人我"，这本身没有错，但也事关"我我"，即我如何对待我自己。比较而言，"我我"关系更为根本，"人我"关系是从"我我"关系中派生出来的次生关系。我们从"己所不欲，勿施于人""爱邻如己"这类"道德金律"中可以窥见"我我"关系的根本性：在"道德金律"中，如何待"己"是如何待人的标准（这里不展开论述，后文还会论及）。既然道德也牵涉"我我"关系，那道德想象力当然也适用于"我我"关系。从道德想象力运用的对象看，我们既想象他人、情境，也想象自我，在想象中与自己对话；从道德想象力运用的时间维度看，想象既是朝向未来的，聚焦于发现可能性，也是朝向过去的，聚焦于对自己行为、经验的整合与反思。

既然是他人、自我、情境、可能性、善恶判断这些"中间因素"将道德与想象力结合在一起，那么可以尝试性地将道德想象力定义为个体运用想象力理解、认识自我、他人与情境，对解决所面对的道德问题的多种可能性进行道德判断的一种能力。这一界定有几个特点：第一，说清楚了道德想象力所指向的对象既包括他人与情境，也包括人自身。多数道德想象力概念都包括前两个指向而忽略了后一个指向，这是一个很大的缺陷。一方面，没有道德想象力，我们无法与自己对话，无法过精神性的道德生活。另一方面，没有道德想象力，我们甚至连一些最基本的情感都无法体验，比如羞耻。羞耻是基于对自身缺陷、错误、弱点的暴露而产生的一种情感。暴露有两种，一种是实际暴露，一种是想象性暴露。实际暴露会让我们感到羞耻，想象自己的缺陷、弱点、错误的暴露也会让我们感到羞耻。想象性羞耻的作用就在于激发我们去克服缺陷、弱点，阻止错误的发生。如果道德想象力的指向不包括人自身，那么诸如想象性羞耻这些情感就无法解释。第二，这个界定拓宽了道德想象力的范围。因为想象力总是从可能性去看现实性，所以诸多道德想象力概念聚焦于解决道德问题的多种行动可能性，这当然没有错，问题是这样的理解实际上窄化了道德想象力。我们想象他人处境、想象他人的内心感受、体验他人的欢乐与痛苦，本身也是道德想象力。从现实世界中抽身出来，进入想象性的内心世界，与自己对话，当然也是道德想象力的体现。我们运用想象去发现情境背后的道德蕴涵，加深对情境的理解，同样是道德想象力的一种表现。而且，发现行动的多种可能性也与对自己、对他人、对情境的理解密切相关，前者是以后者为基础的。第三，这个理解解决了想象力既可用于为善也可用于为恶的内在矛盾，在界定中已经预设了道德价值取向。一方面，对他人、对自己、对情境的想象性理解，不是道德中立的，而是带有道德考虑的理解；另一方面，对多种行动可能性的思考，已经包含了价值判断，即每一种可能性的道德意义。

由于情感主义伦理学比较推重道德想象力，很多人想当然地以为道德想象力是一种情感。确实，道德想象力具有情感属性。我们对他人的移情，往往与我们对他人的同情（sympathy）之间仅有一纸之距，甚至是同一过程。我们在想象中与自己对话，对自己的过往进行影像性回顾与反思，同样是带有或自豪或羞愧、悔恨等情感体验的。我们对一个特定情境的想象性理解，也有自身情感的投射，不是纯然超乎情感的。我们对每一种行动可能性的想象性思考同样是带有情感的，一方面，我们在选择时不可能不受情感偏向的指引与定向；另一方面，又不能完全受情感的支配，有时候也需要超越情感去选择最佳可能性。每一个有过最大选择经历的人，都体验过在多种可能性之间权衡所带来的紧张考验。道德想象力具有情感性，这一点无可置疑，但如果仅仅从情感的角度去理解、限定道德想象力，那就有问题了。情感主义伦理学看到了道德想象力的情感性，认知学派则"发现"了道德想象力的认知性。比如，沃翰（P. H. Werhane）就认为道德想象力是道德判断的有机构成，全程参与道德判断，从性质上看，道德想象力是一个理性过程，主要功能是用来对抗腐蚀道德判断的机构因素①（在他看来，机构，尤其是科层机构，往往用惯例、制度来堵塞想象力进而腐蚀道德判断）。与沃翰一样，很多学者都是将道德想象力放

---

① Patricia H. Werhane, "Moral Imagination and Systems Thinking", *Journal of Business Ethics*, 2002 (38), pp. 33-42.

在道德推理（moral reasoning）之中来研究的，着力于道德想象力的理性与认知功能。如前所论，杜威将想象力看作"善的伟大工具"，其实就已经表明了道德想象力的认知功能。他将慎思界定为在想象中对可能行为方式的预演，这种预演，就是进行道德评估、发现最适宜选择的过程，也就是道德认知的过程。实际上，从探索可能性维度理解道德想象力的研究者，都是看重其认知性的。

三、道德想象力的"道德意义"

既然道德与想象密切相关，道德与想象可以结合而成为道德想象力，紧接着的问题就是道德想象力在人的道德活动中的意义。前文论及了想象力是建构世界、人类等道德存在的前提性概念的力量，这里着重论述道德想象力在发现道德问题、解决道德问题和道德行为矫正等方面的意义。不仅如此，在人的基本德性中，道德想象力也是必不可少的因素，或者说，道德想象力是基本德性的构成性因素。

在人的道德活动中，发现道德问题，对道德问题的敏感性具有决定性意义，因为在有或可能有道德问题的时候，我们如果没有意识到道德问题的显在与隐在，后续的道德思考与行动都不可能发生。这是一种对道德问题的"看见能力"（the ability to see）或者说"道德视力"（moral vision）[1]。如果是显性道德问题，那就是直接的"看见"，如果是隐性道德问题，即道德问题虽然存在，但还不那么明显，这时的"看见"就是一种间接的"看见"，就是带有想象力的"看见"。也就是说，道德想象力是我们"看见"道德问题（尤其是隐含性、潜在性道德问题）之"视力"的有机构成。

一个道德敏感性弱的人，总是意识不到自己的言行给他人带来的影响，总是在错误已经铸成、伤害已经产生的时候才会发现自身言行与他人

---

[1] Karen E. Bohlin, *Teaching Character Education Through Literature: Awakening The Imagination in Secondary Classroom*, New York: Routledge Falmer, 2005, p. 30.

的关联性。道德想象力是克服这种缺陷的有效力量。如果能够在言行之前，运用道德想象力在心里对该言行可能产生的后果、与他人的关联、对他人产生的影响进行"彩排预演"，我们就会"看见"自身言行可能给他人带来的影响、干扰或伤害，就会调整自身言行，避免不良后果成为现实。我们可以设想这样一个情境：一位自家孩子生病住院的老师，内心焦虑，又遇到班内学生违反纪律，心里火冒三丈。假如这位老师的道德想象力比较弱，不考虑自身大发雷霆可能给学生带来的伤害，他就很可能控制不住自己的情绪；假如这位老师的道德想象力比较强，就会想到自己的情绪失控给学生、给自己、给班级带来的伤害，就会努力控制自己的情绪。直接的道德问题容易发现，隐含的、潜在的道德问题难以发现。"看见"显在的道德问题并不能说明一个人的"道德视力"，能"看见"隐含的、潜在的、可能的道德问题，才是一个人"道德视力"的证明。在日常生活中，道德往往是"放在括号里"的，也就是说，道德是隐含性的。隐含并不意味着不存在，没有道德想象力，就很容易把这种隐含当作不存在。在我们说出一句话、做出一个行为的时候，孤立地看，很可能与道德无关，但如果我们没有道德想象力，想象不出这句话、这个行为可能给别人带来的影响，就可能真的对别人造成伤害。

　　道德问题的发现不单是能够"预见"自身言行可能给他人带来的影响，还包括对他人道德急需（moral imperative）的敏感。更多的时候，尤其是在陌生人世界，往往不是我们做什么事情可能影响到别人，而是别人的处境和遭遇需要我们伸出援手。如果对他人的道德急需视而不见或者根本感受不到，那就是道德敏感性的休眠，就是道德冷漠。当然，他人的道德急需所需要的是作为在场者的援助行动，但行动不是无前提的。我们做出道德行动，起码有两个前提：一个是意识到别人的道德急需，一个是有行动的动力。在这两个方面，道德想象力都是不可或缺的因素。正如卢梭的洞察，为什么富人对穷人那么冷酷？因为他们没有变成穷人的担心。[1]

---

① Mark Coeckelbergh, *Imagination and Principles: An Essay on the Role of Imagination in Moral Reasoning*, New York: Paigrave Macmillan, 2007, p. 105.

所谓没有变成穷人的担心，就是缺乏道德想象力的表现，就是没有将自己放在穷人的位置上的移情能力。没有道德想象力的富人，就"看不见"穷人的道德急需，对穷人的悲苦生活也就没有情感反应。从意识到他人的道德急需到做出道德行动，中间还有一段心理距离，需要有道德行动的动力来跨越这段距离。人是多维度的存在，在响应他人道德急需的时候，还会有其他变量的"干扰"：比如我们个性中的软弱，因为道德行动都是需要勇气的；比如自我利益的考虑，因为道德行动有时候会意味着风险和自我利益的让渡。道德想象力就是克服这些"干扰因素"的力量。我们会在想象中"预见"袖手旁观他人道德急需对他人的伤害，也会在想象中"预见"自己的这种不光彩行为对自身道德认同的伤害，更会在想象中"预见"这种冷漠做法一旦暴露所带来的羞耻。如果说通过想象力意识到他人的道德急需是道德问题的发现，那么形成响应他人道德急需的动机已经进入道德推理、道德思考的过程。

　　遮蔽道德问题的因素还有群体排斥。从道德发生学的角度看，道德本身就是一种"内群体逻辑"，即群体内人们彼此如何相处的基本方式，一旦超出群体，这种逻辑就失效了。群体间起作用的则是"外群体逻辑"，与"内群体逻辑"的道德性相反，"外群体逻辑"的基本主题就是竞争、利益交换、战争、你死我活。人类发展到今天，虽然有了"人类命运共同体"的意识（实际上是努力建构最大的、包括所有族群的"内群体逻辑"），但"内群体逻辑"与"外群体逻辑"依然是基本行动指南。我们对待"自己人"与对待"外人"使用的依然不是一个标准。在生活中，一旦我们把一个人或一群人排斥在自己的群体归属之外，我们对他们的同情与关心就会骤然下降，就会"看不见"他们的道德急需。比如，在学校生活中，如果将一部分学生归入"差生"的行列，"差生"之外的学生就可能有意无意地将他们排斥在正常学生之外，不再去同情、了解他们的痛苦处境。这是人类生活中固定而又强硬的逻辑，很难拆解和超越。在不多的解决机制之中，道德想象力居于重要位置。比如，通过接触，我们会发现外群体的人，与我们一样有尊严、有美好生活的追求，借助想象力，我们将自己放在他们的位置，就会加深对他们的处境、遭遇和他们所受痛苦的理解，就可能冲破群体排斥所设置的围栏，去发现他们的道德急需。在学校生活中，那些对"差生"态度好、不从众性地排斥"差生"的"优等生"，往往也是能够与"差生"交朋友、一起玩耍的人。正是在一起玩耍中，"优等生"才会发现，那些被称为"差生"的学生，实际上与所谓的"优等生"一样，都是有缺点、有优势的人。

发现道德问题是第一步，然后才有以行动来解决的可能。之所以是"可能"，不是"必然"，就在于这中间还有不少过渡性环节。如前所论，道德想象力是情感与认知兼具的，道德想象力所具有的"感同身受性"恰是道德行动的驱动力之一。在采取道德行动时，由意志薄弱引发的道德推卸也是阻碍力量。正是有了道德想象力对我们的退缩行为所引发后果的"看见"，我们才有动力去克服意志薄弱和道德推卸。当然，在解决道德问题时，道德想象力的最大作用还是在于对多种可能性的发现与评估。我们所生活的世界是变动不居的，在其间生存的人必须找到一定程度的"确定性"，否则就没有安居感。正是这种对"确定性的寻求"（杜威语），使我们在变动的世界里有了安定感，但也让我们有了这样那样的思想定式。道德领域也是如此，遇到一个道德问题，我们会自动地以为只有这一种解决方式，没有其他解决方式或其他解决方式是不可接受的。思想定式让我们免去了思考的麻烦，减轻了生活的负担，也让我们失去了其他可能性。没有定式不行，只有定式也不行。道德想象力就是突破思想定式的方式之一。所谓思想定式，就是我们在思考和行动之前已经有了"定见"与"脚本"，无论情境有什么差别，都按"定见"思考、按"脚本"行事。道德想象力之所以能够突破定式，就在于其能够让我们回到被"定见"和"脚本"所忽略的我们自身和他人的感受以及真实情境。有时候在定式支配下的我不是真实的自我，通过将定式与真实的自我认同联系起来，我们就会发现某种定式是如何与自身相悖的，才会知道"我不是这样的""我还可以那样"。通过想象力，我们也会发现我们对他人的"定见"与他人是如此的不相符，对他人是如此的不公平，他人"原来不是这样的"，他们理应得到更适当的对待。通过想象力，我们会发现当下所面对的真实情境，虽然与过去经历的情境有诸多类似之处，但也有细微或显著的差别，正是这或细微或显著的差别，使得当下的情景与过去的情景有了根本性的不同，按"脚本"行事是多么的不合时宜。

解决一个道德问题，往往不是只有一种方式，而是有多种可能性。道德想象力的作用首先是对多种可能性的发现。如果没有多种可能性的发现，也就没有道德选择，我们的道德自由也就谈不上了。如前所论，道德想象力是突破思想定式、探索解决问题的多种可能方式的力量。道德想象力的特性在于其虽然来自现实，但又不受现实束缚，可以跳脱现实去"预见"新的可能性。有了多种可能性的发现，还要对多种可能性进行评估，以做出最佳判断和选择。以往的伦理学和道德教育理论给我们的印象是道德判断是理性推理过程，与情感和想象没有什么关联。这种流行的观念是"正误"参半的。道德判断确实需要理性推理，需要道德原则作为取舍的标准，但道德判断绝不是纯粹理性的，其包含了情感与想象。我们对一种可能性的判断绝不是纯粹理性推演性的，而是想象性的，即在想象中对这种可能性进行"彩排"，"预见"其实现所带来的效应。通过在想象中对多种可能性——"彩排"，再结合我们的道德原则和价值偏好，综合考虑种种选择对他人的影响，我们才能做出道德判断和选择。

科克斯认为道德想象力兼具探索功能和矫正功能：探索功能朝前，增加了我们道德思考的广度；矫正功能朝后，增加了我们道德思考的深度。[①]其实，探索功能虽然主要是朝前的，但也可以朝后；矫正功能主要是朝后的，但也可以朝前。我们既在事前探索解决问题的多种可能性，也在事后发现解决问题的另外一些可能性。面对一个问题，我们总有想不到的可能，有时候事后反而会豁然开朗，发现事情还可以有另外的解决办法，这就是道德想象力的朝后功能。道德想象力的矫正功能主要是朝后的，多用在我们犯了错误、做了错事的情形下。如果错误是公开的，对自己和他人都造成了伤害，感到后悔的我们就会在想象中思考如果没有犯这个错误该多好，如果采取另外的处理方式会有什么样的结果，是不是就避

① John Kekes, *The Morality of Pluralism*, New Jersey: Princeton University Press, 1993, p. 107.

免了错误的发生。如果错误是非公开的，只有自己知道，我们就会想象错误暴露之后的情形，就会担心别人会如何看待我们，同时，另外的选择、避免错误的办法也会在想象中浮现出来。正是在这种想象性思考中，我们有了不再犯同样错误的能力，获得了进步。还有另外一种情形，即我们有了做坏事的念头，或者说起了歹念，但在真正去做之前，可能会在头脑中想象事情一旦发生的后果，会想象别人将如何看待我们，我们要承担什么样的后果，发生什么样的变化。这种道德想象虽然并不总是有效，但它是阻止我们做坏事的一道心理力量。这依然是道德想象力的矫正功能，但却是朝前的矫正功能。还有一种朝前的矫正功能，即我们为他人的恶行感到羞耻，由他人的丑恶联想到自己，想象自己处在他人位置上绝不会那样行事。这是用他人已经发生的恶行来矫正自己可能发生的恶行，这个过程显然也是朝前的。

我们可以从发现道德问题、解决道德问题、事后矫正的角度来思考道德想象力的意义，也可以从道德想象在基本德性中的作用来考察道德想象力的意义。先看道德想象力在"己所不欲，勿施于人"（类似的还有"爱邻如己"）这一"道德金律"中的作用。第一，"己所不欲，勿施于人"作为道德原则成立的前提是将他人当作与自己一样有需要、尊严和人格的存在，这是处理人己关系的基础，没有这一基础，也就没有彼此之间如何对待的问题。不难看出这一基础的想象性和移情性，即我虽然无法直接体会他人的需要、尊严和人格，却可以推己及人，由自己出发去想象他人。第二，这一原则体现出一种换位思考的方法，即将他人放在自己的位置上、将自己放在他人的位置上，由自己的需要推及他人的需要，由他人的需要反推到自己的需要，体现出一种双向的换位移情。第三，这一原则的内容充满了想象性：对我好的事物，对他人也是好的；对自己不好的事物对他人也是不好的；我与他人有共同的人性，有类似的需要，有类同的好恶，有一样的脆弱性（让我受伤害的，也会让他人受伤害）。从自己出发，不断跳跃到他人，不断联想到他人，正是道德想象力的功能。缺少道德想象力，我们就无法从自己联想到他人，所谓的"道德金律"也就无从发挥作用了。

　　我们总是将公正理解为理性原则，似乎与道德想象力没有关联。从词义上看，公正就是公平、正直，而公平与正直这两个词语都带有隐喻想象性。公平是借用器具或水之平来表述的，正直则是借用树木或器具之直来描绘的。公正有多种理解，比如柏拉图将公正理解为灵魂公正和社会公正两种互相融通的形态。灵魂公正就是理性、欲望和激情"三驾马车"的"各安其位"，显然，灵魂公正是建立在想象之上的。社会公正则是不同的人"各安其位"，生产的生产、护国的护国、统治的统治，不能混乱，混乱无序就是不公正。整个《理想国》就是在描述一个公正的世界，充满了想象力。不仅如此，灵魂公正因为更为抽象，必须借助社会公正来理解，社会公正是灵魂公正的一个"喻体"。罗尔斯从"无知之幕"推导出他的公正观，所谓"无知之幕"一方面是排除掉一切外在条件，另一方面也是"设想"人在"最差处境"下如何行事才是最佳选择。他关于公正的两个原则，即平等原则和差异原则，也是充满想象力的。一方面，这两个原则是由人的"最差处境"推导出来的；另一方面，平等对待也好，差异对待也好，都离不开对社会背景和具体情境的想象。平等原则，与"道德金律"的前提一样，意味着我们将所有人看作在尊严、人格上是同等的。差异原则，意味着我们已经站在他人的立场上去理解他人的需要。

　　勇敢是面对危险与伤害的一种态度。面对危险与伤害，我们都会有自然而生的恐惧，有的人被恐惧所俘虏，堕入怯弱；有的人克服了恐惧，成就了勇敢。因此，勇敢不是不恐惧，而是对恐惧的克服。对什么都不恐惧，那不是勇敢，而是野蛮。人为什么能够克服恐惧呢？是因为有更重要的价值和事物。勇敢就是用对更重要的价值和事物的维护去克服危险所带来的恐惧。包尔生（Friedrich Paulsen）认为"审慎是勇敢的重要部分"①，即面对危险时，既不盲目逃跑，也不盲目冲进危险，而是冷静思考和判断。这里的思考和判断，也就是"预见"被恐惧吓退的后果、战胜恐惧的结果以及有什么方法可以用来战胜危险。也就是说，没有对这三

---

　　① ［德］弗里德里希·包尔生：《伦理学体系》，何怀宏、廖申白译，中国社会科学出版社 1988 年版，第 424 页。

个方面的想象，就不可能有勇敢的行为。当然，这一过程说起来复杂，但拥有勇敢品质的人，这一过程的完成只在一瞬间，甚至是自动化的。正是因为诸多德性发挥作用的自动化性质，使得我们常常误以为这些德性的体现没有思考与想象，而实际情况正好相反。

作为基本德性的诚实与道德想象力的关系就更为直接了。诚实问题产生于想象力。人是符号动物，用语言及其他符号表情达意、指称事物是人的独特能力。符号和所指不是一回事，符号意义的获得即与所指发生联系要依靠想象力，或者说，想象力是填充符号与所指之间鸿沟的工具。正是符号与所指之间的距离，使得符号到达所指的过程可能发生变异。如果这种变异是我们有意为之，不诚实就产生了，反过来，如果我们尽力使符号与所指一致，那就是诚实。既然我们把诚实作为一种基本德性，那么为什么还总会有不诚实呢？第一个原因在于符号与所指之间本来就有缝隙，这是不诚实产生的结构性因素。第二个原因在于符号在原始状态下的发明与运用本身就有欺骗敌人的功能。第三个原因在于如果符号与所指严严实实地一一对应，我们的想象力与创造性就会受到极大限制，我们所生活的世界就会过于呆板和无聊。此外，诚实不是唯一的，也不是最高的价值，人有诸多价值追求，有些价值的位阶甚至高于诚实，比如当尊重与诚实发生矛盾的时候，一般情况下诚实应该让位于尊重。即使有如此多的不诚实的原因，我们还是把诚实视为基本德性，根本原因在于符号如果过于脱离所指，我们的世界就会一片混乱，不仅交流无法进行，就连我们对自己的认识与把握都无法完成。也就是说，诚实是人的世界得以建立的根基性德性。诚实与想象力的关联还在于，我们做出诚实行为时，一方面，必然要对真实自我、自我的当下真实状态、自己的真情实感有一个想象性的把握；另一方面，也要对他人进行移情性想象，想象我们的诚实言行在他人那里的反应、给他人带来的影响。

除了以上涉及的这些基本德性之外，诸如仁慈、友爱、节制、慷慨等德性，都有道德想象力的因素。这样讲，似乎道德想象力无所不在、无所不能，事实并非如此，道德想象力当然不是万能的，也有其自身的局限。第一，道德有发展与限制功能，道德想象力通过对可能性的探索作用于道德的发展功能，但对道德限制功能贡献较少，甚至会与后者有矛盾和冲突。道德想象力虽然是"道德的想象力"，但想象力依然是核心，在运用的过程中，总有逾越限制的倾向。第二，道德想象力是有边界的。不是所有生活可能都应该去探索，即使是想象性探索。因此，深层习俗与基本价值为道德想象力划定了不可突破的边界。比如，孝敬父母是中国人的深层习俗，虽然父母子女关系也有其他可能，但在中国文化背景下，孝敬父母就是在这个问题上道德想象力运用的边界；比如，生命是基本价值，道德想象力在生命价值问题上的运用就以对生命的保护为边界。第三，不但道德本身、深层习俗和基本价值会为道德想象力划界，道德想象力本身也有自己的边界，也有不可到达之处。道德想象力看上去可以天马行空，实际上也不是万能的，我们做不到想象一切。在日常生活中我们常说"这是不可想象的""真是超出想象"，表达的是惊讶，但也透露出想象力的有限性。我们只能想象可想象的事物与可能，不能想象不可想象的事物与可能。想象虽然大于我们的生活与经验，但依然是我们生活与经验的产物。我们生活与经验的广度与深度，决定了我们想象的广度与深度。第四，移情是想象他人的重要方式，但实际上我们对他人的想象也是有限的。看到别人处在危急之中，我们也会跟着焦急，但这种焦急与我们自己处在危急之中的焦急是不一样的，原因在于我们在移情想象他人处境的时候，还有一个清醒的意识——我不是他。正是这个现象的存在，我们在同情他人的时候，也可能有一种庆幸感，即庆幸自己不是那个正在受苦的人。第五，道德想象力的核心作用在于对多种可能性的探索，对各种可能性进行评估、选择哪种可能性，不是任意、任性的，而是需要道德原则、道德标准的介入。排斥道德想象力的伦理学重视道德原则的作用，而一些重视道德想象力的伦理学对道德原则也有或隐或显的排斥，实际上道德原则与道德想象力不是互相排斥的关系，而是互相补充的关系。比如，我们对远方他人的移情想象就比较弱，这时候普遍性的道德原则就可以弥补道德想象力之弱，也就是说，即使远方的他人在我们的道德想象中是模糊不清的，他们与我们一样是人，都有做人的权利，我们就有责任去帮助他们。

四、解放道德想象力的道德教育

受伦理学排斥道德想象力传统的影响，道德想象力在道德教育领域也没有得到应有的重视，鲜有如何培养道德想象力的研究。在道德教育领域占据主导地位的认知发展道德教育理论，也基本上不涉及道德想象力培养主题。与此相悖的是，忽略道德想象力的认知发展道德教育理论，本身却是严重依赖道德想象力的。不运用道德想象力，作为其主要教育策略的"两难道德问题法"根本无法实施。我们知道，"两难道德问题"讲的是有多种选择可能性的道德问题，根据儿童自己的选择及选择的理由来判断儿童的道德发展水平，然后再根据儿童的现有水平进行适合的教育。"两难道德问题"本身就是一种想象性叙事，是通过叙事建构的生活场景与人物关系，没有道德想象力是无法理解的。"两难道德问题法"讲述的是"他人的故事"，目的却在于让儿童站在他人的位置和立场上看问题，其背后依据的逻辑其实就是移情想象。通过儿童对冲突性价值的选择及选择理由来判断儿童的道德发展水平，其实是对儿童在想象中对多种选择的"预演彩排"能力的衡量，借助的依然是道德想象力。由此来看，对道德想象力鲜有注意的认知发展道德教育理论却如此借重道德想象力，其基本方法就是建基于道德想象力之上的。当然，这种借重也在无意间培养了儿童的道德想象力，也就是说，认知发展理论通过自己的"两难道德问题法"在促进儿童道德推理能力发展的同时，也培养了儿童的道德想象力。认知发展道德教育理论这种与道德想象力的"混在关系"，其他理论流派也不同程度地存在着，说明道德教育理论无论是否意识到道德想象力的重要性，都无法与道德想象力完全切割，都要或轻或重地依赖道德想象力，都会对道德想象力的培养有所影响。既然认识到了道德想象力在道德发展中的意义，道德教育理论在道德想象力的培养上就应该走出"无心插柳"的阶段，进入自觉培养阶段。

道德教育应有道德想象力。这有两层含义：一是从过去排斥、遗忘道德想象力的状态摆脱出来，将道德想象力培养作为道德教育的目标之一；

二是道德教育本身是充满道德想象力的，不再是僵硬、机械的灌输或规训。当然，这两层含义不是分割的，而是一体的。当我们把道德想象力作为道德教育的一种目标时，道德教育本身的面貌也就随之而变，朝着有灵性、有想象力的方向转变。原因在于，道德想象力的培养只能以有想象力的方式去实现，当我们以有想象力的方式进行道德教育时，道德教育的精神气质就随之发生变化。

有道德想象力的道德教育，首先要想到儿童，能够站在儿童的位置和立场来选择教育内容、设计教育方式。作为为儿童道德发展服务的教育活动，道德教育如果想象不到儿童，不能"看见"儿童的所思所想，不能将儿童的经验纳入活动之中，那这种道德教育的道德想象力是何等贫乏！能够对儿童有一种想象性移情，理解儿童的成长需要，以他们的眼光看待世界，这不是对道德教育的高要求，而是起码的要求，做不到这一点，何谈道德教育？道德教育要想发挥作用，一个基本前提是对儿童有同情的理解，放低姿态，以自己的实际行动"入伙"儿童生活。道德教育对儿童的同情理解与"入伙"行为换来的是儿童对道德教育的"入伙"，儿童因此而成为道德教育活动的主人，道德教育不再是外在于儿童的存在，而是教育者与儿童共同建构的活动，教育引导的发生是自然而然的。

道德教育想象不到儿童或者说想象不够的一个重要原因在于陷溺于道德知识。道德知识不是没有意义，但其意义不在于知识体系本身而在于其所指称的社会世界。陷溺于道德知识的错误就在于割裂道德知识与其所代表的社会世界之间的联系，只把道德知识的学习当作道德教育的目标。经由包括道德想象力在内的心理过程，将道德知识在情境中激活，与真实的社会生活发生联结，既是道德知识发挥作用的必经之路，也是道德教育的应有之义。在这种激活过程中，道德想象力既得到了运用，也得到了发展。比如关于诚实的教育，如果我们不是就诚实知识来讲诚实，而是将诚实知识放在儿童生活、社会生活的真实情境之中，带领儿童面对诚实原则在生活中的多种形态，感受诚实对生活、对个人的意义，想象诚实问题的多种可能性，那么这种诚实教育就不是知识至上的，而是充满道德想象力的。陷溺于抽象道德知识的道德教育，阻断的是道德知识与真实生活发生联结的可能性，堵塞的是道德想象力的发展。

　　道德教育的灌输与整体教育的灌输都是没有想象到儿童的表现，也是有损于儿童道德想象力的。灌输本身是一个想象性隐喻，是将人当作容器、将教育过程当作填充过程。但这种想象是成人社会的，不是儿童的，对儿童来说灌输过程毫无想象力，儿童不需要发现道德问题、不需要回到自身、不需要想象具体情境、不需要想象他人，更不需要去思考多种可能性，只需要被动地像容器一样接纳来自教师的"倾倒"。在这一过程中，儿童被物化，是物一样的存在，根本不配拥有想象力，也没有必要拥有想象力，想象力反而是接纳"倾倒"的干扰因素；教师也不需要想象力，他们的教育行为被简化为物理行为，想象力同样成了干扰因素。可以说，在灌输过程中，想象力是多余的，也是被压抑和消除的。因此，有想象力的教育与有道德想象力的道德教育，必须摆脱灌输，从灌输中解放出来，从"容器"与"倾倒"的隐喻泥沼中走出来，重新想象儿童，视儿童为有自主与引导需要的人格存在；重新想象教育，视教育过程为教师引导下的儿童自主学习过程。从灌输中解放儿童、解放教育，也是从灌输中解放想象力与道德想象力。作为人格存在而不是作为物化存在的儿童，才有发现道德问题、解决道德问题、进行道德思考的主体资格，才有运用与发展道德想象力的需要；作为人心交流与尊重儿童自主学习的教育，才是既尊重、激发儿童道德想象力，自身也充满想象力的过程。

　　教育的竞争化是另一个无视儿童本性、损害道德想象力的因素。教育与竞争本来只有间接的关系，过去的竞争多发生在教育之外，但如今的教育在很大程度上已经被竞争"附体"，教育运行的逻辑不再是教育自身的逻辑而是竞争的逻辑。[①]教育的竞争化或竞争对教育的"附体"对道德想象力的损害是根本性的。首先，竞争以人人为己为逻辑，但这里的"己"是物化的、利益的"己"，不是精神的、道德的"己"。如前所论，回到自身、能够与自己进行无声的对话是道德想象力的重要功能与表现。教育

―――――――――

　　① 高德胜：《竞争的德性及其在教育中的扩张》，《华东师范大学学报（教育科学版）》2016 年第 1 期。

的竞争化意味着教育所鼓励的是人人为物质的、利益的自己而努力，受挤压和排斥的是精神的、道德的自己。在这种教育的支配下，儿童慢慢远离精神生活，不再与精神、道德的自己进行无声的内在对话。其次，教育的竞争化，使教育中的人没有愿望、没有心情去体会他人感情和站在他人的位置上思考，也就无法进入他人内心与他人共情。在竞争的逻辑下，他人是需要战胜的对手，对他人的想象，不是以道德的方式，而是以敌对的方式、以如何战胜他人的方式进行的。最后，为了能够在教育竞争中获胜，儿童只能顾自己、顾眼前，很难"抬起头来"看世界、看人间，更别说看人类的过去与未来了。我们每个人都出生于一个特定的地方，都有自己的生活圈子，都被现时性所限制，但教育就是帮助我们超越地方性、狭隘性和现时性的活动，而"学校和大学是这样的地方，在其中一个公开的学习者从他的地方环境的限制以及他已满足的需要中解放出来，受到他从来没有梦见过的暗示的鼓舞"①。也就是说，发展想象力，使受教育者能够"抬起头来"看世界，就是教育的本义。教育的竞争化，将受教育者紧紧"锁在"物质的、利益的自我之上，本身就是对道德想象力的扼杀。

学校自产生之日起，就一直处在家庭与社会机构的拉扯之中。虽然"学校大家庭""学校是我们共同的家"之类的修辞依然不绝于耳，但现代学校事实上已经越来越疏离家庭，某种程度上越来越靠近等级分明的科层化机构。越来越庞大、复杂的学校，其日常运作几乎已经告别情感关系，一头扎进规章制度的怀抱。科层化机构与科层化学校对道德想象力的妨碍是多方面的。第一，科层化机构有自己对效益和利益的追求，与这一目标追求相比，个人的感受是微不足道的。第二，在科层化学校里规章至上，个人的情感体验不但不重要，还是需要被排除的消极因素。在这样的机构里，规章就是一切，包括道德想象力在内的一切个人因素可能都是需要戒备的破坏性力量。第三，在科层化机构里，每个人的角色都很清楚。在这样的机构环境里，个体与其说是一个人，不如说是一个固定的角色。

① ［英］迈克尔·欧克肖特：《人文学习之声》，孙磊译，上海译文出版社 2012 年版，第 11 页。

个体所要做的，不是冲破角色的功能限定去发挥道德想象力，而是忠实地履行角色功能。个体以自己所扮演的角色示人，接触到的也是别人所代表的角色。第四，科层化学校对服从推崇备至，服从是最高价值和最大美德。在生活中服从规章、服从作为规章化身的权威角色，在学习中服从知识体系和标准答案，就是最佳生存策略。这样的价值导向，实际没有为个人自主和道德想象力留下发挥的空间。

五、道德想象力的培育

有道德想象力的教育和道德教育对儿童道德想象力的发展具有根本性的意义。除此之外，还可以通过一些专门的途径和方式对道德想象力进行有针对性的培育。

首先是道德隐喻的改变与丰富。隐喻是我们认识世界、形成概念的基本方式之一，广泛运用于对精神、道德、心理现象的理解。我们总是将抽象的、看不见的现象转换为看得见的、身体性的现象来加以理解。我们对道德的理解也不例外，约翰森（M. Johnson）指出，商业活动是现代社会的主导性行为模型，我们对道德的理解不可避免地带有商业交流的影子，"社会计算喻"（the social accounting metaphor）是道德的基本隐喻。比如，我们在潜意识中用"财富"（wealth）来隐喻"美好生活"（well-being），用"发财"（getting money）来隐喻"实现目的"（achieving a purpose），用"付账"（payment）来隐喻"增进美好生活的活动"（actions that increase well-being），用"欠账"（debts）来隐喻"义务"（duties），用"信用状"（letters of credit）来隐喻"权利"（rights），等等。[1]对约翰森的这种揭示，我们的第一反应可能是震惊与否认，认为我们对道德的理解不是这样的。但想想教科书将道德定义为"调节人与人之间利益的规范"，想想我们的"善有善报，恶有恶报"的信念，想想对"合作双赢"

---

[1]　Mark Johnson, *Moral Imagination：Implications of Cognitive Science for Ethics*, Chicago：The University of Chicago Press，1993，p. 42.

的新道德理解，想想对"道德信用""道德银行"的推崇，就不能不承认约翰森的洞察力。

对道德的这种隐喻性理解看起来有损于道德的高贵性，但并非全无是处。伦理学中的功利主义以此作为道德思考的"原型"，同样取得了巨大的成就。伦理学是一回事，日常理解是另外一回事。伦理学是"形而上"的，即从"原型"到更加抽象而又丰富的理论体系；而日常理解是"形而下"的，即从"原型"到更加粗陋、庸俗的道德理解。在对道德的这种"计算性"理解中，对他人的共情、内在心灵对话、对他人的爱与关心、待人处事的多种可能性，基本上都被丢掉了。因此，虽然对道德的这种隐喻性理解也是想象性的，但从根本上说是有害于道德想象力的。

另外一个问题是，由于现代社会是商业社会，商业是最基本的行为类型，由此衍生的道德理解具有广泛的支配性，无论承认与否，现代人在意识或潜意识里或多或少都会把道德理解为"类商业行为"。即使这种隐喻性理解自有其道理，但只有这样一种理解，或者说这种理解占据支配性地位时，对道德想象力也是一种损害。因为这样的局面，限制了我们去探索"道德理解的多种可能性"，失去了对道德自身的想象力。历史上曾经有过对道德的多种隐喻性理解：比如孔子的"仁者爱人"，将道德理解为"爱人"，并以"己所不欲，勿施于人"使之操作化；孟子以"四端"作为道德的原型，道德就是恻隐之心、羞恶之心、辞让之心、是非之心的扩展；苏格拉底将道德的根基放在如何与自己相处上，如何与自己相处是如何与他人相处的根本，所以他"宁愿受恶也不愿作恶"；亚里士多德认为道德德性是"命中中间"，即命中过度与不及这两种恶的中间；康德以绝对命令（行动原则的普遍化、人是目的、人是自我立法者、道德主体是目的王国的成员）来定义道德；杜威从艺术的角度理解道德，即"作为艺术的道德"（道德活动与艺术活动在感受性、创造性、表现力、技巧性、对他人的回应等方面都是类同的）[1]。关于道德的这些隐喻性理解充

---

① ［美］斯蒂文·费什米尔：《杜威与道德想象力：伦理学中的实用主义》，徐鹏、马如俊译，北京大学出版社2010年版，第160—178页。

满想象力，一点也不输于大行其道的"社会计算喻"。"社会计算喻"之所以"一枝独秀"，就在于商业力量的越界性蔓延，即商业逻辑越出商业领域扩张到其他领域，包括道德领域，为与自身有"家族相似性"的衍生产物加油助威。社会大众受此影响而不自知，还以为这就是对道德理解的"标准答案"。商业不是恶，在适当的领域，商业一样是人类的活动方式，但不是人类活动的所有领域都是商业性的。在伦理与道德领域，还是保持对道德隐喻性理解的"百花齐放"好。教育行业应该有这种自觉，不要再从"社会计算喻"的单一维度来传递对道德的理解。"社会计算喻"的广泛流行与"深入人心"，同教育的推波助澜有密切的关系。从培养道德想象力的需要出发，教育和道德教育应该自觉清理教育系统中隐在与显在的"社会计算喻"，代之以更加多元、丰富的隐喻性道德理解。

不仅关于道德的隐喻需要转换，关于道德教育的隐喻也需要转换。如前所论，灌输是堵塞想象与道德想象的活动方式，但在道德领域里，不少人依然以灌输作为道德教育的原型。与这一隐喻相关的是"知识教学喻"，将知识教学当作道德教育的原型，用"输入"与"输出"来比喻教学投入与学习结果。另外一种关于道德教育的隐喻影响也不容小觑，即"管理喻"，以商业生产管理的方式作为道德教育的原型，道德教育就是对学生的管理与控制。这些对道德教育的隐喻理解反映的是道德教育的异化，没能抓住道德教育的本性，对道德教育的影响是消极的。同时，这些隐喻暗示了道德教育的机械化、非人化，也挤压和排斥了道德想象力存在与培养的空间。当然，道德教育领域里也不是只有一种声音，对道德教育还有另外一些隐喻性理解：道德教育是"爱的活动"，揭示的是道德教育对年青一代的爱护（"关心喻"，即将道德教育视为一种关心，与"爱的活动喻"很接近）；道德教育的过程就是"生活的过程"，将道德教育与生活过程融合起来；道德教育是"心灵间的交往"，从心灵互动的维度来理解道德教育；道德教育是"学生自主发展的引导"，将教育放在儿童发展的辅助与引导上……这些关于道德教育的各种隐喻各有所长，揭示了道德教育的"多种可能性"，本身就是富有想象力的，它们在教育领域的传播，对道德想象力的传播也是大有益处的。

　　从艺术的角度看，文学叙事是艺术作品，从文学叙事所蕴含的伦理价值观念来看，文学叙事又是"叙事伦理学"。"叙事伦理学"不把伦理从其所融入的生命活动中剥离出来，而是将包含伦理问题的生命活动片段以叙事的方式呈现出来，"以文载道"。与理论形态的伦理学相比，"叙事伦理学"的劣势在于片面化与碎片化，没有概念体系，无法把握伦理本质与普遍性，优势在于鲜活具体，有很强的感染力，能够贴近和抓住生命个体。从道德教育的角度看，理论形态的伦理学根本无法与叙事形态的伦理学相比，前者的抽象化、体系化优势在教育领域就完全是劣势，而后者的劣势在教育领域则全然没有影响，尽显贴近生命、具体生动、有感染力的优势。①

　　这里不展开文学作品作为叙事伦理学所具有的道德教育意义，只阐述文学叙事在道德想象力培养上的独有作用。第一，文学叙事是（道德）想象力的产物。文学叙事有多种风格和流派，无论哪种风格和流派，都离不开想象力。文学叙事的素材来自现实，但成型的文学作品一定不是现实的照搬，一定是对现实的想象性再创造。可以说，没有想象力，也就没有文学叙事。在日常生活中，我们对他人的想象有不同的层次：比如我们想象如果自己处在他人位置时会如何（类似于一种想象性游戏，这时候想象的虽然是他人处境，但焦点依然是我们自己）；我们通过想象进入他人视角，作为他人思考（这时候我们虽然没有忘记自己，但关注的焦点已经由自己转向他人）；完全将自己与他人融为一体，忘记自己，或者说自己就是他人，他人就是自己。②我们对他人的想象，达到第二个层次就比较可贵，极少能达到第三个层次，但好的作家大多能够达到第三个层次，能够将自己与所创造的人物合体，达到忘我、无我而只有人物的境界。从这个意义上看，优秀的文学叙事是想象力达到极致的产物。而且，文学叙事的想象基本上是道德想象，也就是说，文学叙事虽然可以逼真地描绘道

---

　　① 高德胜：《叙事伦理学与生活事件：解决德育教材困境的尝试》，《全球教育展望》2017 年第 8 期。

　　② Catriona Mackenzie and Jackie Leach Scuily，"Moral Imagination，Disability and Embodiment"，*Journal of Applied Philosophy*，2007（4），pp. 335–361.

德败坏的行为，但这种描绘里一般都有或隐或显的道德评估。第二，读者对文学叙事的理解也是想象性的。想象力（包括道德想象力）是读者进入文学叙事所建构的意义世界的"通行证"，没有想象力，我们是无法读懂文学作品的。文学作品是想象力建构的世界，进入这个世界的阶梯不是其他，还是想象力。第三，对读者来说，文学叙事所建构的是"同中有异"的可能生活。"同"是指其所描绘的生活是与我们一样的人的生活，这些人与我们一样，有追求、有困厄、有快乐、有痛苦；"异"是指他们的生活又是与我们不同的，甚至超出我们的想象。文学叙事所描述的是他人的生活、过去的生活，但实际上是向读者展示生活的多种可能性。通过这种可能性，我们可以超越地域性、现时性、经验性的限制，去发现生活的丰富可能性。当然，这丰富的可能性，既可以是更好的，也可以是更坏的。自我保护性本能和长期等级化的生活使得人一旦过上稍微好点儿的生活，就会产生发生在别人身上的悲剧不会发生在自己身上的错觉。文学叙事的一个作用就是揭示与我们一样有这种错觉的人是如何经历命运沉浮的，提醒我们"这个受苦的人也可能是我"，进而在我们心里种下仁慈的种子。

文学叙事在网络时代也面临着生存危机。电子媒介时代"图像横行"，图像对文字的挤压前所未有，有人说人类已经进入了"读图时代"。图像直接作用于人眼，不像文字符号那样依赖想象力。当然，即使是"读图时代"，叙事依然不可或缺，因为人是叙事性存在，对叙事的需求犹如对食物的需求。问题是，叙事虽然存在，但目的与性质已经发生了根本性的变化。文学叙事基本上都是道德叙事，都有对善的追求，但网络时代的叙事可以说已经摆脱了"道德负担"，而是为了娱乐消遣。网络、电视、自媒体所传播的他人的悲惨生活，更多地不是让我们去感受生活的多种可能性，不是让我们去体会命运的多舛沉浮，而是给我们提供消遣消费的。电子网络时代的问题不是叙事的多与少，而是叙事的娱乐化与道德性流失。从文学叙事的生存危机来看，学校阅读教育重任在肩。对很多人来说，接受正规教育的时间也许就是他们阅读严肃文学叙事的仅有时间，学校的紧迫任务就在于通过在校学习，使他们尽可能地阅读经典的文学著作，为基本心性与道德想象力的发展奠定基础。同时，学校教育也要为学生的阅读趣味和阅读习惯打下基础，以便学生走向社会之后即使为娱乐化的叙事所淹没，也有重新被严肃文学叙事唤醒的可能。

在网络时代，他人的痛苦被加工成娱乐素材通过各种电子终端进入我们的生活，与此形成鲜明对照的是，学校教育对痛苦往往视而不见。我们总是将教育视为增进幸福的活动，但却不去思考，如果不消除痛苦，所谓的幸福都是奢谈。网络时代痛苦之所以成了娱乐品，一方面在于网络的特性，即只有触目惊心的才是引人注意的，另一方面也在于我们的教育未给一代又一代受教育者树立好"痛苦观"。追求什么样的幸福、树立什么样的幸福观当然重要，如何对待痛苦、树立什么样的"痛苦观"同样重要。正是因为学校教育回避痛苦，受教育者未树立好"痛苦观"，才导致我们缺乏对网络产业将痛苦娱乐化的精神牵制力。正是在这个意义上，我们说教育有幸福使命，也有"痛苦使命"，即树立"痛苦观"、消除痛苦的使命。①

教育对痛苦的直面，也有助于道德想象力的培育。人类历史上曾经发生的、正在发生的痛苦，如果能够进入教育之中，成为教育的资源与内容，就会具有多方面的意义。一方面，有引导地直面人类痛苦，可以帮助学生了解人世间的疾苦，这是他们走出狭隘自我、形成心怀天下志向的契机；另一方面，直面人间痛苦，学生才会去探索痛苦的根源，这种探索，从消极的角度看，有助于他们了解人性和社会的复杂性，从积极的角度看，有助于他们发现人性和社会存在的多种可能性，能够从最糟糕的境遇中看到最美好的可能。此外，直面痛苦的教育往往对痛苦有敏感性，一旦教育自身有制造痛苦的倾向，就会得到认识和反思，不至于耽于制造痛苦而不自知，还沉醉于增进幸福的虚幻之中。教育能够直面痛苦，也会激活受教育者对痛苦的敏感性，他们对现实教育中的痛苦也就有了反抗性。受教育者对痛苦的反抗性，也是教育不滑向制造痛苦之深渊的重要拉力。

现代教育的一个典型特征是将同龄人聚集在一起进行集体教学。同龄

---

① 高德胜：《教育与痛苦》，《教育研究与实验》2017 年第 2 期。

人一起学习，话语交流与人际互动是自然而然的。这当然是现代教育的优势，因为通过话语交流与人际互动，学生从同龄人身上学到的一点也不少于从教师那里、从书籍那里学到的。在很大程度上，现代教育是"有声"的教育，但人除了有声的一面之外，还有无声的一面，即关闭他人的外在声音，走向内心，去倾听内心的声音。从这个角度看，现代教育有声性的过度强化淹没了人的无声需要，外在表达挤占了内在寂静。人类历史上曾经有过的珍贵的古老教育智慧，包括沉思、反省、修身等，在现代教育中基本上销声匿迹。如何让这些古老智慧重新焕发活力，如何在教育的有声与无声之间达到一个适合的均衡，是现代教育的重大课题。从道德想象力培育的角度看，沉思（meditation）具有直接相关性。霍格（P. G. La Forge）将沉思分为三种类型，即非话语性沉思（nondiscursive meditation）、半话语性沉思（semidiscursive meditation）、话语性沉思（discursive meditation）。非话语性沉思就是"踩刹车"，从正在做的事情中停下来，从惯性活动中解放出来，与"我"（I）照面；半话语性沉思是运用叙事等话语方式，在内心与自己、与他人对话；话语性沉思则运用逻辑与分析思维，对特定问题进行内在性的思考。如果说非话语性沉思处理的是"我是谁"的问题，话语性沉思处理的则是"我能怎么样""我能变成什么"的问题。①霍格的研究深富启发性，探索在有声的教育中如何嵌入"无声的维度"，教导学生学会非话语性、半话语性、话语性沉思，应该成为教育与道德教育中的自觉活动。我们在小学《道德与法治》统编教材中对此有所设计②，希望通过这种探索性尝试，激发出更多理论与实践研究的成果。

---

① Paul G. La Forge, "Cultivating Moral Imagination through Meditation", *Journal of Business Ethics*, 2004（51）, pp. 15-29.

② 参见高德胜：《论德育课中的"内心活动"》，《现代教学》2017 年第 22 期。

第六章　感恩教育：从直觉到自觉

　　感恩是伦理与道德生活中的常见现象，但却是"伦理学的一个尴尬"①，因为主要的伦理学派都不能令人信服地解释感恩。比如功利主义，由于感恩的情感性，功利主义的利益权衡框架解释起它来总显得"不在一个频道上"。感恩也不是一个义务，"感恩作为一个义务听上去像一个笑话"②，一旦把感恩当作义务，那它就不再是自然、自发的情感，变成了一种被动的要求，义务论在感恩的解释上也显得"力不从心"。契约论与感恩更是不合拍，从契约或约定的角度去思考感恩，会将感恩交易化，是对感恩的降格。德性论虽然抓住了感恩的情感性，看到了人的情感的可贵，但如果只从情感去解释感恩，也有使感恩失去"实体"支撑的问题（后文还会论及）。正是因为感恩现象的特殊性，伦理学在面对它时就显得有点无所适从甚至自相矛盾了。比如亚里士多德对感恩就比较戒备，"给予人好处使得他优越于别人，受人好处使得别人优越于他"，"受惠者是被施惠者超过的人"，"大度的人始终记得他给人的好处，不记得他受于人的好处"。③ 亚里士多德对感恩的矛盾态度显露无遗，一方面肯定给予别人好处，另一方面又担心受人好处使受惠者处于劣势地位，直至走向有忘恩嫌疑的"不记得他受于人的好处"。康德一方面认为感恩是"神圣

---

① Saul Smilansky, "Gratitude, Contribution and Ethical Theory", *Critical Review of International Social and Political Philosophy*, 2002, 5 (4), pp. 34-48.

② David Carr, Blaire Morgan & Liz Gulliford, "Learning and Teaching Virtuous Gratitude", *Oxford Review of Education*, 2015, 41 (6), pp. 766-781.

③ ［古希腊］亚里士多德：《尼各马可伦理学》，廖申白译，商务印书馆 2003 年版，第 110 页。

义务"（sacred duty），忘恩是令人厌恶、令人震惊的邪恶；另一方面又对受人恩惠猜疑不定，认为接受他人好意与恩惠是对自我义务的违反，意味着负载永远无法还清的债务，意味着对施恩者的谦卑与承奉。①

作为伦理学之尴尬的感恩在教育学里，尤其是在教育实践之中却是"理所当然"的。教育者一方面不假思索地将自己置于施恩者位置，将学生置于受惠者位置，或隐或显地要求学生对自己感恩；另一方面通过间接的教育暗示、苦口婆心的直接劝说、专门设计的活动促使受教育者感恩父母、他人、社会。在伦理学里尴尬的感恩，在教育学里为什么能够这样畅通无阻呢？原因在于教育学、教育实践给感恩许多美好的预设，包括：感恩既然是美德，感恩教育就是理所当然的；感恩越多越好、越感恩越好；无论什么样的感恩教育方式，只要激发出受教育者的感恩之情，就是好的。正是在这些不假思索的预设下，各种感恩教育方式"大显神通"，比如有些感恩教育活动通过历数父母、老师的种种不易，煽动学生情感，让孩子觉得父母、老师恩重如山，自己愧对父母、老师，以至于痛哭流涕，有些感恩教育活动甚至鼓动学生向父母下跪叩谢。面对这样出格的感恩教育活动，有人欢欣鼓舞，也有人隐隐感到不妥。问题是，即使有人感到不妥，限于对感恩缺乏思考、慑于对感恩和感恩教育的美好预设，他也不知道这"不妥"在哪里，不知道适合、适当的感恩教育是什么样子的。

本章的目标就是透视这种直觉性的感恩教育的种种危险，然后建构感恩的基本理论框架，包括感恩的人际结构、心理行为结构，探索感恩的本性与形成规律，并以感恩理论为指导去标示感恩教育的基本理路。所要解决的核心问题是，如何摆脱直觉性的感恩教育，使感恩教育走出"原始状态"，由直觉走向自觉，形成"感恩教育学"的雏形。

一、直觉性的感恩教育及其危险

直觉性的感恩教育，显示出一种想当然性。一个需要慎重考虑的问题

---

① Patricia White, "Gratitude, Citizenship and Education", *Studies in Philosophy and Education*, 1999（18），pp. 43-52.

是，这种不假思索的感恩教育，真的没有危险吗？

（一）强化不平等人际结构，牺牲受惠者尊严

感恩是一个人际现象和人际概念，依附于人际结构。不同性质的人际结构，对感恩的限定也就不同。在一个等级性的人际结构里，资源和权力往往掌握在处于等级结构上方的人手里，优势方在能力、资源甚至"品行"上都是高出一筹的，更有可能去帮助别人，更容易成为施恩者。在等级结构下方的人，生存压力大，依附性强，单靠自己往往无法解决生存和发展问题，存在着获得他人帮助的客观需要。在等级性人际结构中，人际关系本来就是不平等的。在这样的人际结构中，施恩与受惠很容易变成既定不平等关系的强化因素。处在等级结构优势端的人，通过施恩（不一定是出于真心、爱心）获得受惠者的负债感，使自己的优势地位更加牢固。处在等级结构劣势端的人，一方面离不开别人的帮助，另一方面别人的帮助又给其强烈的负债感，加重其对他人的依附性。亚里士多德、康德等先哲对感恩的矛盾与戒备，就在于他们一方面了解感恩所体现的人性美好，另一方面又能够洞察感恩与不平等人际结构相结合所蕴含的危险。尼采也对"施恩者地位越高，受惠者越要感激涕零"这种感恩模式嗤之以鼻，一针见血地指出这种感恩创造了施受双方的不平等关系，妨碍了人们对平等、公平的追求。[1]可以说，等级性人际结构创造了等级性、负债式感恩，而等级性、负债式感恩又创造、加重了等级性人际结构。

感恩道德与等级性人伦结构的紧密结合，在中国古代封建文化中表现得尤为明显。封建文化以不平等的人伦作为骨架，以恩情作为基础来建构伦理道德体系。所谓"三纲五常"，就是基本的人伦关系框架，即君为臣纲、父为子纲、夫为妻纲，父子有亲、君臣有义、夫妇有别、长幼有序、朋友有信。在这个基础上，以恩情为基础来建构基本的伦理价值，孝为报亲恩、忠为报君恩、节为报夫恩、义为报友恩、祭祀为报祖恩和神恩。[2]

---

[1]　Mark E. Jonas, "Gratitude, Ressentiment, and Citizenship Education", *Studies in Philosophy and Education*, 2012（31），pp. 29-46.

[2]　任现品：《略论儒家文化的感恩意识》，《孔子研究》2005 年第 1 期。

一张恩情的大网疏而不漏，稍有偏离，就会被责以"忘恩负义"。这种感恩道德，依附于不平等的垂直关系，即君臣、父子、夫妇、长幼、朋友，上方是施恩者，下方是受惠者（感恩者），感恩中伴随、强化着人身依附关系，伴随着上对下的优越与支配、下对上的自贬与卑从（朋友虽然不是上下关系，但一旦有了施受关系，施恩者就变成了"恩公"，朋友关系也就由此变成了不对等关系）。古代社会重视感恩的文化需要继承，但要进行现代化改造，即剔除感恩对垂直的、不平等的人伦关系的依附与强化。感恩文化与感恩教育，如果还以这种人伦关系为基础，还去强化不平等的人伦关系，显然落后于时代发展的需要。

从近代以来的反帝、反封建运动到新中国成立 70 年，封建社会已经崩塌了一个多世纪，但几千年封建文化的心理沉淀不会一朝尽去。封建社会的感恩旧习与思维方式在直觉性的、不假思索式的感恩教育中依然阴魂不散。流行的、惯用的感恩教育一般有三个特点：一是恩情膨胀，即无底线、不顾客观事实地夸大施恩的恩情，将施恩者抬得高高的。抬高伴随着掩饰，即不去分辨施恩者的恩情是出于真心，还是别有他意；不去分辨施恩者的真实道德状况，只要有了善举，一切过失与缺陷都可以忽略不计。比如那些流行的感恩演讲和感恩教育活动，惯用的手法就是用极端的事例无限夸大父母老师的贡献，将父母老师放在高高在上的位置，将父母老师神化。二是要求受惠者感激涕零，放弃自尊，用自贬、自贱来表达感恩的强度。比如流行的感恩教育活动，总是以学生的痛哭流涕、下跪拜谢为追求，意识不到自己在重复封建社会的感恩文化陋习。三是选择性无视劣势方的善意与贡献。子女与学生相对于父母和老师是弱势方，但他们对父母和老师也有这样那样的关爱，作为受惠方的父母和老师也要对子女和学生感恩，但直觉性的感恩教育直觉性地以为只有父母和老师才是施恩者，对子女和学生的好心与关爱选择性地视而不见，只是将他们置于负债与亏欠的位置。不假思索的感恩教育的这三个特点，都指向了不平等的人际结构，突出、强化人际等级，不惜牺牲弱势者的尊严。这样的感恩教育，表面上看轰轰烈烈、影响巨大，但实施者自己都没有想清楚自身活动的性质，更没有意识到这样进行感恩教育的后果。

（二）强求感恩，陷入施恩图报的泥沼

没有理论指导的直觉性感恩教育，基于不切实际的感恩预设，往往滑向强求感恩。强求感恩的感恩教育，特征明显。一是威胁，即用"忘恩负义"这一严重的道德指责来威胁受教育者，惯用的句式是："不感恩，你还是人吗？""你愿意做忘恩负义的人吗？"二是直接要求回报，这里的逻辑是，别人帮助你了，你就要报答。父母养育你了，你就要报答父母；老师教育你了，你就要报答老师；同学帮助你了，你就要报答同学。三是混淆职责与恩惠，将出于职责的行为统统归结为恩惠。人与人的关系复杂多维，不能为了感恩教育将复杂多维的人际关系简化为施恩与受恩这样单一的关系。即使是父母子女关系，也不是单一的施恩与受恩关系，父母养育子女，一方面是出于对子女的天然之爱，另一方面也是源于作为父母的责任。而且，父母养育子女当然是付出，但又不仅仅是付出，不能只从付出的维度去理解父母子女关系。客观来说，父母养育子女的付出，其实也有获得，即从养育子女的过程中获得作为父母的幸福。强求式感恩教育往往将父母子女关系做简单化理解，总是忽略父母的责任维度、获得性，只强调父母的辛劳与付出以强求子女的感恩。师生关系也是如此。教师对学生的关心既有教育之爱的维度，也有职业与社会责任的维度；既有为学生付出的一面，也有从教育过程中获得幸福的一面。强求式感恩教育总是忽略教师工作的职业与社会责任维度，让学生觉得无论如何也报答不了教师之恩，产生深深的亏欠感。这样的感恩要求显然是不合理的，因为教师的工作既是基于对学生的爱，也是出于社会所赋予的责任，"教师的回报既包括学生的感激，也包括社会的认可与奖励"[1]，让学生去报答教师的全部付出，显然不合逻辑。更何况，教师的劳动与父母的养育一样，都是付出与收获一体的，单单强调教师的付出与牺牲，也是对教师工作性质的歪曲。四是混淆社会角色与施恩行为本身，一个人只要做了别人的老师、教练，似乎无论其行为是否符合职业要求和职业道德，都成了学生、队员的

---

[1]　余清臣：《论感恩教育的限度——以师生交往为例》，《教育学报》2009 年第 4 期。

"恩师"。实际上，职业角色是一回事，是否尽心尽力、是否真有教育之爱是另外一回事，用职业角色替换教育爱、替换施恩行为显然是非理性的。

对感恩的强求和过分强调很容易陷入施恩图报的泥沼。所谓施恩图报，就是将自己对他人很小的帮助夸大或将不是帮助的行为当作施恩行为以换取他人的报答，并以"忘恩负义"这一严重的道德谴责开路以确保报答的获得。强求式的感恩教育用"忘恩负义"开道，强求感恩、要求回报，夸大解释成年人行为的付出和牺牲以增强未成年人的亏欠感，体现出施恩图报的心理定式。这样的感恩教育，与其说是增进感恩，不如说是伤害感恩。感恩以爱为基础，是对爱的回应，没有爱也就不可能有感恩。"恩"字本身就道出了感恩的本性，"因""心"而成"恩"，没有"心"，哪里有"恩"？施恩图报里没有爱，有的只是利用，所谓"施恩"不是为了对方，不是替对方着想，而是为了自己，为了获得报答。这时候"施恩"只是手段，获取报答才是目的。如果揭去伪饰，施恩图报的本质是交换，而且还是一方带有道德优越感和道德挟持的交换，"受恩者"（也许实际上是受害者）因为巨大的亏欠，似乎如何报答都不足够，还要搭上自己的独立与尊严。在施恩图报的模式下，所谓的施恩者实际上并不知道感恩的真义，所谓的受恩者也没有自然的感恩之情，反而会觉得受到了伤害，产生厌恶、屈辱和仇恨，感恩教育由此走向了感恩的反面。

（三）无条件感恩，走向人性与道德的对立面

不加区分、不假思索的感恩教育，受到了积极心理学的加持。积极心理学把感恩当作一种积极情感，着力揭示感恩在消除消极情绪、增进幸福感、改善人际关系质量等方面的积极作用。[1]积极心理学对感恩的推崇，给了直觉性的感恩教育以莫大的鼓舞，似乎感恩教育效果良好，学生学会了感恩，一切教育问题（包括课业负担沉重、师生关系对立、学生间竞

---

[1] Stephen M. Yoshimura & Kassandra Berzins, "Grateful Experiences and Expressions: The Role of Gratitude Expressions in the Link Between Gratitude Experiences and Wellbeing", *Review of Communication*, 2017, 17 (2), pp. 106-118.

争恶化、厌学抑郁、沉溺游戏等）都可迎刃而解，感恩与感恩教育似乎有"万灵丹"的功效。积极心理学对感恩的倡导确有其道理，感恩让我们看到他人、世界的阳光与善意并回以阳光与善意，激起人性与世界的美好，我们在感恩中通常能够有积极甚至是幸福的体验。但如果以此为依据，推行无条件的感恩教育，与怀疑一切、看什么都是消极的态度一样是错误的。其一，人有喜怒哀乐，正是不同性质的情感构成了人的情感光谱，如果只要积极情感，不要消极情感，就会使人的情感单一化，失去情感的丰富性。一个人有积极阳光的心态当然好，但如果不知悲伤为何物，体会不到情感的综合性，一个劲地"傻乐"，也不是正常状态。其二，所谓消极情感，也并不总是消极的。比如，痛苦对情感主体来说是消极的，但没有这种消极的情感体验，就不可能有同情、仁慈等道德情感。所谓仁慈，就是不愿意他人遭受痛苦而产生的情感和行动，本身就是由痛苦这种消极情感激发的。第三，感恩事实上也并不仅仅是积极情感体验，在特定情况下，感恩里也有亏欠、歉意、内疚、尴尬甚至痛苦等消极情感体验。曼尼拉（T. Manela）指出，积极心理学将感恩理解为积极情感，只是基于一个较窄的背景，即施恩者的付出较小，如果超出这个预设，施恩者付出较大，甚至牺牲了自己的健康或生命，感恩者所体会到的感恩之情就更多的是消极的、痛苦的。①试想，如果别人牺牲自己的生命救了你，你却产生一种快乐、幸福的"感恩之情"，这是感恩呢，还是忘恩负义？由此看来，无论是从人的情感构成来看，还是从感恩的情感属性来看，一味地教育或要求积极情感，使积极情感膨胀（conflation），既不合理，也没必要。

　　在直觉性的感恩教育中，与积极情感膨胀相伴随的是感恩泛化，即要求学生总是以感恩的心态面对他人与生活，对什么都感恩。感恩作为一种情感、品质、美德，也是有条件的，不是无条件的越多越好。原谅与宽容是一种美德，但不是无条件、无原则的，无条件、无原则的原谅与宽容则

---

① Tony Manela, "Negative Feelings of Gratitude", *The Journal of Value Inquiry*, 2016 (50), pp. 129-140.

是对恶行的纵容。同样，无条件、泛化的感恩也会走向道德的反面。首先，感恩是一种自然情感，人不会对任何人、任何事都产生感恩情感，泛化的感恩违背的就是感恩情感的自发性、自然性，是一种感情强求。其次，感恩不是终极价值，感恩之外还有其他价值，一味强调感恩就有违背其他德性的可能。比如，在班级生活中，老师偏爱一个学生，最容易激发这个学生的感恩之情，但这种感恩是以不公正对待为前提的，违背的是公共生活的公平对待原则。再比如，如果教师以透题的方式让一个班的学生考试成绩优秀，教师以违背道德的方式给予这个班学生以恩惠，学生能因此感恩该教师吗？再次，感恩是一种激发出来的反应，在很大程度上取决于他人的基于善意（爱）的帮助（后文还会论及）。如果他人没有善意、没有爱，却一味要求学生感恩，对学生显然是过分的、不公平的要求。最后，感恩实际上是一种道德智慧，对该感恩的感恩，对不该感恩的不感恩。感恩的泛化，要求学生对什么都感恩，实际上不是增进学生的道德智慧，而是妨碍学生道德智慧的生长。感恩的泛化，使成长中的人失去了感恩敏感性，对他人的行为动机的感受力与判断力下降，降低的正是感恩的道德智慧。

直觉性的感恩教育，其危险不限于以上这些方面。比如，感恩作为一种品质和能力，也是有发展阶段的。直觉性的感恩教育往往对年幼的孩子提出超出他们发展水平的感恩要求，孩子们根本做不到，结果就遭到"不知感恩"的指责。实际上，特定年龄阶段的孩子，只能做到他那个发展阶段的感恩，超出标准来要求他们，错的不是孩子，而是要求者。在这一过程中，"不知感恩"的不是孩子，而是实施错误感恩教育的教育者。由此看来，充分理解感恩的本性，探索感恩教育的理路，建构一种基于感恩本质的感恩教育，至为关键、至为迫切。

二、感恩的人际与心理结构

直觉性感恩教育的问题在于对感恩的本性不了解，对感恩有这样那样不符合事实和逻辑的美好预设。那么，要避免直觉性感恩教育的危险，要找到感恩教育的基本理路，就必须厘清感恩的人际与心理结构，认清感恩的本性。

（一）感恩的人际结构："三阶感恩"？

感恩是一个人际现象，也因此是一个人际概念。如果这个世界上只有一个人，或者一个人完全与世隔绝地生活，就不存在感恩问题。感恩不是指向自己，而是指向自己之外、指向他人。原因在于他人行动是感恩之源，是他人的慷慨、赠与、恩惠引发了我的感恩。既然感恩是人际现象，因此，我们首先要认识的就是感恩的人际结构。伦理学关于感恩有"三阶感恩"（triadic gratitude）与"二阶感恩"（dyadic gratitude）① 的区分。所谓"三阶感恩"，即感恩是由施恩者、恩惠、受惠者三个要素组成的；所谓"二阶感恩"则是指只有恩惠和受惠者，施恩者不清楚或者不是具体个人的感恩。关于"二阶感恩"，下文再论，这里先说"三阶感恩"。在伦理学中，"三阶感恩"是感恩的基本结构，几乎所有研究者对此都没有异见。即使是"二阶感恩"的赞同者，也只是把"二阶感恩"当作"三阶感恩"的一个特例或简化形式，没有人用"二阶感恩"去否定"三阶感恩"。那么，"三阶感恩"就是感恩的人际结构吗？在感恩三要素中，有施恩者、受惠者，有联系施恩者与受惠者的恩惠，是施恩者的恩惠将施受双方联结在一起。但恩惠是施恩者发出的，是施恩者包含善意的善行，受惠者的善意、善行在哪里呢？也就是说，在"三阶感恩"里，施恩者是有情有行的，而受惠者的情与行则是未提及的。实际上，如果只是施恩者的善行到达了受惠者，而不知道受惠者有什么样的情感和行为，根本谈不上感恩。也就是说，感恩是否发生，还在于受惠者有什么样的感情和行动。从施受双方来看，施恩固然重要，如果没有受惠者的报恩，感恩的人际结构只能是一个"半拉子工程"。因此，广为流行的"三阶感恩"并不是感恩的人际结构，感恩的人际结构应该是由施恩者、恩惠、受惠者、感

---

① Blaire Morgan, Liz Gulliford & David Carr, "Educating Gratitude: Some Conceptual and Moral Misgivings", *Journal of Moral Education*, 2015, 44 (1), pp. 97-111; Kristján Kristjánsson, "An Aristotelian Virtue of Gratitude", *Topoi*, 2015 (34), pp. 499-511.

报（感恩之情与报答行动）这四个要素组成的循环结构。

"四要素"的感恩人际结构，与"三阶感恩"相比，有明显不同的特点。第一，在"三阶感恩"中，施恩者有情有行，而受惠者则只是一个接受恩惠的人，没有涉及受惠者的情和行，施受双方失衡。"四要素"结构，补充了受惠者的情与行，使施受双方都是主体与情行存在，感恩结构有了对称性和均衡性。第二，"三阶感恩"缺少受惠者的情与行，还因为这一环节的缺失使得这个结构变得单向，即只是由施恩者指向受惠者，没有受惠者指向施恩者的回路。"四要素"结构，使得感恩的人际结构变成了双向循环的结构，即施恩者以自己的善行去帮助受惠者，而受惠者则以自己的感报回应施恩者，形成了施恩与报恩的循环回路。

可以把感恩四个要素所形成的循环结构分为两个部分：前一部分是施恩者及其善意、善行，这是感恩人际结构的"前端"，感恩的激发部分；后一部分是受惠者及其感报，这是感恩人际结构的"后端"，是感恩本部分。在日常生活中，一说起感恩，基本上是指感恩人际结构的"后端"。确实，感恩人际结构的"后端"是感恩的本体部分，但这并不意味着感恩人际结构的"前端"，即感恩的激发部分不重要，事实上，没有"前端"，没有激发部分，也就没有"后端"，没有感恩本体部分。

先看"前端"部分。施恩者的善意、善行（从受惠者的角度看则是恩惠）首先必须是自由、自愿的，被迫、非本意的行为也许客观上对别人有益处，但因为不符合施恩人际结构中施恩者的主体要求，不是施恩行为。其次，施恩者的施恩行为必须是符合道德的，以非道德的方式施恩，虽然也可能使特定对象受益，但这种施恩由于与道德相抵触，也就不符合感恩的基本要求。如前所论，偏爱可以激发特定对象的感恩，在偏爱者和偏爱对象之间可以形成一个感恩循环，但这种感恩是以违背道德原则为基础的，本身也就走向了道德的反面。最后，在感恩人际结构的"前端"中，施恩者的善意与善行是最核心的内容。所谓善意，就是能够为对方着想，帮助对方实现其在道德上可以接受的目的。比如，我们帮助一个失学儿童复学，就是为他着想，帮助他获得学习机会，使他能够健康成长。既然是为对方着想，那么善意和善行就可以是积极的情感和行为，也可以是消极的情感和行为。比如,我们给予失学儿童以物质帮助使其复学是施恩,我们做出极大努力帮助沉溺网络游戏者戒除网瘾同样是施恩。因此,帮助的形式并不重要,关键在于背后的动机与意图,关键在于爱心。有爱心护航,批评、拒绝甚至痛斥和惩罚都可以是施恩。不少研究者对施恩有严格的要求,比如认为只有善意没有善行就不算施恩。从以上分析可以看出,善意(爱心)是极端重要的,即使别人对我们的善意没有得到全部实现,也值得感恩。比如,朋友纯粹出于关心,为我的事情操心不已,但最终也没有帮上忙,但我对他的关心依然感佩于心;反过来,一个人为了利用我,抓住机会给我以帮助,我虽然知道要还他的人情,但内心里却没有感恩之情。既然是善意,就意味着不要求回报,或者说不是不要求回报,而是不要求指向自己的回报,而是指向被帮助者的"回报",即被帮助者克服困难、实现目的就是对施恩者的"回报"。如果施恩者越出这一界限,不是为受惠者着想,而是以帮助行为为自己着想,在帮助他人之后要求对方回报,那这就不是施恩,而是"投资""交换",其得到的回报也就不是感恩,而是"收益""利润"。

再看感恩人际结构的"后端",即受惠者及其感报。感报不是无缘无故产生的,而是由施恩者的善意、善行引发的,没有感恩人际结构的这一"前端"因素,就没有"后端"环节。一个人品德很高尚,如果无恩于我,我只会欣赏、敬重他,但不会感恩于他;一个品行不端的人,但对我有善意、善行,以符合道德的方式帮助了我,我也会感恩于他。[①]我们也可以主动去帮助他人,但这种不是由别人的帮助引发的助人,是施恩不是感报。感报作为被引发的情与行,不是无指向的,也不是指向内心的,而是有特定指向的,即施恩者。施恩者不图报,相应的,受惠者的感报也是自然、自发的,不是被迫的,一旦被迫、强求,感恩就变成了交易,就远离了感恩。感报是情感与行动的"二重奏",即感恩之情和报恩之行。感恩之情是报恩之行的驱动力,而报恩之行则是感恩之情的行动表达。

---

① Saul Smilansky, "Gratitude, Contribution and Ethical Theory", *Critical Review of International Social and Political Philosophy*, 2002, 5 (4), pp. 34-48.

再来看"二阶感恩"。所谓"二阶感恩"是指没有感恩人际结构的"前端"，只有"后端"的现象，即没有施恩者，我们的感恩是泛对象的，指向自然、生活、世界等非特定人的感恩。应该承认，这是真实存在的感恩现象，有这样情感的人，往往对世界有一种"亏欠感"，不是觉得全世界都对不起自己，而是觉得在世生活的幸运与满足，愿意为世界的美好作出自己的贡献。即便如此，不像"三阶感恩"那样得到普遍认可，很多学者不认可"二阶感恩"，比如约纳姗（Jonathan）等人就认为感恩一定是指向特定对象的，泛对象的感恩实际上不是感恩，而是感激或庆幸（appreciation）。一个人如果对世界没有这种感激之情，顶多是一个人生境界问题，不是一个道德问题，而一个人如果不知感恩，就不是一个境界问题，而是一个道德问题。①这说明，"二阶感恩"与真正意义上的感恩区别很大，可以说不是感恩本身，而是以感恩为原型的一种隐喻。我们可以将施恩者泛化，泛化为自然、大地、世界，感受这些非人存在施予我们的无限恩惠，由此在内心充满感激。由此看来，没有感恩人际结构"前端"或"前端"为非人存在的"二阶感恩"，是对人际感恩的一种隐喻性借用，虽然意义非凡，但却不是严格意义上的感恩。

（二）感恩的心理结构：情、理、行

感恩的人际结构是将感恩放在人与人之间来考察，既考察感恩的"后端"，即感恩的主体部分，又观照感恩的"前端"，即感恩的引发因素。关于感恩的心理结构的思考，是对感恩人际结构的"后端"，即感恩人际结构的主体部分的聚焦，集中观照由他人善意、善行引发的感恩者本身的心理结构。

如前所论，感恩是由他人善意、善行引发的反应。他人善意、善行的背后是爱的情感，其引发的反应首要的也是情感反应，即"爱所激起的爱""以爱响应爱"。施恩者如果没有爱，就不是真正的施恩而是"交

---

① Jonathan R. H. Tudge, Lia B. L. Freitas Lia O' Brien and Irina L. Mokrova, "Methods for Studying the Virtue of Gratitude Cross-culturally", *Cross-Cultural Research*, 2018, 52（1），pp. 19-30.

易",同样,感恩里如果没有爱,也不是真正的感恩,而是"还债"。积极心理学正是抓住了感恩的情感性,看到了感恩与幸福的关联。确实,感恩的人体会到了他人的爱并用爱来响应,经过这样一个过程,爱得到了滋养和壮大,在这个意义上,积极心理学是正确的。但积极心理学只把感恩视作积极情感,窄化了感恩情感的丰富性(后文还会论及)。感恩首先是一种情感,那么感恩里有没有"理"呢?这是感恩研究中相对薄弱的环节,我们习惯于感恩之"情",很少去思考感恩之"理"。如前所论,施恩不图报是施恩的前提条件。但如果我对一个人好,总是为他着想,根本没有要求回报的意图,而他对我的善意根本不在乎,毫无感恩之意,时间稍长,我也会感到不舒服,甚至会有不平之意。反过来,如果我是一个知恩图报的人,感受到了别人的善意、受了别人的恩惠,虽然别人并不求回报,但如果我真的没有报答他,内心也总会觉得隐隐不安、有所亏欠。也就是说,无论是从施恩者的角度,还是从受惠者的角度,在感恩结构里,在情之外,还有一个"理"。当然,这里的"理"不是理智、理性之"理",而是与情感不可分之理,是"情理"(前文说感恩是由情和行构成的,是将情理归在情里的)。情也好,理也罢,都是内在的,但感恩又不能只是内在的,必须有所行动。一方面,感情之情驱动我们去行动;另一方面,他人的善行也需要我们以行动去回报,否则就有悖感恩之理。事实上,如果有感恩之情,甚至也有感恩之理,但没有感恩之行,我们仍可能是忘恩负义的。①总起来看,感恩的心理结构是一个由情、理、行组成的综合性结构,在不同的感恩情景中,三者有不同的组合。比如在"轻感恩"情景下,感恩之情是主要的,理与行则相对隐性;在"重感恩"的情景下,情与理推动着我们的感恩之行,而感恩之行又反过来强化感恩之情与理。

对感恩是一种情感,伦理学、心理学、教育学诸领域的研究都有共识,也符合普通人的日常直觉。至于这种情感的性质,则众说纷纭了。感恩之情是由爱引发的,是"以爱应爱",这一点毫无疑问。但爱有多种存

---

① Jonathan R. H. Tudge, Lia B. L. Freitas, Lia O'Brien and Irina L. Mokrova, "Methods for Studying the Virtue of Gratitude Cross-culturally", *Cross-Cultural Research*, 2018, 52 (1), pp. 19-30.

在形态，并不都是积极的。积极心理学和一些感恩伦理学将感恩视为一种积极情感，并将其与人际关系的增强、幸福感的提升相关联，本身没有错。问题是，这并不是感恩之情的全部。如前所论，感恩也可以是消极情感，生活和情感本身都是复数、混合的，都是"有阴有阳"的，只要单一情感，不符合人性。一方面，施恩者的善意本身就可能是由消极情感驱动的，比如看到我们痛苦，别人很是不忍，我们的痛苦激发了他的痛苦，所以伸出援手；另一方面，我们对别人的感恩之情，既有感激、称赞、敬佩等积极情感，也会有亏欠甚至痛苦体验，尤其是在施恩者作出巨大牺牲的情况下。

感恩是由爱激发的爱，因此具有自然性。可以从两个方面去理解感恩之情的自然性。一方面，在正常情况下，感恩之情会自然发生。原因在于人是爱的存在，爱是使人得以诞生、得以发展的力量，也是人深沉的精神需要①，别人的爱在我们这里一般都会得到响应。一个人如果不能回应他人之爱，也就意味着失去了爱的能力。失去了爱的能力，实际上也就是失去了做人的基本能力，已经无法获得幸福了。另一方面，自然性也是指不可强求，"强扭的瓜不甜"，强求的感恩里也没有感恩之情。这样讲并不是否认存在着爱无法唤起爱、施恩却不能激发感恩之情的情况，否则也就不会有"忘恩负义"这类词汇的存在了。感恩之情不能自然产生的情形也是复杂的，起码可以分为两类。一类是情感发育尚未成熟。与智力发展一样，人的情感发展也不是一蹴而就的，也有阶段性，感恩之情也是如此。罗申伯格（W. A. Rothenberg）等人的研究发现，感恩有"成人形态"与"儿童形态"。成人形态是感恩的基本形态，而儿童形态则大不相同，只是一种亲社会情感，是一种人际亲近体验，而不是有情、有理、有行的完整结构。②如果我们不了解这一点，误以为我们对儿童的关爱没有

---

① 高德胜：《论爱与教育爱》，《中国教育学刊》2018 年第 12 期。

② William A. Rothenberg, Andrea M. Hussong, Hillary A. Langley, Gregory A. Egerton, Amy G. Halberstadt, Jennifer L. Coffman, Irina Mokrova & Philip R. Costanzo, "Grateful Parents Raising Grateful Children: Niche Selection and the Socialization of Child Gratitude", *Applied Developmental Science*, 2017, 21 (2), pp. 106-120.

得到响应，据此断定儿童没有感恩之情，那就是大错特错了。另一类是感情发育受阻、退化。人是复杂的存在，有爱的能力，但这一能力的生长发育既受环境影响，也依赖于个人的努力与选择。比如，父母的养育方式对儿童的感恩之情的影响是巨大的，溺爱使孩子沉溺于自我中心而不能自拔，不能体会他人的善意与关心，感恩之情就淡漠；竞争性的教育环境，使成长中的儿童时刻处在紧张与戒备之中，嫉妒、怨恨等不良心理得以滋生、壮大，感恩之情就被压抑、消磨。处在这种状态下，感恩之情也是强求不来的。面对这样的人，优先要做的是去消除阻碍感恩之情的因素。从感恩之情不能自然产生的两类情形出发，我们可以发现感恩之情自然性之外的另一个特性，即人为性（教化性）。感恩从儿童形态发育到成人形态，离不开人为与教育的努力。家庭养育、成长环境、教育形态既然可以是感恩之情发育的阻碍因素，那么当然也可以对其进行调整，使之成为感恩之情发育的促进因素。

不少学者从负债的角度去理解感恩（gratitude as a debt），感恩即还债。这样理解的最大问题是感恩的物质化、利益化、交易化。有感于现代感恩走向利益权衡，尼采倡导"感恩心理学"，即不管别人如何对我，我都充满感激。①尼采对利益权衡式感恩的批判是深刻的，但给出的处方却是偏激的。确实，别人出于善意来帮助我，我却将这种善意当作一种欠债，明显存在着对他人之爱的扭曲与不敬。即便如此，这样的理解也并不是凭空想象，而是有生活根基的。我受了别人恩惠，产生了感恩之情，如不能报答，内心总有亏欠感，总觉得占了别人"便宜"。如果动用想象力，以"公正旁观者"身份来看施恩者与我的关系，也会觉得不公平。从施恩者的角度看也是如此：施恩者虽然并不要求回报，但若受惠者总是受之泰然、毫无感报的迹象，一方面，施恩者也会觉得自己的善意如石沉大海，没有得到回应；另一方面也会有"受益者凭什么能够如此坦然受之"之类的疑问。感恩的复杂就在于，我们虽然不能将感恩物质化，但

---

① Mark E. Jonas, "Gratitude, Ressentiment, and Citizenship Education", *Studies in Philosophy and Education*, 2012（31），pp. 29–46.

如果我们只从情感的角度去理解感恩，实际上是为不感恩开了方便之门：我在心里感激就行了，用不着用行动去感恩。这样的感恩失去了实体支撑，看上去没有掺杂利益，实际上却是虚空甚至虚伪的。

物质化不行，纯感情化也不行，感恩作为"伦理学的尴尬"再一次得到印证。有学者在感情之外，引入社会公正的概念，认为感恩有双核，一是爱，一是社会公正。①受惠者感恩，做出报答，是社会公正的体现；受惠者得到恩惠，没有报答，就是对社会公正的违反，虽然施恩者并没有要求报答。这一思考的启发性在于从社会公正的维度去理解感恩。但社会公正有特定含义和特定使用领域，主要是用在社会生活的利益关系处理上，用在非功利性的、带有强烈感情色彩的感恩上，还是有张冠李戴式的不适。感恩既然是情感关系，何必借助社会公正概念而不引入情感公正、诗性正义（poetic justice）概念？纳斯鲍姆承接亚当·斯密、休谟等人的情感公正学脉，提出了诗性正义的命题，即我们在处理正义问题时不但要处理利益正义，还要处理情感正义；不但要运用理性，还要运用情感。②被现代理性、利益计算式的公正浸润的现代人对诗性正义一般都会直觉性地反对，但仔细体味，我们会发现这绝不是纳斯鲍姆的任性杜撰，而是对被忽略的人性体验的重拾。比如，对一个诚实、坚韧的人，我们会对施加在他身上的不公感到愤慨，对其终得善报而感到愉悦与欣慰；对一个无德而肥的人，我们会感到愤恨，对其恶行得到暴露和惩罚而感到畅快与兴奋。别人的命运，尤其是文学叙事里的人物，其品行与命运如何，其实与我们的现实生活无关，更与我们的切身利益无涉，我们只是纯粹有一种情感上的正义反应。好人好运、坏人坏运给我们以畅快的公正感；好人坏运、坏人好运则给我们愤懑的不公感。也就是说，我们对公正和正义的理解，不单是理性的，还是情感的；不单是利益的，还是情义的、品行的。纳斯鲍姆的诗性正义概念所要拯救的，正是这种被理性、利益公正理论所

① Shi Li, "A Mechanism for Gratitude Development in a Child", *Early Child Development and Care*, 2016, 186（3），pp. 466-479.

② Martha C. Nussbaum, *Poetic Justice：The Literary Imagination and Public Life*, Boston：Beacon Press, 1995, Preface.

遗漏，却在文学叙事中得以舒展的正义理解。

　　感恩因情而起，使得其中的理隐而不显。再加上感恩之理中的理也是情理，也以情为表现形态，很容易与感恩之情混淆而被忽略。但我们可以从"忘恩负义"中发现情理即诗性正义的存在。"忘恩"是表，而"负义"则是里，"忘恩"之所以是错误的，原因在于"负义"（对诗性正义的违反）。也可以这样来理解，"忘恩"是行为，"负义"是行为的性质，即违背了诗性正义。如前所论，我们受了别人恩惠，别人虽未要求报答，未能报答的我们总觉得亏欠对方，这种亏欠不是物质上、利益上的，而是情感上的，背后起作用的正是诗性正义。施恩者对受惠者的不报答感到不舒服，也可以由此得到解释：本来就没有想要报答，但受惠者的忘恩所引起的不快不是来自对方不报答自己，而是来自对诗性正义的违反。由此可见，感恩里情和理是一体的，只不过在正常情况下，情在前、在显，而理在后、在隐。一旦走向感恩的反面，理与义就会显身向前了。

　　有了诗性正义的支撑，我们可以不再避讳感恩中的回报问题。可以说，回报不一定都是感恩，但没有回报，感恩依然是未完成状态，即使你有满腔的感恩之情。回报只能是行动性的，不能是意念性的。感恩行动有不同的层次：第一层次是感恩表达，即用语言或非语言的方式对施恩者表达感激；第二层次则是报答行动，即以自己的切实行动去回报施恩者。有感恩之情易，付诸感恩行动难。如前所论，感恩是一种自然的情感，只要我们的心性还没有严重败坏，别人的善意我们都能体会得到，都会产生感恩之情。付诸行动则要难得多，即使是语言表达，都要克服自尊受损的心理障碍，因为对很多人来说，接受帮助就意味着自己存在不足，需要他人来施以援手，感恩表达也就意味着对这一事实的承认。此外，行动都是需要付出努力的，这也与自发感情的毫不费力不同。我们用行动去报答施恩者，就要克服自己的欲望、放下眼前的快乐，也是需要意志努力的。

　　严格来说，感恩表达还不是感恩行动，不是用自己的行动去回报施恩者；但人是语言的存在，也可以说言语即行动，从这个角度看，感恩表达也算是行动的一种。反过来，所有感恩行动，也是感恩表达，即以行动来表达感恩。感恩表达与行动的意义是多方面的。首先是感恩之情的行动化。如前所论，感恩之情是内在的，如果不表达出来，就是没有得到抒发，还只是一种内在的情感，通过表达，感恩之情有了行动形式，从内走向外、由己走向人，得到了行动赋形。其次，内在性的感恩之情，完整与否、真实与否都无法确认，只有通过表达和行动的检验，才能得到确认。同时，感恩通过表达得到了建构，变得更加确定与完整。再次，感恩表达与行动的意义在于对他人善意与爱心的认可、接纳、回应，使之得到回响与交汇，进而得到持续与扩大。最后，感恩表达与行动使得人际关系质量得到提升，感情纽带得到加强，彼此之间慢慢就很难分出谁是施恩者、谁是受惠者，变成了互相感恩。

感恩有多种形式。第一种形式是言语感恩（verbal gratitude），即用言语表达感激之情；第二种形式是具体感恩（concrete gratitude），即用自己喜欢的事物来回报施恩者，比如儿童用赠送心爱的玩具来表达感恩；第三种形式是关联性感恩（connective gratitude），即考虑施恩者的希望与需要的感恩；第四种形式是终极感恩（finalistic gratitude），即与施恩者心意相通，感恩不但指向施恩者，而且以施恩者希望的方式发展自己、回报社会。①感恩的不同形式其实也是感恩的不同发展阶段，言语感恩是最低阶段的感恩形式，儿童在尚未理解感恩概念的时候已经可以说"谢谢"了。言语感恩常常和礼貌用语混同，我们甚至很难区分"谢谢"是感恩表达还是仅仅是礼貌用语，但言语表达是感恩发展的第一步。具体感恩，已经标志着儿童已经能够体会、理解他人的善意与爱心，只不过还处在自我中心阶段，从自我出发，用自己的喜好"推己及人"去表达对他人的感激。关联性感恩则意味着已经走出了自我，能够从施恩者的角度思考，将施恩者的希望和需要作为感恩的参照点。终极感恩一方面是脱离了施恩者，将感恩指向更宽广的空间，甚至以发展自己的方式来感恩；另一方面则是以更贴心的方式去感恩施恩者——将施恩者的爱心与期望发扬光大。

感恩发展的阶段性，说明感恩既不是天生的，也不是一蹴而就的，而

---

① Jonathan R. H. Tudge, Lia B. L. Freitas, Lia O'Brien and Irina L. Mokrova, "Methods for Studying the Virtue of Gratitude Cross-culturally", *Cross-Cultural Research*, 2018, 52（1）, pp. 19-30.

是一个逐步发展的过程。如前所论，感恩以对他人善意的体会与理解为基本条件，没有对他人善意的理解，就不可能有感恩之情，更不要说感恩之理与行了。根据科尔伯格的道德发展阶段理论，处在道德发展阶段三，才能理解他人情感和内心状态，这是感恩发展的开端。①发展阶段性的另一个含义是，从遇事感恩，即遇到感恩事件而感恩（情境感恩），到心境感恩，即有一种感恩心境，对生活中的人有一种感恩的态度，再到感恩沉淀为品格，即对他人的善意敏感，总能体会到他人阳光的一面，乐于响应与回报，乐于施恩于他人。前两种是状态感恩，后一种是特质感恩。②形成感恩人格特质是目的，但感恩人格特质不是天外飞来的，而是来自一次次情境感恩与感恩心境的积累。

三、探索感恩教育的基本理路

从感恩的人际结构和心理结构中可以归纳出感恩教育的基本方向。第一，感恩人际结构的"前端"，即施恩者对受惠者的善意、善行是感恩的激发与发起因素，没有这一点，感恩人际结构的"后端"，即感恩的本体部分无从产生。第二，感恩教育不但要进入感恩的人际结构之中，还要进入感恩的心理结构之中，在感恩心理结构内进行，即"感恩中的感恩教育"。第三，感恩虽然有自然性，但总有这样那样的因素阻碍感恩之情的产生与表达，消除感恩的阻碍因素对感恩教育有不可替代的意义。

（一）有爱才有感恩

如前所论，感恩是一个人际现象，有一个人际结构。既然感恩"后

---

① Elisa A. Merçon-Vargas, Katelyn E. Poelker and Jonathan R. H. Tudge, "The Development of the Virtue of Gratitude: Theoretical Foundations and Cross-cultural Issues", *Cross-Cultural Research*, 2018, 52 (1), pp. 3-18.

② 喻承甫、张卫、李董平等：《感恩及其与幸福感的关系》，《心理科学进展》2010年第7期。

端"是由感恩"前端"引出来的，那么真正有效的感恩教育不是在感恩结构之外绕圈子（这种绕圈子式的感恩教育，即使设计得"美轮美奂"，实际上也是隔靴搔痒），而是深入感恩结构的内部，从感恩结构入手进行感恩教育，将感恩教育建构成感恩结构的一个环节。具体说来，就是从感恩结构的"前端"入手，将感恩教育转换成引发感恩本体部分的因素。

包尔生的想法深具启发性，他认为"感激是由仁慈和善行在一个健康的灵魂中引起的情感"①。作为教育者，我们首先要对学生有积极的信念，即相信他们都有一个"健康的灵魂"。有了这样一个前提，剩下的就简单了，即以教育者自身的"仁慈与善行"去引发他们的感恩情感。感恩教育说起来复杂，但从这一点来看，又不复杂，教育者不用费尽心思去选择教育方法、设计活动，只要真心地去爱孩子、去关心他们就行了。道理如此，但我们也许还会有这样的疑问："爱孩子就够吗？""孩子一定就会感恩吗？"应该承认，感恩教育问题不是单一因素所能决定的。但我们至少可以这样说，"有爱不一定有感恩，但没有爱一定没有感恩"。教育者首先要完成自己的本分，那么，正常来说所期望的结果就会自然而来。即使不能如我们所愿，尽了自己的本分，也就没有什么遗憾了。反过来，没有尽自己的本分，却去渴望想要的结果，那才是痴心妄想。当然，教育者既要有积极的信念，即相信学生有"健康的灵魂"、相信学生的可教育性，又要有理性务实的态度，即不否认现实影响和学生个体的多样性。毋庸讳言，完全存在无论你如何爱他，他都不知道感恩的学生。遇到这种情况，教育者所能做的依然不是强求感恩（从正常人那里感恩都是强求不来的，更不要说心性出了问题的人），依然是爱他，引导他去做道德的人。面对这样的教育对象，教育的重点不是感恩，而是道德教育。但成功的道德教育，即培养出品德良好的人，本身就是感恩教育。我们可以再一次领会一下包尔生对感恩的彻悟："那些把孩子教育成诚实的、有能力的

① ［德］弗里德里希·包尔生：《伦理学体系》，何怀宏、廖申白译，中国社会科学出版社 1988 年版，第 567 页。

和正直的人的父母们，不会去抱怨孩子们忘恩负义。忠实地完成着发展人的灵魂的使命的教师们将会在学生中唤起满怀深情的尊敬。"①

用爱去激发爱，用教育者的善意与善行去激发学生的感恩回应是感恩教育的基本原理，这一点是没有疑问的。问题是如何去爱，怎样才是真爱。教育的存在本来就是代际之爱的方式，即上一代人爱下一代人的制度化与非制度化的方式。上一代人通过教育这种方式，支持、帮助下一代人在知识、德性、能力上超过自己，并以此为起点开创属于他们这一代的生活。如果上一代将教育当作控制下一代的工具，将下一代当作实现自己目的的载体，那就有违教育作为代际之爱的基本定位。一个常见的现象是，上一代总是抱怨下一代不知感恩，却不知道反思自身，如果下一代真的不知感恩，既可能是下一代的问题，也可能是上一代的问题。

其次，教育的"本心"是"关心你自己"，即帮助年青一代看护自身存在、关心自己的灵魂与道德。②人是道德存在，也是利益存在。物质利益是幸福的外在条件，或者说是"外在幸福"，因此人有追求物质财富的欲望和权利，但人的本性绝不在利益与财富里，而在精神与道德里。教育的"本心"就是帮助年青一代从物质利益的束缚中解放出来，去关心自己的灵魂与德性。如果反其道而行之，不是帮助学生关心自己的灵魂，而是帮助他们去追求物质利益，那就不是真正爱他们。这样的教育培养的多是自私的利益追逐者，不太可能是知恩图报的感恩者。

最后，对学生的爱体现在对他们的切实关心上。为什么有的大学能够培养出那么多感恩母校、感恩老师、感恩社会的毕业生呢？研究显示，以下几个因素是关键：（1）帮助行为（helping behaviors）；（2）即使条件有限，但学生感受到教育者的努力（perceived effort）；（3）对学生的关心、在意；（4）良好、友善的学校环境。③这些发现很有启发性。教育爱不仅

---

① ［德］弗里德里希·包尔生：《伦理学体系》，何怀宏、廖申白译，中国社会科学出版社 1988 年版，第 568 页。

② 高德胜、安冬：《"关心你自己"：不能失落的教育之"本心"》，《教育研究与实验》2018 年第 2 期。

③ Fiona Cownie, "Gratitude and Its Drivers Within Higher Education", *Journal of Marketing for Higher Education*, 2017, 27 (2), pp. 290-308.

是整体而弥散性的，也是具体而切实的。作为成长中的人，学生总会遇到各种各样的困难，有获得帮助的客观需要，教育者和教育机构如果能够及时发现学生的需要，给予他们切实的帮助，这就是最为直接的感恩教育，最能激发他们的感恩之心。任何时代的任何学校都不是完美的，都存在无法克服的困难。教育者及教育机构是以此为借口推诿责任，还是在可能的范围内作出最大努力，学生是能够分辨的。一个学校是不是真正关心学生，是不是真正在意学生，不在于校方的口号与自我标榜，而在于学生内心的体验。同时，学校良好、友善的物理与人际环境也是体现教育爱的重要方式。

以感恩的人际结构为基本框架的感恩教育，不是关于感恩的教育，更不是关于感恩知识学习的专门教育，而是以教育爱去作为感恩人际结构之"前端"，用以引出感恩人际结构之"后端"的教育。这样的感恩教育，与其说是教育，不如说是爱的行动。这样的感恩教育看似间接，因为没有以感恩为教育指向，不是以感恩为主题的教育活动；但它又是最为直接的，因为直接进入感恩人际结构的内部，教育活动化为感恩人际结构的"前端"，用以激发作为感恩本体的"后端"。

（二）感恩中的感恩教育

感恩教育不是浮在表面，而要进入感恩的人际与心理结构内部，这样才是真实有效的。从人际结构出发，最直接的感恩教育就是以爱引爱、以心育心，这是进入感恩的人际结构。感恩的心理结构是情、理（义）、行的统一，那么，感恩教育该如何进入呢？我们知道，如果一个人没有处在感恩状态，感恩教育对他来说就只是外在的说教，无法进入他的心理结构之中；反过来，如果他正处在感恩状态，他的感恩心理结构就是处在激活状态。既然进入感恩心理结构的方式就是激发感恩，那么有效的感恩教育就是"感恩中的感恩教育"或者是"以感恩进行感恩教育"。

感谢和称赞是一个切入点。感谢既是礼貌用语，也是感恩的初始形态和感恩的口头表达方式。从感恩教育的角度看，我们不必去计较、区分感谢是礼貌用语还是感恩表达，重要的是儿童在说感谢的时候体会到了别人的好意与帮助。如前所论，感恩是由他人的善意所引发的，那么认识、体会他人善意就是一个关键。在每一个可以说感谢的地方说感谢，其实就是一次又一次对体会到的善意进行确认与回应。在这样的过程中，儿童对他人善意的敏感性和认识能力得到提高。同时，感谢中有礼貌成分，但他人的帮助越明显，感谢作为感恩表达的意味就越浓。生活中以感谢表达感恩的体验积累，对儿童是一个无声润心的过程。

称赞与感谢不同，感谢指向的是对自己的善意、善行，称赞指向的是与己无关的善意、善行。一个人表现出良好的品行与修养，虽然帮助的是别人，我们不必感谢、感恩，但依然值得我们给予赞赏。在这里，称赞能够起到与感谢一样的作用，即对他人善意、善行的敏感与认识。儿童如果连指向他人的善意、善行都能敏感地体会到，当然就更能体会到指向自身的善意与善行。在对善意、善行敏感与捕捉的意义上，称赞也是一种预备性的、积累性的感恩教育方式。

在感恩中进行感恩教育，也即通过体验感恩来学习感恩。体验有主动和被动之分，前者是感恩他人的体验，后者是被他人感恩的体验。在感恩教育中，被感恩的体验虽然不是主导性体验，但也是重要的体验。儿童、学生如果因为自己的善意、善行得到了他人，尤其是父母、老师的感激、感恩回应，对他们来说就是珍贵的体验。一方面，他们会体会到被感恩的美好；另一方面，通过这一过程，可以在他们内心建立起感恩反应方式，即用善意回应善意、用爱响应爱。因此，出于感恩教育的需要，也是出于对处在优势地位的父母、老师的道德要求，家长、父母都要对孩子的善意、善行做出恰当、适宜的感恩回应。感恩教育不是单纯指向儿童和学生的，也是指向家长和老师的，后者的感恩既是感恩，也是示范性的感恩教育。处在优势方的家长、老师对儿童、学生的感恩回应还有一个特殊教育意义：培育感恩之理（义）。家长、老师如果能够放下身份优势来感恩儿童、学生，教给他们的是感恩之义的优先性，是感恩的公平性。由此推理，如果儿童做出了善行而不被感恩，这种体验具有双重效应，既可能是感恩的教育力量，也可能是反面示范。别人不感恩，从激发儿童不平感的教育看是反面的教育力量；从给儿童做出了不感恩示范的角度看，又具有消极意义。教育作为积极力量，可以创造机会让学生体会到被感恩的美好，但不好创造机会去让学生体会被别人忘恩。但被别人忘恩是学生一定会遇到的经历，关键是他从这样的经历中学到什么。教育的引导作用就在于引导学生从被忘恩的经历中体会到忘恩对情理的违背，从中体会诗性正义的意义，站在维护诗性正义这一边，而不是也跟着忘恩的示范学忘恩。

常用的直接的感恩教育方法，包括感恩计数（counting blessings）、感恩日记（gratitude diary）、感恩沉思（gratitude meditation）、感恩访问（gratitude visit）、感恩重构（grateful reframing）① 等，都是诉诸主动的感恩体验。感恩计数和感恩日记一般采用将每周值得感恩的次数和事件记录下来的方式，通过主动回忆将容易流逝的感恩经验重新"打捞"出来，通过记忆性、想象性的回味使感恩经验上升到感恩体验，进而使感恩情理得到滋养。感恩沉思也是借助回忆和想象，通过对积极经历（达于他人的善意、善行）的沉思来体悟生活和人性的美好。感恩访问实际上属于感恩行动的一种，即通过书信、电话、回访的方式对感恩对象表达自己的感激。将感恩付诸行动，其意义是多方面的，包括感受自身的积极体验、对方反应带来的积极体验、克服障碍努力感恩所带来的体验等。感恩重构则是对经历过的事情从感恩的角度重新理解、重新界定，以从中发现他人的善意和事件的积极面，找到积极因素和值得感恩的一面。感恩计数、感恩日记、感恩沉思指向的是他人的善意、善行，是感恩体验的再体验；感恩重构是以感恩思维对事件进行重新理解，从中发现生活的良善；感恩行动则是通过亲身、主动去做的方式去学习感恩、体验感恩。这些直接的感恩教育方式都是可以尝试的，但教育效果的发挥，取决于坚持，偶一为之，当然也没有害处，但不会有明显的效果，只有长期坚持，才会有明显的教育效果。

感恩中的感恩教育诉诸的不是感恩理论，而是感恩体验。这样的感恩教育思路并不否定间接感恩教育的作用。比如，老师和父母如果有感恩品

① Blaire Morgan, Liz Gulliford & David Carr, "Educating Gratitude：Some Conceptual and Moral Misgivings", *Journal of Moral Education*, 2015, 44（1）, pp. 97-111.

质，即使没有刻意对儿童进行感恩教育，也更可能培养出具有感恩品质的儿童。这一方面在于暗示，即父母、老师的感恩情感与言行对儿童有暗示作用，儿童在不知不觉中通过接受暗示学习了感恩；另一方面，有感恩品质的父母、老师看重感恩品质，会自觉不自觉地通过选择儿童参与的活动与环境的类型来影响他们。比如，有研究发现，有感恩品质的父母，一方面会优先培养孩子的感恩情感，不能容忍孩子忘恩的行为；另一方面会更加愿意带领孩子参加对孩子感恩发展有益的活动。①

　　另一项有效的间接教育方法是感恩故事。感恩故事法是理性与情感相结合的综合教育方法②：一方面感恩故事可以让儿童产生共鸣，有情感激发的作用；另一方面，感恩故事中的忘恩负义者能够激起读者的义愤，是滋养诗性正义的良好方式。感恩故事是经过文学加工的人类经验，比儿童直接体验到的感恩关系复杂多维，更能够反映感恩关系的不同侧面，对儿童深度体验和思考感恩有巨大的引导和参考作用。而且，感恩故事凝结着人类对感恩的经验与思考，通过感人的故事形态"下探"到儿童经验，而儿童自身的直接感恩经验经由感恩故事"接续"到人类经验之中。通过下探与接续的持续，儿童对感恩的体验与认识就得到了更新和提升。

（三）破除感恩的心理障碍与人际障碍

　　如前所论，感恩是一种自然的情感，但人是复杂矛盾的存在，康德发现，人又有忘恩的自然倾向。前者源于对他人之爱的自然响应，后者源于对自尊的维护。如果前者突出，就会感恩；如果后者占优势，就会忘恩。自尊是人的基本需要，是人在世间存在的精神屏障。作为受惠者，当我表达感恩或做出感恩行动时，就意味着我承认自己对他人的依赖，就意味着

---

　　① William A. Rothenberg, Andrea M. Hussong, Hillary A. Langley, Gregory A. Egerton, Amy G. Halberstadt, Jennifer L. Coffman, Irina Mokrova & Philip R. Costanzo, "Grateful Parents Raising Grateful Children: Niche Selection and the Socialization of Child Gratitude", *Applied Developmental Science*, 2017, 21 (2), pp. 106-120.

　　② Blaire Morgan, Liz Gulliford & David Carr, "Educating Gratitude: Some Conceptual and Moral Misgivings", *Journal of Moral Education*, 2015, 44 (1), pp. 97-111.

承认他人优于自己，自尊因此而受损。①也就是说，在感恩与自尊之间就有了矛盾与紧张，受惠者就可能为了维护自尊而故意忘恩。康德的发现，不是纯理论的推理，而是有普通人的真实体验基础。在很多时候，别人，尤其是与我们有比较和竞争关系的人给了我们善意的帮助，明明内心有感激之情，却不愿意去表达、回报，因为一旦这样做，就意味着承认自己弱人一等。有时候我们甚至会迁怒于人，觉得别人是多管闲事，故意显示自己的强大。

康德所指出的这种膨胀的自尊，其实是虚假的自尊，不是真正的自尊。人是社会性存在，与他人比较是不可避免的，问题是如何比较。别人付出善意、善行，你假装什么都没有发生，表面上看很强大，维护了自尊，但实际上却在道德上输人一头。故意忘恩意味着你没有与施恩者站在同一高度，看似在维护自尊，实际上是在损害自尊。真正的自尊不是来自力量的强大，而是来自对自身道德品格的坚守。在施恩与受惠者关系上，康德认为受惠者永远处在"后位"，因为即使你十倍偿还施恩者，你依然无法与他拉平，因为他给了一个他并不欠你的善意，你的偿还无论多大，都是在后的偿还而已，他将总是那个先显示善意的人，你则永远不能先于他。②即便如此，感恩也是将自己上升到与施恩者同样的道德水准上。也就是说，我在能力上虽然有不足，需要得到别人的帮助，但我在道德上、在人格上与施恩者是一样的，一点儿也不比他低等。如果是这样的自尊概念，感恩就是对自尊最好的维护。

康德发现的忘恩倾向实际上是感恩的一个心理障碍，即不是不感恩，而是感觉感恩有损于自尊而选择忘恩。这一发现，蕴含着感恩教育的一个切入点：破除虚假自尊、培育真正自尊。

首要的问题是虚假自尊来自哪里。尼采批评现代社会不自觉地灌输下意识的仇强、仇富（ressentiment），导致每个人都很紧张，对"比自己强

---

① Houston Smit and Mark Timmons, "The Moral Significance of Gratitude in Kant's Ethics", *The Southern Journal of Philosophy*, 2011, 49（4）, pp. 295-320.

② Patricia White, "Gratitude, Citizenship and Education", *Studies in Philosophy and Education*, 1999（18）, pp. 43-52.

的人"充满戒备，接受他人帮助就等于承认他人的强者地位，有损自我尊严。①这样的文化在竞争性的学校教育环境里也有踪影。在以竞争优胜为逻辑的教育体系里，那些考分优异者是学校的宠儿，他们的成功恰是别人失败的映照。"优胜者"将自己的优胜归结为自己的聪明才智，很少甚至根本不感恩学校和老师；对"劣势者"抱有优越感和轻视感，不要说少有善意、善行，即使偶有善意，也会被"劣势者"的戒备心理所曲解。"劣势者"因为总是受到伤害，对学校、对"优胜者"慢慢有了戒备、嫉妒甚至仇恨，他们最优先考虑的是如何维护自身尊严，对他人善意的感受与理解能力也就同时慢慢退化。由此看来，如果学校教育自身的精神品格是以竞争去激发各自为自身利益而战，也就意味着在不自觉地培养虚假自尊和忘恩的人。在这样的教育文化下，再进行专门的感恩教育，显然是自相矛盾的。

因此，重要的不是专门的感恩教育，而是整个教育文化的转向，即由以激发人人为己的竞争文化转向关心年青一代的灵魂与德性。竞争性的教育，实际上也是有自己的自尊概念的，即成功、优胜才有自尊。如前所论，这样的自尊概念恰是感恩的心理障碍。要破除这样的自尊概念，就要通过教育重建真正的自尊概念，那就是人的能力有大小、条件有优劣，但在人格上却是平等的。感恩不是降低自尊，而是对他人善意、善行的承认、称赞与响应，是将自己汇入善意之流，将自身置于同等的道德高度。

感恩教育需要破除的不仅有心理障碍，还有人际障碍。感恩是人际现象，但等级性的人际关系最不利于感恩。在等级性的人际关系里，施恩者与优势方往往有高度的重合性，受惠者（感恩者）与弱势方有高度的重合性。这既是由双方的真实地位决定的，也是由双方的心理定式决定的。优势方总觉得自己有恩于劣势方，总会不自觉地夸大自己对对方的帮助，以施恩报恩框架来理解自身与对方的关系；反过来，如果是弱势方对优势方施恩，优势方则会不自觉地忽视、贬低来自对方的善意和帮助，将其理

---

① Mark E. Jonas, "Gratitude, Ressentiment, and Citizenship Education", *Studies in Philosophy and Education*, 2012（31），pp. 29—46.

解为效忠、投靠，不会对对方抱有感恩态度。

在等级性人际关系中，施恩往往与对劣势方的控制联系在一起，施恩不纯（施恩图报），或者根本就是徒有其名。如前所论，施恩图报是交易，这里面实际上没有什么恩情可言，施恩就是为了获得对方的服从与效忠，名义上是施恩，实际上是控制，是一本万利的"投资"。实际上，施恩图报还不是最恶劣的，最恶劣的是无恩求报。施恩图报，起码还有一点儿不纯粹的恩；无恩求报，则是明明无恩却要求报恩。这样不合情理的事情之所以能够发生，就在于人际关系的不平等，优势方可以把劣势方本应享有的基本权利当作恩赐，要求劣势方感恩、报答。

从受惠者的角度看，由于地位在下，生存依赖性强，为了生存，他们往往把感恩当作一种生存策略，用过度感恩来博取优势方的信任、博取利益。劣势方的感恩，在回报优势方恩惠的同时，往往还要搭上自己的人格与尊严。在感恩戴德、感激涕零等形式的过度感恩里，既有对自己的贬低、对施恩者的奉承，也有为自己牟利，有对对方的怨恨与算计。

由此看来，在不平等的人际关系里，施恩者和报恩者基本上都没有真心，虽然感恩是"显存在"，但对感恩的利用与扭曲则是"隐存在"。因此，不平等的人际关系是感恩与感恩教育的巨大障碍。面对这样的障碍，首要的任务不是默认不平等的人际关系，在这种不平等的人际关系里进行专门化的感恩教育，而是要破除损害感恩的人际关系，重构平等、尊重的人际关系，为感恩的发育与生长奠定良好的人际基础。具体到学校，首要的任务不是教学生如何感恩老师、父母，而是建构平等、民主、公正的学校与班级关系。当然，建构这样的学校与班级关系不是一朝一夕的事情，也不是教师个体单独所能完成的。但教育不能等待，需要即刻行动。在平等、民主的学校与班级人际关系尚未建立起来的情况下，教育的重点不是感恩，而是自尊、自重。①因为作为弱势方的未成年人，如果不能自尊、自重，很容易被优势方施恩图报、无恩求报的定式所束缚，要么陷入过度

---

① Kristján Kristjánsson, "An Aristotelian Virtue of Gratitude", *Topoi*, 2015（34）, pp. 499-511.

感恩的恶性循环，要么形成怨恨性人格。在不平等的人际关系中，教师会被动地被置于优势地位，从高要求的角度，教师要自觉地克服不平等人际关系对感恩的绑架与利用，跳脱不平等人际关系的限定，以自身的感恩行动去做学生的榜样。具体说来，就是教师能够不从人际关系地位去理解感恩，而是从感恩本性中去践行感恩：一方面以自己的爱心唤起学生的爱心回应；另一方面超越地位限定，对学生给予自己的关爱报以感恩。教师将自己的感恩指向学生，使学生成为自身感恩的对象，不但具有非凡的感恩教育意义，还是撬动不平等人际关系、使之松动的开始。

四、走出感恩教育的"原始状态"

感恩是重要的美德，且与诸美德相关联。在中国文化中，感恩也有特殊的地位。无论是从感恩的基本原理，还是从中国文化特性出发，感恩教育都是重要课题。重要性是一回事，如何重视是另外一回事。直觉性的感恩教育，由于未能深入理解感恩，进行的是似是而非的教育，对学生、对教育、对感恩的伤害甚至可能远大于其所能带来的益处。这样的感恩教育，其实还处在没有理论基础的"原始状态"。

本章从直觉性的感恩教育入手，揭示其可能存在的危险性。在此基础上探讨了感恩的人际结构，揭示感恩作为一个人际现象是如何发生的，在"三阶感恩"的基础上，建构出了感恩的"四要素"。接着重点研究了感恩本体部分的心理结构，即情、理、行的统一。对感恩人际与心理结构的厘清，为感恩教育基本理路的廓清打下了初步的基础。概括说来，这一基本理路有正反两个方向。从正面来说，一是基于感恩的人际结构，感恩教育的基本思路就是在感恩人际结构之内，将教育作为感恩人际结构的"前端"，以爱引爱、以心育心；二是深入感恩的心理结构内部，在"感恩中进行感恩教育"。从反面来说，就是要扫清阻碍感恩生长、发育的心理和人际障碍，以培育真实自尊和建构平等人际关系的方式进行感恩教育。

必须承认，感恩教育的这一基本理路还很粗糙，需要进一步探讨的问题还有很多。比如，感恩与原谅有类似的地方，都要适当、适度才行。感恩的度如何把握，这是感恩教育必须要思考的问题。再比如，感恩与仁慈、公正、称赞、敬重、友善、慷慨、诚实、谦虚等美德密切相关，他们之间到底是什么关系？这些美德的发展对感恩美德有什么促进作用？这也是建构感恩教育基本理路所要思考的问题。更重要的是，感恩不是一蹴而就的，具有发展性。这种发展性体现在多个方面：首先是感恩来自他人之爱，在儿童尚未发育出感恩之情之前，他人之爱是感恩的"孵化器"；随着儿童情感与心智的发育，儿童慢慢能够走出自我中心，对他人的情感和意图能够有所理解，感恩也就随之开始发育；感恩的儿童形态不同于成人形态，儿童形态的感恩主要以亲社会情感的形式出现，从感恩恩惠到感恩施恩的人，逐步向上发展；儿童学习感恩都是从具体的感恩情境开始的，通过反复实践与体验感恩，逐步沉淀而成为一种感恩性品格。对感恩的发展性进行这样粗线条的梳理，对感恩教育的落实当然有指导意义，但要更直接地运用于感恩教育实践，还需要基于理论和实验研究的更为详尽的阶段描述。

第七章　道德伪善的教育学思考

　　道德伪善是生活中常见的道德现象，也是伦理学的一个研究话题，但在教育与道德教育的理论和实践中，道德伪善却极少受到关注。一方面，教育尤其是道德教育是引导人向善的活动，一向"顾前不顾后"，即比较看重引人向善，不怎么重视引导人警惕恶，对道德的反面留意较少。另一方面，教育和道德教育的理论与实践对道德伪善缺乏认识，这种缺乏既包括对道德伪善自身，即什么是道德伪善、道德伪善的构成等的认识，也包括对道德伪善有何意义的认识。

　　虽然事出有因，但教育对道德伪善的忽视依然是一个问题。向善固然重要，反恶也同样重要。如果说向善是将人引向美好，那么反恶则是助人树立起"道德堤坝"。没有防恶的"道德堤坝"，从后而入的恶则会将向善的努力侵蚀殆尽。从这个角度看，教育与道德教育一方面要培养年青一代的道德品质，尤其是正直、真诚的道德品质；另一方面也要预防道德伪善的侵蚀。更重要的是，道德教育，尤其是直接的道德教育，往往是直接的、明示的、较高的道德要求，这与道德伪善之"说到做不到"的内在结构有相似性，如若没有警惕之心，就可能堕入道德伪善的泥沼，变成遭人反感、反道德的活动。教育要留意道德伪善还在于，从道德教育的角度看，道德伪善有其存在的内外条件，在道德伪善中蕴含着诸多道德教育的可能与契机。

　　本章先从反思心理学与伦理学对道德伪善的研究开始，然后从教育的视角来理解道德伪善。与心理学对道德伪善的泛化、伦理学对道德伪善的固化不同，教育学不是将所有的内外不一、言行不一都定性为道德伪善，也不是将所有形态的道德伪善都定性为道德恶，而是从人的这种不一致中看到道德的力量，从前伪善、类伪善到真伪善的发展性中看到道德教育的可能与契机。与心理学、伦理学对道德伪善研究的另一个不同是，教育视野的道德伪善，重视道德伪善存在的内外条件。理清道德伪善存在的内外条件，才能为道德教育克服、破除道德伪善奠定基础。对道德伪善的教育理解，为针对道德伪善的教育指明了努力方向。

一、道德伪善的心理学与伦理学研究

（一）心理学研究：道德伪善的泛化倾向

与教育学尤其是道德教育研究对道德伪善鲜有研究相对照，心理学对道德伪善的研究颇为引人注目。关于道德伪善的心理学研究之所以引人注目，不仅在于研究文献数量上的积累，还在于研究方法上的实验化、科学化。心理学的研究，采取的方法基本上都是将道德伪善的定义操作化，通过实验对道德伪善的操作化定义进行验证，由此揭示道德伪善在人们思想与行为中的存在状态、基本机制、产生原因、影响因素等。[1]心理学对道德伪善的理解可以概括为三个字：不一致。这种不一致又可分为两种情况，即道德声称与道德行为的不一致和对人对己道德行为评价的不一致。前者即我们通常所说的言行不一，当然这里的言行不一有道德限定，即在道德问题上的言行不一。比如一些心理学研究，在被试完成一项道德任务之前或之后，让被试就该问题表达自己的道德态度，用被试所言明的道德态度（道德声称）对比其所做出的道德行为。后者即我们常说的评价不一致，对别人违背道德行为责之甚严，对自己的道德问题则处之以宽，双重标准，"严人宽己"。心理学的一些研究就是将被试对他人与被试对自身性质类似的失德行为进行评价，从中发现被试对人对己道德评价的不一致。[2]两种不一致看上去差别巨大，但实际上，后一种不一致只是前一种不一致的

① 沈汪兵、刘昌：《道德伪善的心理学研究述评》，《心理科学进展》2012 年第 5 期。

② Joris Lammers, Diederik A. Stapel, and Adam D. Galinsky, "Power Increases Hypocrisy: Moralizing in Reasoning, Immorality in Behavior", *Psychological Science*, 2010 (5), pp. 737-744.

一个变种，即借他人的失德行为来宣称一个道德标准（道德声称），但实际上自己既没有也不打算去遵循该道德标准。

心理学对道德伪善的研究以实验为基本方法。因为要进行实验，道德伪善的概念必须操作化，而最容易操作化的就是道德声称与道德行为的不一致。因此，心理学研究中有一个预设，即道德声称与道德行为的不一致就是道德伪善。这一预设有其合理的部分，但并不严密。首先，人是符号性动物，有超强的思维能力和想象能力，从来都是思维大于表达、表达大于行动的。在道德上也是一样，我们对道德的渴望与期求从来都是远远高于实际所能做到的，不一致是正常现象，完全一致才是不正常现象。如果把我们对基于道德期望所做出的道德声称与道德行为的落差都视为道德伪善的话，那没有什么人是不伪善的。其次，当心理学实验询问被试对道德选择情景的判断与选择时，激发的往往是被试对这一情景的"理想化"回答，即"应该如何做"，而不是实际上如何做。①理想化回答体现的是人的道德认识水平，而实际上如何做体现的是人的道德实践能力，二者没有落差或落差较小当然更好，但有落差或落差较大也是正常现象，不能定性为道德伪善。从否定的角度看，这种落差体现的是我们的"言行不一"；从积极的角度看，体现的正是我们对道德的渴望，即"虽不能至，然心向往之"（《史记·孔子世家》）。再次，心理学研究的另外一个预设是，我们的道德行为都有一个先在的道德原则，道德行为就是依此道德原则行事。显然，这一预设不符合生活的真实，实际上，我们的道德品质来源于生活实践，有浓重的习惯和非认知成分。出于道德品质的道德选择更多的是未经思考的"作为第二自然"（德性是人的第二自然）的行动，不是按照原则进行思考后的理性行动。只有在产生矛盾、进行反思或被他人追问的时候才会进行有意识的理性思考。而且，一个简单的选择，也往往是多种力量混合驱动的，不是由一个道德原则"单轮驱动"的。最后，道德声称与道德行为的不一致，至多是一种伪善的可能，而不是伪善本身。加

---

① Maureen Si, "Moral Hypocrisy and Acting for Reasons: How Moralizing Can Invite Self-Deception", *Ethic Theory Moral Prac*, 2015 (3), pp. 223-235.

上其他限制，比如为了获取私利、为了欺骗他人，满足这些限制条件的不一致才是伪善。

（二）伦理学研究：贡献与问题

把道德声称与道德行为的不一致当作伪善，使得伪善的标准过于宽泛，从而使伪善泛化了。这样泛化的倾向，伦理学研究也有。比如，倪梁康很有创见地从自然之善和社会之善的维度来理解伪善："所有不是出自本能，而只是刻意地为了使自己在别人眼中甚或自己眼中显得善而做出的善举（包括善行、善言和善意），都属于伪善。"① 这一理解的启发性在于揭示了伪善的产生与人为的社会之善之间的联系，但与心理学对伪善的研究一样，有泛化的问题。第一，在本能之善与刻意显得善之间有很多中间状态，这些中间状态既不是本能道德的显露，也不是刻意显得善的伪善。第二，正如倪梁康自己后来所说，与"显得是善"相对应的不是本能之善，而是"自身是善"，而自身是善"并不仅仅指那些天生的、本能的、自然的德性"，也"包括后天的、传习的、社会的德性"。②第三，这一定义对人为约定的社会性道德深具戒心，从伪善的角度来理解人们对社会规范的遵守，这实际上是混淆了顺从与伪善的关系。迫于社会压力遵守道德规范或者向他人显示对道德规范的遵守，不是伪善，而是顺从。这种顺从是中性的，有两个发展方向：一个是在顺从中学习，将外在道德规范内在化为自己的德性；另一个是策略性地顺从规范，但在内心并不接受，只是用高明的遵守去博取信任，走向伪善。总而言之，一个人的德性，既有来自本能的"第一自然"，也有来自后天的、社会的"第二自然"，是由二者综合构成的，如果按照倪梁康关于伪善的这个定义，没有什么行为不是伪善的，因为完全出自本能道德的行为极少，我们的绝大多数行为都是混成性的。

当然，伦理学与心理学对道德伪善的研究还是有很大的不同。虽然倪

---

① 倪梁康：《论伪善：一个语言哲学和现象学的分析》，《哲学研究》2006 年第 7 期。
② 倪梁康：《心的秩序：一种现象学心学研究的可能性》，江苏人民出版社 2010 年版，第 79 页。

梁康的道德伪善概念与心理学研究一样有过于宽泛的问题，但他的宽泛已经不再是道德声称与道德行为的不一致，而是两种道德即本能道德与人为道德的不一致。如果说心理学关于道德伪善的研究是以言与行的不一致为聚焦点的话，伦理学则关注到了另外一种不一致，即思与言的不一致。不但言与行可能不一致，思与言也可能不一致，即我们可以讲"言不由衷"的话。人是语言存在，在言与行对立的情况下，言不同于行，但在很多领域，言就是行，以言为行。这时候，言与行的不一致已经不再是问题，而问题在于所言与所想的关系。所言不是所想，或者用所言掩盖所想，就会产生思与言的不一致，这也可作为道德伪善的一种表征。当然，用思、想作为与言语相对的内在成分，也有问题，即道德的内在成分似乎只是理性的，没有情感性。实际上，语言也可以与内在的情感反应不一致，也可以用来掩盖内在的情感体验。基于此，有人将内在的思与情综合起来构成"善心"，将外在的言与行组合而成为"善行"，道德伪善也就变成了"善心"与"善行"不一致，即"无善心却有善行"，用"善行去伪装善心"。①

伦理学关于道德伪善研究的贡献还在于区分了伪善与意志薄弱、主观故意（自欺与欺人）在道德伪善中的意义等。心理学关于道德伪善的操作化定义不易区分道德伪善与意志薄弱，因为二者在外在表现上是一样的。但在很多情况下，我们的言行不一，不是伪善，而是意志薄弱。在很多情况下，我们都知道应该做善的事情、做道德的选择，但意志不够坚定，就是做不到，这单纯就是一个意志薄弱的问题，与道德伪善相去甚远。伦理学对意志薄弱与道德伪善的区分，是对道德伪善研究的一个贡献。此外，伦理学关于道德伪善研究的很多文献都将主观意图作为一个聚焦点。善心与善行的不一致是客观事实，问题在于这种不一致是如何来的，是道德主体故意的还是无意的。如果是故意的，那就是欺骗他人。欺骗他人也有不同的程度：一种是单纯欺骗他人，在他人那里获得伪装效果；另一种是这种欺骗一开始就带有某种目的，伪装与欺骗只是实现目的

---

① 程建军、叶方兴：《德性伦理学视域中的伪善》，《哲学研究》2008 年第 12 期。

的手段。如果不是故意的，也有两种情况：一种是真的没有欺骗性，只是由意志薄弱或其他原因造成的善心与善行的不一致；另一种是因为自欺，即将自己也欺骗了，所以没有意识到善心与善行不一致所蕴含的欺骗故意。①

　　伦理学对道德伪善研究贡献巨大，但始终有一个问题，即对伪善的过于严格、固化的价值定性，将道德伪善定性为道德恶。比如拉罗什福科（Rochefoucauld）说"伪善是邪恶向美德的致敬"②，直接将道德伪善定性为邪恶。也许因为伦理学是事关善恶的领域，对善恶问题比较敏感，既然伪善不是善，那就是恶。但人的伦理生活没有这么简单，在善与恶之间还有一些中间地带，伪善就处在中间地带，处在善与恶之间。靠善近一点，就可能走向善或者是走向善的一个起点；靠恶近一点，就可能走向恶或者就是恶本身。有些学派，对道德伪善有严格的限定，如果说这种严格限定的道德伪善是一种恶，那还是站得住的。问题在于，不同的学派关于道德伪善的观点不同，比如，有的从本能道德与人为道德角度去界定伪善，有的从自欺的角度去阐述伪善，有的从显得是善的角度去定义伪善，这些界定有宽有严、标准不一。不同学派所理解的道德伪善在存在形态上区别很大，有的更接近于善，有的在善与恶之间，有的则更接近于恶。把这些性质不同、形态各异的道德伪善都定性为道德恶，显然不合逻辑、不符事实。从道德教育的角度来看，有些形态的"道德伪善"体现的正是道德的力量，蕴含着走向道德的可能，是道德教育的契机。将所有形态的"道德伪善"都定性为道德恶，不但是把"道德伪善"一股脑儿全推向道德恶，还是对道德教育的可能与契机的贻误。而且，即使如拉罗什福科所说，"伪善是邪恶向道德的致敬"，伪善是邪恶，但却以伪善的方式向道德致敬，依然体现出了道德的力量，从道德教育的角度看，依然有积极意义。

---

　　① Christine Mckinnon, "Hypocrisy, Cheating, and Character Possession", *The Journal of Value Inquiry*, 2005 (39), pp. 399-414.

　　② ［法］拉罗什福科：《伪善是邪恶向美德的致敬》，黄意雯译，上海译文出版社2014年版，第31页。

二、教育学视角的道德伪善

如前所论，道德伪善与教育尤其是道德教育关联性非常强，教育学术研究不能不关注道德伪善问题。教育学对道德伪善的关注，除了汲取心理学、伦理学研究的成果之外，应该有自己的视角。与心理学注重分析心理事实、伦理学注重价值定性不同，教育学对伪善的研究应有发展的、教育的眼光，即不将道德伪善泛化，以免给发展中的人戴上道德伪善的帽子；不过早定性，以免使处在成长变化中的受教育者被推入道德恶的行列；从道德伪善的不同类型中，发现道德教育的契机与可能；着眼于道德伪善形成的内外条件，力求阻断道德伪善演化的过程，引导受教育者从走向道德伪善的可能转向道德发展的可能。

（一）"不一致"：道德与伪善的双向可能性

已有的关于道德伪善的思考，不可避免地从所想与所言、所言与所行的不一致开始，甚至将"不一致"当作了道德伪善的充分必要条件。但从逻辑上看，"不一致"是道德伪善的必要条件，但不是充分条件。也就是说，道德伪善一定包含着"不一致"，但有这类"不一致"却不一定是道德伪善。首先要对"不一致"进行细致的分析。第一种不一致是所想与所言的不一致，即话说得好，但内心却不是这样想的。所想与所言的不一致，当然也包括内心有善良友好的想法、话却说得不好这种情况，但显然，我们不会将这种情况与道德伪善联系起来，而是将其视为言拙，甚至是朴实。第二种不一致是所想与所行的不一致，即行为很好，但并不真心如此。反过来，内心有善意，却没有好的行为甚至有不好的行为，这也是所想与所行的不一致，但我们也不会把这种不一致与道德伪善联系起来，而是以"好心办坏事"等方式对其进行评价。第三种不一致是所言与所行的不一致，即话说得很漂亮，显得很有善心、善意，但行为却跟不上，没有达到或压根就没准备达到所言的水准。反过来，行为很好，所言很低调，这也是所言与所行的不一致，但我们不会将这种不一致当作道德伪善，甚至会从正面来看这种不一致，视其为谦虚、朴实，至多是自贬。三种"不一致"，每一种又有正反两个方面，共计六个方面，其中有三个方面与道德伪善没有关系，这已经说明"不一致"不一定是道德伪善，"不一致"与道德伪善不能等同。

再看与道德伪善有关联的三个方面。前两个方面都是内（所想）与外（所言、所行）的落差，都是"外大于内"。两种内与外的不一致，都是用"外"来折射"内"，都是用"外"来使"内""显得善"。无善心却表现出善言、善行，非常接近于道德伪善，但接近并不等于是。单纯从内外不一致，无法判定外在的显得善的言行就是伪善。准确判定，必须引入动机因素，即为什么要显得善。如果是用显得善的言行去掩盖内心的不善，通过蒙蔽他人而达到个人目的，那就是不折不扣的伪善。如果是虽无发自内心的善念，却感受到了他人的期待、群体的要求而表现出善言与善行，就不能定性为道德伪善。这是一种过渡性的状态，一种尚未定性的状态，有双向演化的可能性。一种可能性是本非真心的善言善行在做出之后，或者对自己产生了重大触动，心意发生改变，变成了自己的真心言行；或者由于总是如此，变成了习惯（人的"第二自然"），进而达到了内外一致。人的道德学习并不总是心意与言行完全同步的，总是会发生由外在力量引导的言行先行，内在的认知、情意再慢慢跟上的情况。这种道德学习方式，近似于通过他律进行学习。学习者一开始并不是真心接受一种规范，但通过外在的约束，遵守了这种规范，遵守之后，或者受到了触动，或者经由习惯变成了自己的"第二自然"，改变了心意，使心意跟上了外在言行的步调。以往关于道德伪善的研究，总是纠结于外在的言行高于内在的心意，总是直觉性地要求降低外在的言行以符合内在的心意，使内外保持一致，没有或极少注意到另外一种可能，即通过改变、提升内在心意来实现内外一致。在这一点上，麦克英隆（C. Mckinnon）颇有贡献，他看到了心意改变的可能性，因为人是变化的，过去用言行假装相信的观念在经历之后也可能就真信了，这不是伪善，而是道德学习的过程。[1]当然，也存在另

---

① Christine Mckinnon, "Hypocrisy, Cheating, and Character Possession", *The Journal of Value Inquiry*, 2005（39）, pp. 399–414.

外一种可能，即心意始终不改，外在的善言、善行也在保持，二者的分裂与距离始终没有缩小，甚至有所扩大，这就滑向了道德伪善。

如果说所想与所言、所行的不一致是内外不一致的话，所言与所行的不一致则是"外外不一致"，因为说和做都是外显性的。如前所论，与道德伪善相关的所言与所行的不一致，专指所言大于、高于所行，而不是所行大于、高于所言（这不是道德伪善，而是谦逊，至多是自贬）。表面上看是"外外不一致"，但实际上也与所想密切相关，即通过所言的中介在所想与所行之间建立起了联系。在所言与所行的不一致中，所言（道德声称）与所想既可能是一致的，也可能是不一致的。所言与所想一致，说明所言即所想，但为什么又做不到呢？这里面的原因可能是多重的：一种是把理想当作了现实，即在遇到道德问题时，只从应该的角度去思考理想的选择；一种是意志薄弱（如前所论）；一种是动机冲突，即明知道应该如何做，却发现这样做与自己的其他欲求相冲突，权衡之下，其他欲求占了上风。无论是哪种原因导致的所想（所言）与所行的不一致，都不能简单地定性为道德伪善。无论是哪种原因，其中都有走向道德的可能，都有道德教育的契机。所言与所想不一致，即所言不是所想，更没打算去做，只是用话语去伪装，以使自己显得善，或隐或显地去实现个人目的，那就是走向道德伪善了。

（二）欺骗性的"不一致"才是道德伪善

通过对"不一致"的分析，我们了解到只有两种"不一致"才是道德伪善。一种是用善言、善行去掩盖内心的不善以达到蒙蔽他人、实现个人目的；另一种是所言非所想，更没有打算去践行，只是通过漂亮话去使自己显得善，以获取他人好感与信任，进而实现个人目的。这两种不一致，有两个共同的特点，一是对他人的欺骗，二是带有个人目的。这两个方面，看似独立，其实一体，对他人的欺骗，总是带有个人目的，没有个人目的的掩盖，就不是欺骗。比如，我们都有这样那样的缺陷和问题，也都做过不那么光彩的事情，但一般情况下不愿意去主动暴露。一旦暴露，我们就会感到羞耻，甚至是没有真正暴露，只是去想象暴露的情景，都会让我们体会到想象性羞耻。①反过来，一个人如果不分场合、不分对象地暴露自己的缺陷和曾经的不良行为，我们反而会觉得此人怪异。当然，严格说来，这种掩盖也不是毫无个人目的，起码是在维护个人形象。对个人形象的维护显然不是道德伪善，一个人对个人形象的维护，恰恰证明了对自身缺陷和曾经的不良行为的反思与否定（不认同）。至于欺骗他人的方式，以上分析已经充分揭示，归结起来无外乎两种：一种是用良好的言行去欺骗别人，让别人以为其具有良善的品质和内心；另一种是用堂皇的话语让人相信其能够做出相应的道德行为。

至于道德伪善中的个人目的，也有不同的层次。最低层次的个人目的是自保。如上所论，不暴露自己的缺陷和失德行为、维护自己的形象，严格说来也是一种下意识的自保，这种自保是可以理解的人之常情，算不上道德伪善。思考道德伪善不能脱离社会背景，一些违心言行或话语高调，其实不是主动要去欺骗别人，而是迫于情景压力，以使自己免于成为众矢之的。比如，在一个强势的领导面前，多数人会收起内心的反感，说一些违心的赞赏话；或者更好一点，不说恭维话，却表现出一种对权威、权力的默认。这个意义上的自保，是出于个人目的，但这一个人目的一方面是人之常情，另一方面对他人也没有直接的故意伤害，严格说来也不算是真正的道德伪善。即便如此，这种自保与真正的道德伪善之间的距离也薄如纸，因为这种自保往往以公正、正直、真诚为代价，反映出对他人、对公共价值的冷漠与无视，稍微过分一点儿，就进入了道德伪善的范围之内。第二层次的个人目的是对好名声的追求。社会普遍对好名声的追求抱有宽容态度，连亚里士多德也说："那些出于目的而自夸的，如果是为着名誉或荣誉，就不算太坏；如果是为着钱或者用来得到钱的东西，其品质就比较坏。"② 殊不知，好名声本身就是利益，又可用来换取其他利益。人是社会性存在，利益不单有物质形态，还有精神形态和人际形态。好名声给人带来精神享受，这就是利益。如果是正当得来，那当然就是正当的精神

---

① 高德胜：《羞耻教育：可为与不可为》，《教育研究》2018 年第 3 期。

② ［古希腊］亚里士多德：《尼各马可伦理学》，廖申白译，商务印书馆 2003 年版，第 120 页。

利益；如果是靠蒙蔽他人得来的，就不是正当的精神利益。而且，好名声所带来的利益还不仅仅在于自我精神享受，还包括被他人接受、关心、欣赏和热爱。这既是精神利益，又可换取物质利益。与亚里士多德所处时代对荣誉的推崇不同，在我们这个时代，为了好名声而欺骗他人与为了钱财而欺骗他人，没有高下之分，在道德性质上是一样的。此外，一个人的名声，既取决于自己在人际中的表现，也取决于他人的判断，以欺骗的方式获取好名声，实际上是干扰、操纵他人的判断，已经是对他人的损害了。第三层次的个人目的则是损人利己。自保与对好名声的追逐还是以自我利益为主，虽然客观上会对他人造成损害，但尚未主动去伤害他人；以损人为目的的欺骗则更进一步，是以欺骗的方式去谋他人之所有。损人意义上的道德伪善，是道德伪善的"顶峰"。道德伪善意义上的损人与直接作恶意义上的损人是不同的，直接作恶意义上的损人是直接的、没有隐瞒的，道德伪善意义上的损人则是间接的、欺骗性的，甚至会用上各种花招，给人以表面的善意、善行，所以才更难防备。人们对道德伪善的愤恨大于对直接作恶的愤恨，就在于道德伪善不但损害了我们的利益，还侮辱了我们的"智商"。

　　道德伪善本来是欺骗他人的，但却往往与自欺纠缠在一起，即不但欺骗他人，也欺骗自己。人真是复杂，本来是要骗别人的，结果连自己也骗了。道德伪善者什么要骗自己呢？首先，做坏人的感觉并不好，道德伪善者做着坏人，但还是以为自己是好人感觉好一些。其次，自欺也是可能的，因为谎言重复多了，连说谎者自己也都相信了，正如阿伦特所说，"一个说谎者越成功，被骗的人越多，他就越可能最终也相信自己的谎言"①。再次，装好人欺骗别人以达到个人目的是高难度的"技术活"，需要付出巨大的努力，别人不是傻瓜，不是那么好骗的，因此道德伪善者总是如履薄冰、心力交瘁。道德伪善的目的在于讨巧，在于实现个人目的，结果却如此费力，不符合个人利益最优化的算

---

① ［德］阿伦特：《过去与未来之间》，王寅丽、张立立译，译林出版社 2011 年版，第 237 页。

计。忘记真实态度，进入假装角色，深度入戏，也就没有了刻意假装的辛苦。①最后，自欺还是欺人的武器。如果自己不信，却去伪装，总有漏洞，欺骗别人就不那么容易；如果自己信了，自己骗过了自己，不觉得自己在欺骗别人，就显得真诚，欺骗别人的效果也就更佳。②

有些道德伪善里有自欺，有些没有，是否自欺不是道德伪善的必要条件。虽然多数道德伪善，尤其是根深蒂固的道德伪善往往包含着自欺，但确实存在不包含自欺的处心积虑性的道德伪善。在这类处心积虑者眼里，一心欺骗别人并不算辛苦，反而乐在其中。像金庸小说中的岳不群，他在道德伪善没有暴露之前，过的就是这种处心积虑的生活，虽然时时刻刻都有暴露的危险，但他也很享受每一次算计的成功。不是只有文学作品中才有这样的人物，现实生活中这样的人物也不并少见，历史中的所谓"奸雄"大抵就是这类人。还有一种混合的情况，即自欺是短暂的、情景化的，但欺人则是长久性、根本性的。一些道德伪善的人，在欺骗别人的特定情景下，被自己的虚情假意所打动，在那一刻连自己都信以为真，既骗过了别人，也骗过了自己。但一旦脱离特定情景，其欺人的性质丝毫也没有改变，欺人的意识还是那么清楚。可以说特定情景中的短暂自欺，是用以欺人的有效策略。

（三）机构性道德伪善

与心理学、伦理学主要关注个人的道德伪善不同，教育学还要关注机构的道德伪善。原因在于，教育学所关注的不仅是何为道德伪善，还包括道德伪善是如何形成的，受什么内外因素影响。人在机构中生存，机构是塑造人之道德的力量之一，机构的道德品性对人的道德品性有较大的影响。而且，机构也有自己的德性，人可以伪善，机构也是如此。一个人的伪善，尤其是一个普通人的伪善，无论其程度有多深，其危害都是有限

① Daniel Statman, "Hypocrisy and Self-Deception", *Philosophical Psychology*, 1997, 10 (1), pp. 57-75.

② C. Daniel Batson, Elizabeth Collins, Adam A. Powell, "Doing Business After the Fall: The Virtue of Moral Hypocrisy", *Journal of Business Ethics*, 2006 (66), pp. 321-335.

的，机构伪善的危害则大得多。机构伪善的危害是双重的，一是伪善本身的危害，二是由机构伪善所诱发的人的伪善。

人是道德存在，无论差异有多大，我们对其都有基本的道德要求，对一个人没有道德要求，实际上意味着已经放弃了对其作为人的资格的承认。机构种类繁多、性质多样、目的各异，我们对不同的机构有不同的道德要求。这是机构与人的一个显著不同。比如，对商业机构与教育机构，我们的道德要求差别巨大。商业机构只要不违法，其行动就是可以接受的。但越是成功的商业机构，越不会赤裸裸地追求利益，越会向社会宣示自己的道德要求和道德责任。这里面有多少真诚，有多少虚伪，那就难说了。有观察者一针见血地指出，"在现代商业活动中，道德伪善不仅是一个实践'美德'，还是一个行为规范"①。也就是说，多数商业活动都是以道德作为装饰、作为获取利益的手段，在这一过程中，商业公司也会被自身的"高尚"所感动，真诚相信自己不是在谋取利益而是在做良善的活动，其中的原理就是道德伪善中的自欺与欺人的结合。对商业机构将道德作为营销手段的道德伪善，我们即使识破，一般也不会义愤填膺。根本的原因是，在商业活动中道德不是主导性的关系原则，主导性的关系原则是利益，我们不会混用两种关系原则，去片面强调商业机构的道德性。②

但教育等公共机构不同，道德是其立身之本，必须有好人一样的道德信念和道德坚守，否则就会失去其存在的道德基础，失去教育人的道德资格。教育机构如果言不由衷、行不由心、言行不一，就是道德伪善。机构与人有相通的一面，也有相异的地方。相通的一面在于，机构也有自己的信念与价值，在其言行中得到体现。我们可以通过言（对自身信念和价值的表达）与行（是否遵循公共表达的信念与价值）来判断其是正直的还是伪善的。如前所论，人是多维存在，在理性之外，还受情感、习惯甚至是本能的驱使，人的内外不一、言行不一，可能是多种原因导致的，不

---

① C. Daniel Batson, Elizabeth Collins, Adam A. Powell, "Doing Business After the Fall: The Virtue of Moral Hypocrisy", *Journal of Business Ethics*, 2006（66）, pp. 321-335.

② Ronald C. Naso, *Hypocrisy Unmasked: Dissociation, Shame, and the Ethics of Inauthenticity*, Maryland: Jason Aronson, 2010, p. 4.

一定是带有理性算计的欺骗，不一定是道德伪善。机构则不同，机构是理性建构，是以理性设计为基础而建立起来的，目标明确。机构的内外不一、言行不一，基本上都是主动性、主观性的，即使没有明确的欺骗性，也是道德伪善。这是机构与人的相异之处。我们对以道德为"立构之本"的机构有较高的道德要求，就在于这类机构本来就是以道德作为追求的，如果其内外不一、言行不一，那就是典型的道德伪善。机构的道德伪善，虽然指向的不是特定人、特定对象，我们作为个体，不是直接的被危害目标，但因为其指向的是公共空间、公共利益，是一种公共欺骗，所造成的危害就更深、更大。

教育等公共机构的道德伪善，其危害还在于对个人道德伪善的诱发。道德学习并不总是有意识的，也会以暗示与接受暗示的方式进行。机构的道德伪善对机构中的人而言是一种强大的暗示力量，在机构中生活，就意味着在不知不觉中接受暗示、受到影响。机构道德伪善的暴露，也会引起机构中人的心理失调，为了达到新的平衡，机构中人要么变成机构的批评者、挑战者，要么变成机构的合作者。对成长中的人来说，教育机构是远比他们强大得多的"高山大河"，因此，为了自保，只能合作。对一些已经有不良倾向的机构中人来说，机构的道德伪善给了他们走向道德反面的支持和样板，正好是引导他们走向另一个方向的诱发性力量。

（四）道德伪善的内外条件

人是道德主体，对自己的道德选择负有责任，但人又是社会性存在，不可避免地受社会环境的影响。道德伪善的形成，既有内在条件，即道德主体自身的问题；又有外在因素，即外在环境的诱发。

诱发道德伪善的外在因素，除了上文提到的机构伪善外，还有高调、高压、不公正的社会环境等。第一，一个高调的社会环境对人提出过高的道德要求，而现实中的人根本达不到这样的要求，道德伪善就被诱发出来。其中的机制并不复杂，虽然高道德要求是明显达不到的，但个体相对于提出要求的社会来说又是那样弱小，根本无力反抗，只能以伪装的方式来认可社会的道德要求。在这一过程中，个体也许一开始主要是为了自保，此时的道德伪善尚不严重，但随着伪装所带来的好处，自保退居其次，获利成了首选，道德伪善的程度就加深了。第二，道德伪善的历史研究发现，过去时代的宫廷生活里道德伪善严重。[①]之所以如此，就在于宫廷生活的高压性、专制性，每个人都没有安全感，每天都是如履薄冰，这时候自保是第一位的，道德正直往往没有价值。而且，权力掌握者又需要臣民的忠诚，自保的人就给他们想要的忠诚。结果，道德变成了讨好掌权者、进行自我保护的工具，伪善成了"潜规则"。真是"种瓜得瓜，种豆得豆"，高压的社会环境，所要的不是人们的真心而是屈服，而伪善则是屈服之外再加上一些可怜、可悲的欺骗和狡猾。第三，不公正的社会环境也是道德伪善的诱发因素。对不公正可以有不同的理解，但都牵涉权力的分配与运用，在一定程度上，不公正就是权力的分配与运用的不公正。莱莫斯（J. Lammers）等人的研究发现，权力有增加有权者道德伪善的力量，有权者更倾向于对他人提出更高的道德标准，对自己进行更为宽松的道德评判，所谓"严人宽己"。[②] 权力为什么有这样的效力呢？原因在于权力让人有权去评判别人，让人更愿意维护规则、规范（维护规则、规范就是维护自己手中的权力），让人更愿意发表意见，更加敢于告诉别人什么该做、什么不该做，让人敢于用权力去抵消他人的否定性评价。在权力不公正的环境下，尤其是在反抗无门的情况下，无权者要么变成愤世嫉俗者，要么变成道德伪善者，用道德伪善来自保和进行消极抵抗。

道德伪善有外在诱因，也有内在条件。首先，人是有限存在，却有无限的思维与想象，有限与无限的落差作为人性的客观现实，既为人性的创造奠定了基础，也为思与言、言与行的不一致创造了前提。作为有意识的语言存在，我们的所想要用语言表达出来，但与语言本身并不是完全一体的（所想与语言既有融为一体的一面，也有相互分离的一面），这就为所

---

① Ronald C. Naso, *Hypocrisy Unmasked: Dissociation, Shame, and the Ethics of Inauthenticity*, Maryland: Jason Aronson, 2010, p. 30.

② Joris Lammers, Diederik A. Stapel, and Adam D. Galinsky, "Power Increases Hypocrisy: Moralizing in Reasoning, Immorality in Behavior", *Psychological Science*, 2010 (5), pp. 737-744.

想与所言的不一致埋下了伏笔。至于所想与所行的差距，那就更大了，我们可以有无限的思维，但行动能力却是有限且受外在条件限制的。同样，在语言表达与行动能力之间也存在着巨大的缝隙，说起来容易做起来难，我们甚至可以说出此生此世完全不可能做到的事情。其次，人是道德存在，这既意味着道德对人的无限限定，也意味着人对道德的无限追求。一方面，暂时做不到阻挡不了人对诸多道德价值的渴望与追求；另一方面，即使成了坏人，人依然在道德的限定之中，依然无法逃脱道德力量的约束。前者既是促使人更加高尚的力量，也为道德伪善预留了可能；后者既为道德伪善铺平了道路，也再一次显示了道德的力量。再次，人有多重需要，但自保需要是基础性的。当然，从这一基础性需要出发，可以走向道德，也可以走向道德伪善，关键看道德主体要追求什么、外在环境给予人什么样的诱导。最后，人是道德存在，但总有作恶的可能，这就是康德意义上的根本恶。①欺骗意义上的道德伪善，实际上就是以道德为掩护的作恶。从根本恶出发，作为道德恶的道德伪善，有不可根治的人性根源。

三、道德伪善的教育学思考的意义

以上关于道德伪善的教育学思考与心理学、伦理学的侧重点有明显不同，接下来的问题就是这种不同有什么意义。

（一）以积极的眼光去看人

道德伪善是一个严重的道德判定，说一个人道德伪善，甚至比说其缺德更严重，虽然道德伪善也是一种缺德。伦理学可以在概念上区分伪善与真善，将道德伪善的特征与危害界定清楚，为思考道德伪善提供逻辑一贯的理论架构。教育学则不同，教育要面对真实的、发展中的人，无法将人一分为二——一部分是正直的，另一部分是伪善的，更不能轻易给人贴上道德伪善的标签。教育学作为研究如何引人向善的学问，既要看到人有

① 高德胜：《论教育对道德恶的抵抗》，《教育学报》2018 年第 2 期。

走向道德伪善的可能，更要看到即使面对道德伪善的蛊惑，人依然有走向道德的可能。教育所要发挥的作用就在于，在人走向道德伪善之前给予预防性引导，同时激发人走向道德可能的潜力。

从道德伪善产生的内在条件来看，所想、所言与所行的天然落差注定了每个人都有道德伪善的可能。这是从人的本性来看的，即使从现实来看，也是如此。现实生活如此复杂，对道德原则的坚守是艰巨任务，我们都有为了个人目的而放弃道德原则的时候。①一个人的道德标准越高，伪善的风险越大。相反，道德标准低的人却可能做坏事且没有道德伪善的纠结。教育学对道德伪善思考的贡献就在于不以特定情景下的伪善去判断一个人，特定情景下的伪善同具体行为的伪善与伪善性人格是两回事，不能混为一谈。也就是说，我们即使在特定情景下做出了伪善的反应，也并不意味着我们就是一个伪善的人。而且，从具体行为的伪善中，也可以获得道德教益，比如，事后的羞耻感、内疚感都是推动我们改过迁善的力量。②当然，如果具体行为的伪善频繁发生，特定情景中的伪善就可能已经沉淀而成为人格性的伪善了。

再进一步，即使一个人有了道德伪善的人格倾向，依然有改正的可能。第一，其之所以用道德掩盖自己的恶意，说明其依然受道德约束，依然能够感受到道德的力量。第二，意图虽然重要，但实际生活中总有一些意料之外的事情让人改变初衷。比如，一个有道德伪善倾向的人，本意是以道德为工具去实现另外的目的，却在这一过程中意外受到了教育和触动，放弃了本来的企图，转而成为道德的拥护者。第三，除去大奸大恶、处心积虑的道德伪善者，偶有伪善或处在人格性伪善初始阶段的人，手段并不高明，很容易败露。伪善的败露对当事者来说，是重大的道德危机事件。败露有不同的形式。一种是自我觉察式的败露，即在别人并未觉察或有所反应的时候，突然意识到了自己的自欺欺人。这种败露当然有多种发展的可能性，能够意识到自己的伪善，已经说明了道德意识的觉醒，多数

① Mark Alicke, Ellen Gordon & David Rose, "Hypocrisy: What counts?", *Philosophical Psychology*, 2013, 26 (5), pp. 673-701.

② 高德胜：《羞耻教育：可为与不可为》，《教育研究》2018 年第 3 期。

情况下，这都是一个自我反省、自我认识、自我道德提升的机会。另一种是公开败露。这对当事人而言是一场道德形象灾难，这时候其既要承受外在的道德谴责，又要承受道德形象坍塌所带来的"内伤"。对多数人来说，度过道德灾难的最佳方式是开始个人"道德重建"工程，除非他放弃道德认同，公开做一个坏人。

正规教育所面对的是发展中的人（基础教育所面对的基本上是未成年人），在道德上是未定型的人，绝对不能给他们贴上道德伪善的标签。当然，这样要求也并不是无视他们道德上存在的问题。虽然几乎不存在处心积虑的伪善者，但不可否认，即使是未成年人，也可能会有具体行为上的伪善，甚至有人格性伪善的苗头。以积极的眼光去看发展中的人，不是无视问题，而是看到问题背后的多种可能性。伪善与说谎密切相关，甚至可以说是说谎的一种形式。正如我们不能因他们偶尔有之的说谎行为来断定他们没有诚实品质一样，也不能因他们偶尔为之的伪善来断定他们就是伪善的。偶尔有之的说谎行为是走向诚实的学习方式之一，同样，偶尔为之的伪善也是走向正直的学习方式之一。即使是有人格性伪善苗头的受教育者，也并不一定发展成为人格性道德伪善。当然，遇到这样的受教育者，教育者需要更加用心、更加主动地去引导、教育，以免不可挽回。

（二）从"不一致"中看到教育的契机

如前所论，所想、所言、所行三个要素组合起来，共有六种不一致，其中三种不一致与道德伪善没有关联性。另外三种与道德伪善有关联性的不一致，都具有双向可能性。正是在这种双向可能性中，教育的意义才得以显露。如果注定是走向道德或注定是走向伪善，教育也就失去了存在的意义。

先看所想与所言、所行的不一致。心理学看到的是心理事实；伦理学思考的是道德伪善的危险；而教育学关注的是这种不一致是如何产生的，如何根据其发生将其引向道德学习的方向上。人有自我意识和自主要求，对人对事都有自己的思想与判断；人又是群体动物，有承认和归属的需要，必然受群体和社会要求的约束，即使内心所想没有跟上，多数情况下也会按社会要求去说、去行。所想与所言、所行的不一致由此产生。消极地看，这是道德伪善的"温床"；积极地看，这是道德学习的过程。第一，在内心所想未跟上的情况下，先按群体与社会要求去言去行，在表达与行动中体会道德的意义，进而实现思想意识的提升。第二，人之内心不是自闭于外的，而是与外在世界时时保持着对流互补。通过服从外在要求，外在的要求也会经由反复而行成为习惯。由外而内的习惯可以进入心灵成为心灵的重要组成要素，我们的思考，其实都带有这样那样的倾向，其中就有习惯的力量。从这个角度看，服从要求、养成习惯，既是道德学习的方式，也是养心的方式。教育和道德教育历来重视习惯的修身养性功能，道理即在于此。第三，教育和道德教育是心灵事业，当然不能只重外在的言行。教育所要做也一直在做的就是用人类历史上的伟大心灵对人性的思考去启明年青一代的心灵。即使在异常功利的当代，人文教育依然有其生命力，正是教育之初心不死的明证。

再看所言与所行的不一致。如前所论，所言与所行的不一致，原因多样。如果是把理想当成了现实，消极地看，有道德伪善的危险；积极地看，是道德想象力的发达与运用。如前文所述，道德想象力是道德教育研究与实践领域的一个薄弱环节，实际上在我们的道德思考与道德行动中扮演着不可或缺的角色。简单说来，道德想象力就是人运用想象力理解自身、情景和解决道德问题的多种可能性的能力。把理想当作现实、把现实当作理想，说明我们已经跳出现实的束缚，看到了解决道德问题的现实之外的可能性。从这个角度看，这种意义上的言行不一，正是道德想象力的运用，对道德想象力的发育有正面意义。在教育与道德教育中，引导受教育者对诸多历史与现实道德情景中的道德问题进行思考，着眼的不是如何去做，而是感受、想象解决道德问题的多种可能及每种可能的可能后果，指向的正是道德想象力培养。如果是意志薄弱，一方面就要承认意志薄弱导致的说到做不到不是道德伪善，另一方面则要警惕意志薄弱的恶化或以意志薄弱为借口。教育所要做的，既包括日常化的意志品质锻炼，比如按时作息、克制娱乐诱惑等；也包括专门的意志品质培养活动，比如德育课程、学校活动中的意志磨炼活动等。如果是动机冲突导致的，就要对学生进行动机识别、冲突解决方面的教育引导。总之，无论是哪种原因导致的言行不一，其中都蕴含着教育与道德教育的契机。

在欺骗性道德伪善中，伪善者对好名声的追求是一个中介性环节。伪善者不是好人却装好人，通过获取好名声来实现个人目的。对伪善的矫正也可以从好名声这一中介入手。教育的着眼点不在于过往，而在于未来。伪善者借助虚假的好名声掩盖了自己过往和内心的种种不堪，教育所要做的不是戳破，而是从其对好名声的看重着眼，促使其展现出与好名声相配的德行来。这一过程，有"将计就计"的意味，但不是为了使其在伪善中越陷越深，而是将其从伪善的泥沼中牵拉出来的一种策略。道德的力量就在那里，无论一开始的动机是什么，做得多了，就会受到触动，就可能成为内在品质的一个构成。教育不断言一个人的伪善，因为这种断言其实就是将伪善坐实，封死其向道德转身的可能。教育所要做的是，不说受教育者伪善，只要求他按他所显示的道德标准去做，用道德的力量去"征服"他，让他自己去醒悟。

（三）从道德伪善中看到道德的力量

以道德严格主义的标准来衡量，具有伪善部分特征的"不一致"（可称之为前伪善、类伪善）与欺骗性的"不一致"都不是道德的，前者对道德"怀有二心"，后者站在道德的对立面。但从教育的角度看，即使是真正的伪善，依然与直接反对道德的恶有所不同。道德伪善虽然本性属恶，但还是戴着"道德的面具"，未与道德公然翻脸。既然戴着"道德的面具"，那就说明道德对其依然有约束力，道德依然在发挥作用。具体说来，在道德伪善中，道德的力量体现在以下几个方面。其一，道德伪善有亲社会性，也能激发亲社会行为。道德伪善的伪装，是按他人与社会要求所进行的伪装，迎合的是他人要求和社会标准，撇开动机不谈，客观上具有亲社会性。这种亲社会性，在他人那里得到响应，即是对亲社会行为的激发。其二，道德伪善者对道德虽然并不真心，但并未公然反对、公开践踏道德，相反，伪善者还往往是道德的积极维护者（被人称为"道学家"）。这种维护动机不纯，但客观上说明道德依然在起作用，伪善者依然在用道德要求自己、要求他人。其三，道德伪善的一个重要特征在于伪善者对道德缺乏严肃、真诚态度，将道德工具化，以道德作为伪装去换取个人利益。即便如此，其把道德作为伪装工具，还是说明其意识到了道德的意义，道德的力量在这里又一次得到了显现。其四，道德伪善，在未败露之前，对群体道德氛围有积极维护作用。在群体生活中，个体的公然败德对群体道德氛围有毒化作用，所谓"一粒老鼠屎坏了一锅粥"。人有多种，德有高下，但如果品格高的、品德低的（伪善者）都在维护道德标准，群体的道德氛围就会相对较好。其五，道德伪善往往伴随着自欺，即伪善者不承认自己的伪善，反而以为自己是好人。道德在这里再一次显示了力量，那就是，即使是坏人，也知道做坏事不是一个好的体验，也要去找找做好人的感觉。也就是说，即使是伪善者，也不承认自己是伪善者，因为意识到自己是伪善者是痛苦的，所以要想办法为自己开脱，"说谎者为自己所作的道德辩护是，他因为厌恶说谎，所以不得不在欺骗他人之前先让自己相信谎言"①。其六，伪善可以理解为坏人对道德的理想追求。伪善者的个人品德虽然遭到了一定程度的腐蚀，但之所以伪装道德，说明其依然对道德怀有那么一点点敬意。或者可以这样说，伪善者虽然背离了道德，但却依然知道道德的自己是什么样子的，依然知道自己应该成为什么样的人，依然知道重返道德那条路在哪里。道德，依然是伪善者心头虽然暗淡但依然未灭的点点星光。

（四）从道德伪善形成的条件中看到教育努力的方向

高调、虚假的社会环境滋生道德伪善，朴实、真诚的社会环境则抑制道德伪善的滋生。学校不是社会，但又是社会。前者是说学校毕竟与社会不同，学校不能代替社会；后者是说学校可以在自己的空间里建构相对理想的社会环境，并以此为基础去影响、改造学校外的社会环境。且不论学校对社会生活的影响与改造，单就学校在受教育者生活中的时间、空间、

---

① 阿伦特：《过去与未来之间》，王寅丽、张立立译，译林出版社 2011 年版，第237 页。

内容上的主导性，就知道学校主动去建构一种朴实、真诚的生活本身所具有的以及在抑制道德伪善上的双重意义。

　　既然民主、公正的学校可以避免道德伪善，学校就应该主动建构民主、公正的学校生活。这样的学校生活，既能够通过生活的过程来培育受教育者的民主精神和公正、正直品性，具有正向的道德教育作用；又有使道德伪善没有必要、无处存身的特性，具有反向的预防道德伪善的作用。当然，学校受制于多种力量的掣肘，不可能特立独行。但学校的这种处境不是借口，作为教育机构，道德至上、学生至上，既然民主、公正的学校生活意义如此重大，无论有多大的困难，从学生出发，学校都应该竭尽全力去建构这样的生活。

　　如前所论，学校作为教育机构如果沾染上机构性伪善，其破坏性是双重的、加倍的。因此，学校应该有自觉预防、警惕机构性伪善的意识。一是真心育人。当今社会赋予学校越来越多的功能，学校作为教育机构也越来越复杂，欲求也就越来越多。学校的诸多言行不一，就是由于学校欲求过多、无法专心育人造成的。学校在追求其他目的时，限于机构性质，以育人为装饰，机构性伪善就产生了。学校作为社会机构，当然也有自己的利益诉求，不是不要利益、荣誉，而是应聚精会神于育人，其他的都是附带效应。如果将其他附带效应作为目的，那就是本末倒置。二是教育也应该少说多做，说出来的就一定要做到，给受教育者树立典范。三是要求学生做到的，学校和教育者首先要做到。如果说第一条是"正心"，即正教育之心；那么后面两条就是"正行"，即正教育之行。正心与正行结合，才能有真诚、正直的教育。

　　道德伪善产生的内在条件是没有某种品质或未达到某种品质的较高水平却伪装有或达到了较高水平。这一内在条件为教育提示了两个努力方向。一个是帮助学生回到真实状态，不自夸。在这个方向上，教育的着力点是诚实教育，以诚实教育来抵御道德上的自夸与伪装。另一个则是反向而行，从提升学生的道德品质入手，使之达到其所自夸、幻想的水平。基于此，教育和道德教育只要用心于提升年青一代的道德水准，即使没有专门去克服道德伪善，实际上也已经为预防和消除道德伪善作出了贡献。

第三部分

生活德育范式的拓展研究

　　生活德育的深化还在于生活德育的范式拓展，即从道德教育活动拓展到领导活动、教学话语活动、教材功能形态、德育教材的叙事思维方式等方面。

第八章　道德领导与道德教育

　　道德领导这一概念对中国德育理论与实践来说是一个相对陌生的概念。一方面，道德领导这一概念本身是西方商业领域的概念，进入教育领域的时间也不长。即使在商业领域，虽然文献众多，但对于何为道德领导"几乎不可能达成完全的共识"①。进入教育领域的道德领导概念，虽然经过改造与调整，但依然没有褪尽经济概念的商业气息。②另一方面，在我们的潜意识里，领导是少数人的事情，与地位与权力密切相连，与道德的联系疏远。即使是教育专业人员，对美国教育学术界如此热衷于领导与道德领导研究，也觉得费解。正是道德领导概念的来源和我们对这一概念潜意识中的抵触，导致我们对其关注不够，研究不够深入。

　　人是关系性存在，但关系中的人在能力与德性上并不是平均的，总需要一部分出众者将众人凝聚在一起，为众人指明方向，带领众人走向正确的道路。这一基本境况决定了必然有领导者的存在。人又是道德存在，从规范的意义上，作为指引的领导应该是道德的，领导即道德领导，带人误入歧途当然不是领导。教育是代际事务，从根本上说是一代人对另一代人的带领，从这个意义上说，教育本身就有领导之特性。如果说在其他领域，人们对规范意义的领导即道德领导尚有异议（很多人实际上是将道

---

　　①　Mary-Elaine Jacobsen, "Moral Leadership, Effective Leadership, and Intellectual Giftedness: Problems, Parallels, and Possibilities", in D. Ambrose, T. Cross (eds.), *Morality, Ethics, and Gifted Minds*, Springer Science+Business Media LLC, 2009, pp. 29–46.

　　②　Mar Rosás Tosas, "Educational Leadership Reconsidered: Arendt, Agamben, and Bauman", *Studies in Philosophy and Education*, 2016 (35), pp. 353–369.

德领导视为一种实现商业目标、获取利益的手段），那么教育领域的领导就是道德领导，应该是教育领导之本义。由此看来，我们潜意识里对道德领导的抵触，使我们在理论上失去了一个透视学校教育伦理和道德教育的视角，在实践上失去了一个提升学校伦理品质和施行道德教育的维度。

一、何为道德领导

（一）领导的内在价值规定性

领导是人际现象，发生于群体生活之中。在个体独自生活的情况下，不存在领导的问题。人是群体动物，单个的人不自足，无法独自生存下去，群体生活是人的基本存在条件。正如亚里士多德所说，"城邦（是一种群体生活形式——笔者注）显然是自然的产物，人天生是一种政治动物，在本性上而非偶然地脱离城邦的人，他要么是一位超人，要么是一个鄙夫"①。过群体生活，就在于以群体补个体之不足。群体生活如果没有方向，没有凝聚性，不但不能补个体之不足，还会损害个体。组成群体的个体，一方面是个性多样的，有各种不同的趣味与偏好；另一方面，个体的能力又不是平均的，需要有人来协调不同倾向、偏好与利益，将不同个体的能力凝聚在一起形成超出个体的强大能力。

所谓领导，有多重含义，首先是"在前面"，即在众人之前。如果将群体生活形态简化为"向前走"这一基本原型的话，领导就是"走在前面"，领导者就是"走在前面的人"。当然，群体生活有总体性，也有临时性，在一个临时性事务中，"在前面"也是领导。其次，"在前面"的另一个含义就是给众人以方向性指引，即引导众人朝一个方向去，领导即引导。再次，领导"在前面"，也即将自己置于众人注视之下，是在众目睽睽之下行动，因而这种行动具有示范性。在这个意义上，领导即示范，领导即榜样。最后，领导不但"在前面"引导、示范，还要使众人团结起来，使群体有向

---

① ［古希腊］亚里士多德：《政治学》，颜一、秦典华译，中国人民大学出版社2003年版，第4页。

心力和凝聚力，发挥出超出个体的能力。在这个意义上，领导即团结。

从领导的本义来看，领导的价值规定性是显而易见的。"在前面"，从规范的视角看，当然是在正确的事情、方向的前面，不是在错误的事情、方向的前面，如果是后者，那就不是"领导"而是"诱导"。同样，作为指引、引导的领导，也是内含价值方向的，即往良善的事物、方向上指引，而不是朝歧路上导引。示范、榜样本身就是带有价值内涵的，即示范、榜样就是好的示范、好的榜样，如果相反的示范或榜样，就会加上限定语——坏的示范、坏的榜样。同样，团结意义上的领导也是如此，团结本身就是一个褒义词，相反意义上的类似行为，一般不用团结，而用带有价值判断的"纠集"等表达方式。正是因为领导概念所内含的价值规定性，我们说伦理道德处在领导这一概念的核心位置。无论现实、事实意义的领导离道德有多远，都无损于领导这一概念的价值规范意义，领导就是道德领导。在领导与道德的关系上，"道德概念可以脱离领导而存在，领导概念不能脱离道德而存在"[1]。

现实世界的领导复杂多样，价值规定性并不显著，以至于公众甚至是研究者都忽视了领导这一人类现象的内在价值规定性。学术界、一般公众对领导与道德领导的抵触在于这样的理解与领导的现实存在着巨大的落差。在现实生活中，领导多是基于地位和权力的，来自特定地位的权力是领导的依据与驱动力。早在古典时期，哲人就已经认识到领导与统治的区别。与领导是"在前面"带领大家走正路不同，统治以骄横与恐惧（hubris and fear）作为基本心理与行动逻辑。统治者自身以骄横为特征，在被统治者心里制造恐惧，用骄横激发被统治者的恐惧，用恐惧来滋养自身的骄横。[2]当然，当代人见证最多的还是管理式的领导，现代机构对封建统治进行改造，在恐惧的基础上加上利诱，即如果被管理者按照管理者

---

① Abraham Olivier, "How Ethical is Leadership?", *Leadership*, 2011, 8（1）, pp. 67-84.

② Paul Woodruff, "The Shape of Freedom：Democratic Leadership in the Ancient World", in Joanne B. Ciulla（ed.）, *The Quest for Moral Leaders*, Northampton：Edward Elgar Publishing, Inc., 2005, pp. 13-28.

的要求表现良好，就可以获得地位升迁和物质利益回报。统治利用的是人的自保本能，管理利用的主要是人的欲望。统治也好，管理也罢，其实都是对人的控制方式，不是真正意义上的领导。也就是说，是统治和管理冒用了领导之名，以领导之名来装饰自己。一般公众对领导的抵触，实际上抵触的不是具有规范意义的领导，而是对人进行控制和利用的统治与管理。在这个意义上，统治和管理败坏了领导概念的本义，使之污名化，在公众理解中价值规定性严重流失。

对于统治，古典时期有对应的超越模式，比如中国儒家的圣人之治、仁政、德治思想，古希腊苏格拉底和柏拉图的"哲学王"思想。也就是说，道德领导虽然是当下的一个研究话题，但实际上有很深的古典根基和渊源。"道之以政，齐之以刑，民免而无耻；道之以德，齐之以礼，有耻且格。"（《论语·为政》）孔子直接将以权力压制为特征的统治与以道德为特征的仁政（道德领导）对立起来，将后者视为前者的出路。孟子也说，"以德服人者，中心悦而诚服也"（《孟子·公孙丑上》），也是将仁政（道德领导）视为领导的理想境界。苏格拉底与柏拉图的"哲学王"是指脱离现象世界而进入形式与理念世界的正义之人，最配做城邦的"统治者"（领导者），其领导就是对正义和道德的守护。当代道德领导概念的复生，一方面是古典道德领导思想的回响，另一方面也是对以权力压制与欲望诱惑式"领导"方式的反抗与抵制，期望重新恢复领导的内在的价值规定性，恢复领导的道德维度。越来越多的人认识到，领导如果没有一个道德维度，如果不是道德意义上的好领导，无论其他意义上有多好，也都算不上真正的好领导。①

（二）道德领导的不同形态

领导有内在的价值规定性并不意味着领导的泛道德化，即不是所有的领导行动都是为了道德。人是道德存在，但道德不是人的全部，在道德之

① Deborah L. Rhode, *Moral Leadership：The Theory and Practice of Power，Judgment，and Policy*，San Francisco：Jossey-Bass A Wiley Imprint，2006，p. 5.

外，人还有许多与道德没有直接联系的事务和活动。如果事事都带上道德的负载，人的活动就会负担沉重。在诸多情况下，道德以隐身的方式存在，当问题凸显时，才从隐身状态转向显身状态。在诸多领导活动中，道德也是隐身的。比如，一个社会机构，有其自身的使命，机构领导按照机构使命领导机构成员工作，多数情况下，道德是隐而不显的，只是在发生矛盾冲突的情况下，道德才会显身。道德既然是隐身的，那为何还能称得上是道德领导呢？首要的原因在于，在与道德没有直接关联的领导活动中，道德虽然是隐身的，但道德却是一个基本的底线，即看似与道德没有联系的活动是以不违背道德为条件。也就是说，在这类领导活动中，道德虽然隐而不显，但依然为领导活动划定了范围与界限。只要没有突破道德的范围与界限，那这领导就算得上是"道德的领导"（不违背道德的领导）。一旦突破道德的范围与界限，那就不是"道德的领导"而是"不道德的领导"了。其次，领导活动虽然表面上与道德没有关联，但其所指向的事务应该是对社会、对群体、对人有益的。比如，一个企业家领导自己的公司生产一种产品，虽然不是基于道德目的，但其产品对人们的生活是有益的，这种有益性就具有道德含义。再次，一个领导行为之所以称得上领导行为，在于其不是以恐惧和利诱的方式进行的，而是以人性的方式进行的，借助的是作为人的积极特性，比如信任、关心、事业心等。这样的领导行为，从更为宽广的意义上看，本身就是道德行为。

以道德为底线的道德领导，我们可以将之称为"消极的道德领导"。这里的"消极"不是否定，而是指领导在道德上的一种非主动状态。在这种道德领导形态中，作为底线的道德是一种背景性存在，道德基本上没有上升到自觉的层次上。这是道德领导的第一种形态。比"消极的道德领导"主动一点的道德领导是"以道德作为方法的领导"，即道德领导的第二种形态。以道德作为领导方法的构成，意味着领导者已经意识到了道德在领导活动中的意义，主动借助道德的力量进行领导，道德已经从自在进入了自觉的层次。但在这种道德领导形态中，领导者的道德自觉性依然是有限度的，即以道德作为方法去实现另外的目的。也就是说，领导者虽然意识到了道德的力量，并运用道德的力量去实现领导，但活动的目的还不是为了道德，而是为了其他。比如，一些商业公司的领导，以律己、关心、公正的方式领导员工实现公司生产、销售目标，虽然借助了道德的力量，但目的却在别处。这就是研究者所说的以"做得善"（doing good）去实现"做得好"（doing well）①。毋庸讳言，这种形态的道德领导，看重的是道德的工具价值，不是以道德作为追求的。即便如此，我们也不能否定此种道德领导形态的意义。一方面，领导者能够借重道德的力量，已经表明其理解、体会到了道德的意义，领导者本身在一定程度上是认同、信奉道德之价值的，与那些公然藐视道德价值的所谓"领导者"不在一个层次上。另一方面，道德虽然是实现其他目的的工具，但道德的力量一旦发挥出来，就会延续、生长，就会得到繁盛。而且，虽然作为方法的道德并不能保证目的的道德，但起码也是一种制衡，因为领导者一旦以道德的方式去实现不道德的目的，就会陷入自相矛盾，领导员工的道义性就降低了。

道德领导的第三种形态是"为了道德的领导"（leadership for morality）②。这种形态的道德领导已经从"消极的道德领导""以道德作为方法的领导"上升为以道德作为目的的领导。在这种形态下，道德不但不再是隐含存在，也不再是工具性存在，而是目的性存在。而且，道德与领导的位置也不同了，不再是以道德促领导，而是以领导促道德。人类生活的诸多领域都不是直接关乎道德的，在这些领域里的道德领导达至前两种形态也就足够了，但人是道德存在，道德是人的主要追求之一，总有一些领域是直接关乎道德的。在这些领域，只停留在道德领导的前两种形态，显然是不够的，必须进入以道德为目的的领导层次。当然，道德领导的第三种形态，即"为了道德的领导"，也并不严格要求以道德作为唯一的目的，道德的目的可以与其他目的共在、融合，但共在与融合不是将道德消弭于其他目的之中，而是在实现其他目的的过程中始终有一个道德追求。

---

① Deborah L. Rhode, *Moral Leadership*: *The Theory and Practice of Power*, *Judgment*, *and Policy*, San Francisco: Jossey-Bass A Wiley Imprint, 2006, p. 15.

② Alan Lawton, Iliana Páez, "Developing a Framework for Ethical Leadership", *Journal of Business Ethics*, 2015（130），pp. 639-649.

当其他目的与道德目的发生冲突的时候，道德目的是第一位的。人们总是以生存的名义在关键时刻放弃道德，康德的回答是："如果正义灭亡，人的生活还有什么意义？"①

（三）学校中的道德领导

当代领导力（leadership）概念来自商业领域。由于商业在当代社会的支配性地位，商业领域总是"恨铁不成钢"地向其他领域推广自己的概念，"商业公司的 CEO 认为自己知道何为领导力，急着与知识贫乏的教育领导者分享他们的知识"②。问题是商业与教育是差异巨大的不同人类活动领域，人性预设、价值追求、运行机制都是不同的，直接将商业管理的模式运用于教育领域与教育领导概念之上，对教育来说是灾难性的。③如前所论，商业领域的领导不能说完全没有领导所固有的道德价值规定性，但更多地表现出统治与利诱的特征。统治本来是政治领域的，现如今也已经进入商业领域。与过去时代不同，全球化时代可以说是"统治的易时代"，因为"只需要全球劳动力的 20% 就足以维持经济的运转，80%的强壮劳动力，从经济的角度看，都是剩余的"④。这样的时代境遇，一个明显的后果是，几乎每一个人在职业生涯的所有时段都时刻面临着被解雇的危险，都生活在恐惧之中。商业领域的领导之所以如此顺利、成功，根源就在于此：根本不用费力去进行监督，生活在恐惧之中的员工为了保住饭碗自会拼命工作。当然，为了吸引能够带来高回报的员工，经济利益、地位回报也是必不可少的。商业机构的 CEO 们只要掌握了这两个"法门"，"领导力"强大是自然的，但这样的领导是不是"道德领导"，

① ［德］汉娜·阿伦特：《责任与判断》，陈联营译，上海人民出版社 2011 年版，第41 页。

② Kenneth Leithwood，"What We Know About Educational Leadership"，in J. M. Burger，C. Webber and P. Klinck（eds.），*Intelligent Leadership*，Springer，2007，pp. 41—66.

③ Mar Rosás Tosas，"Educational Leadership Reconsidered：Arendt，Agamben，and Bauman"，*Studies in Philosophy and Education*，2016（35），pp. 353—369.

④ ［英］齐格蒙·鲍曼：《寻找政治》，洪涛、周顺、郭台辉译，上海人民出版社 2006 年版，第11 页。

那就很难说了。

　　与商业以谋利为本不同，教育是道德事业。第一，教育是代际之爱，体现的是上一代人对下一代人的关怀。由此限定，教育领域的领导，不是别的，而是如何更好地关怀下一代人。第二，商业客观上有为人、为社会的一面，但主观上是为己的，为企业自身的利益。教育则不同，教育主观上不是为己的，而是为孩子的。如果教育领导也如商业领导那样领导员工培育受众对自己产品的忠诚与依赖，那就是逆教育之本性。教育是为孩子的，培养的是孩子的独立性、自主性，时刻为孩子们的离开做准备。第三，作为道德事业，教育的道德性不但体现在目标上，还体现在过程中。因此，教育中的领导不是对人的控制与利诱，而是以尊重、关心的方式对多元、多样与创新的激发、保护。第四，学校中的领导可以指向不同的内容，但学校最根本的活动是学生的学习，因此学校领导的主要指向的是对学习的领导。我们过去总是脱离道德只对学习进行智力意义上的理解，但归根结底，学习也是一项道德活动，因为人是学习的动物，是靠学习来实现自身潜能与本性的存在，通过学习我们才能理解我们是谁（作为自然存在、文化存在与历史存在）①。也就是说，学校中领导的道德性也是学习活动的道德性所要求的。

　　教育的道德性决定了学校中的领导不但是道德领导，而且是以道德为追求的道德领导、"为了道德的领导"。其他领域的领导，如果能够做到以道德为底线、以道德为方法，就已经相当不错了。但学校中的道德领导，当然不排斥以道德为底线的领导、以道德作为方法的领导，但如果只达到这样的层次，显然是不够的。学校中的道德领导，以"为了道德的领导"为基本特征。首先，学校中的领导指向道德，以道德作为核心追求。指向道德，以道德为追求，有直接和隐含两种形式。直接的道德追求，即从以具体的道德要求为追求，比如以尊重、公正为领导之指向。隐含的道德追求，即从表面上看不是直接以具体德性为目标，但归根结底也是以

---

　　① Robert J. Starratt, "Cultivating the Moral Character of Learning and Teaching: A Neglected Dimension of Educational Leadership", *School Leadership and Management*, 2005, 25 (4), pp. 399-411.

良善为目标。比如引导学生学习自然科学文化知识，表面上不是直接的道德要求，但背后隐含的依然是良善目的，即开启学生智慧、帮助学生找到自身作为自然存在的意义。其次，"为了道德的领导"，实际上已经整合了另外两种形态的道德领导。一方面，学校中的领导，当然也不是泛道德的，也可以存在暂时将道德悬置、专心于学术活动的情况，但无论如何，道德都是不可突破的底线。另一方面，既然是以道德为核心追求，也就限定了学校的领导不是借助人性的弱点（恐惧、欲望）而是借助道德的力量。

二、谁是道德领导

（一）职位与道德领导

我们一般将领导或道德领导与职位联系在一起，认为领导是职位的功能。如前所论，这样的认识一方面源于对领导本义的误解，另一方面也是对现实的反映。在真实环境中，领导或道德领导确实与职位密不可分。比如，在学校里，一说到领导，我们一般都会直接联想到校长；一说到领导力，我们一般都会联想到校长的领导能力。在制度化组织中，职位是领导与道德领导的制度化依据。如前所论，教育是道德事业，学校中的领导，从规范意义上都是道德领导，都是教育这一道德事业的一个构成部分。也就是说，学校中的领导都应是"为了道德的领导"，都应是朝向提升学生与学校生活道德品质的领导。从规范的意义上看，职位与道德领导是一致的，学校中占有职位的人，包括校长、副校长、中层干部、班主任都是由职位决定的道德领导者。

从规范的意义上看，职位与道德领导是一致的，但从现实来看，职位与道德领导又有错位的可能。职位与道德领导的错位，起码有两种情况。第一种情况是有职位者不一定是道德领导者。比如，一个人占据了校长职位，但并不理解教育活动的特性，以校长职位所具有的权力作为主要领导方式，用威压、利诱等权谋手段控制教师，其所进行的"领导"当然不是道德领导。一个校长，即使不那么权谋，但却比较平庸，不具备道德领导的能力，只靠学校固有的规章制度维持学校运行，也不能对学校进行真实的道德领导。第二种情况是无职位者不一定不是道德领导者。比如，一个德高望重、经验丰富、专业优异却无正式职位的教师，如果能以自身模范的言行对同事产生重大的影响，同事们在内心对其极为敬重，以其作为行动方向与行为标准，那么这个没有职位的教师实际上发挥着道德领导的作用。

"德不配位"在教育领域的危害比其他领域大。教育是道德事业，这一基本限定要求发挥教育领域的所有教育因素。学校中的职位，从根本上说也不是权力性的，而是教育性的。也就是说，这些职位的设置，主要不是为了体现拥有者的权力，而是为了更好地进行道德领导。占据这些职位的人，不是让其享受职位所带来的权力，而是承担由职位所规定的道德领导责任。从道德领导的维度去理解职位，不是否定职位所带有的权力，而是重新理解职位权力的价值，即职位权力的最大价值在于对学校、学生、教学、学习的道德领导。占有职位而没有道德领导力或者反道德领导，损害的是"教育是道德事业"这一教育的本性。职位与道德领导完美契合是理想状态，有所错位则是现实状态，由错位走向契合应该是学校领导不懈努力的过程。如果意识不到这种错位的问题，把错位当作正当，我们也就失去了提升道德领导力的可能性。

（二）教师都是道德领导

将领导与职位、权力联系在一起已经成了牢固的思维习惯，以至于将道德领导与普通教师联系起来时会有一种怪怪的感觉，很多人会直觉性地反问：教师怎么可能是道德领导？如果从全校事务、同事关系来说，除了个别德高望重者外，普通教师一般情况下确实难以说得上是道德领导。这是从常态来说的，在特定的、自发性的活动中，普通教师也可以成为暂时性的道德领导。比如，在遭遇不公事件时，一位平素很普通的教师勇敢地说出了大家的心声，一下子引发了教师群体的正义感，那么他就是这一时刻的道德领导。如果从教育教学活动出发，每一位教师都处在教育学生的职位上，都应该是学生的道德领导。也就是说，即使是将道德领导与职位直接挂钩，教师本身就是一种教育与道德职位，也就规定了教师的道德领导地位与责任。

教师这一职位在很多人看来就是一个简单的谋生工具，这样的理解完全是对这一神圣职位的降格。在斯泰瑞特（Robert J. Starratt）看来，占据这一职位，就意味着与知识订立了盟约（covenant）、与栖身其中的共同体订立了盟约、与人类订立了盟约。①与知识的盟约意味着教师必须履行知识与真理启明的责任，引导学生理解我们所共同生活的世界；教师是受雇于特定共同体的，与雇佣自己的共同体的盟约，意味着作为该共同体的代表去关心、培养下一代；与人类的盟约，意味着教师要站在人类的高度来关心培养学生，引导学生既认识人的神圣与尊严，也理解人性的弱点与缺陷。无论从哪个维度看，教师这一职位都是神圣的，都富含着道德意义，占据教师这一职位，就意味着代表知识、共同体和人类去培养年青一代，使他们能够成为更加良善之人，使人类之善得到传承与发扬。

如前所论，学校中的道德领导是"为了道德的领导"。这一定位显然与我们对教师工作的主要现实内容不符，教师的主要工作是教学，不是道德教育、道德领导。这一矛盾的产生在于对教学的错误理解。教学不是一个价值无涉的中立性智力活动，教学无论从过程还是目的来说与教育都是一体的。而且，对教学的理解不能只从教师出发，只把教学理解为教师的活动或行为。对教学的正确理解必须参照学习，即教学是对学习的引导（领导）。将教学与学习放在一起来理解，教学的领导结构就显露出来了：教学即对学习的领导。教学是对学习的领导，这种领导又如何是道德领导呢？一个紧跟着的问题是如何理解学习，即学习是一个什么性质的活动。关于这一点，前文已经论及，从根本上讲，学习是一项道德活动。现代科技在当代社会中扮演着过去时代上帝的角色，以至于我们对学习的理解也完全科学化了，学习变成了一种单纯的智力活动，以掌握科学知识为目的。需要追问的是：为什么要学习科学知识？还不是为了更好地理解我们所生存的世界，更好地理解、建构我们是谁，以有意义、负责任的方式介入世界？如果我们对学习的理解达到这个高度，那学习的道德性就是不言

---

① Robert J. Starratt, "The Prophetic Education Leader", *Religion & Education*, 1997, 24（1），pp. 40-45.

自明的。学习是道德活动，教学是学习的领导，那教师的主体活动——教学也就是道德领导了。

说教师是道德领导的另一个依据是教师工作的方式。教师是一种社会职位，这种社会职位附带着一定的权力。但教师领导学生的学习主要不是靠职位所附带的权力，而是靠自身的心灵、智慧与德性。也就是说，教师领导学生，是用自身作为人、作为师者的人性力量来激发、引领学生作为新来者的人性力量。教师表面上在教课程与教材，但实际上却是从课程与教材对世界、对学生的意义这一角度去教学生，是用自己的内在善好激活课程、教材中的内在善好，再去激发、滋养学生的内在善好。①这样的工作方式与政治、商业领域里的统治、利诱等权谋方式是不同的，是真正意义的道德领导。

说教师都是道德领导是从规范意义上说的，事实上当然并不全然如此，教师未能承担道德领导责任的情况并不鲜见。比如：有的教师只把教学当作一份谋生工具，只教知识不教价值（"只教书不育人"）；有的教师只从学科的角度理解教学，不考虑课程、教材对学生的意义；有的教师眼里只有课本、没有学生，不关心学生的需要；有的教师管理学生借助的不是道理、道德、情感，而是强制、压服与专制；有的教师甚至利用学生谋利，给学生带来不道德的影响，施行的不是道德领导而是道德误导；等等。规范与现实的错位是永恒现象，完全契合是不可能的。承认这一点并不意味着对错位的放任，因为如果现实与规范完全背道而驰，那规范的意义也就丧失殆尽。我们的努力方向虽然不是消除这种错位，但是去不懈地缩小这种错位。

（三）学生也可以是道德领导

如果说"教师都是道德领导"是规范命题的话，那么"学生也可以是道德领导"则是陈述性命题。也就是说，学生成为道德领导只是一种

---

① Robert J. Starratt, "Responsible Leadership", *The Educational Forum*, 2005, 69 (2), pp. 124-133.

可能性，不是规范性要求。教师是一种职位，这种职位要求教师成为道德领导，与此对照，学生也是一种"职位"，但这种职位却没有道德领导的要求。作为学习者，学生在相互交往中学习，影响别人或被别人影响都是必然的，但没有对同龄人进行道德领导的规范性要求。没有要求并不意味着学生不可以、不可能进行道德领导。学生进行道德领导的形式也可以有两种，一种是职位性的，另一种是非职位、生活性的。在学校生活中，学生自治组织选出的学生领袖，当然有来自职位的道德领导要求。个别没有正式组织职位的学生，也可能会因为自己的品性、能力而成为非职位的、生活性的道德领导。与教师类似，除了长期的道德领导者之外，在学生中还会有临时性的道德领导，即发生于特定情境、特定事件中的道德领导。

学生中的道德领导虽然不可强求，但意义不可低估。随着年龄的增长，同龄学生之间的相互影响越来越大，到了中学阶段甚至可以达到与父母、教师的影响不相上下的水平。而且，来自同龄人的道德领导最为自然，遇到的抵触最少，效果也就最好。学生中道德领导的存在，能够保证在教师不在场的情况下学生生活的道德品质，避免了教师学生共在生活与学生单独共在生活的巨大差异性。此外，学生道德领导的存在，也是道德领导传承的一种方式。正是看到了学生道德领导的这些意义，西方国家学校中的领导与道德领导培养才成为教育的一个重要关注点，而我们在这方面的意识有待加强。培育学生的道德领导力，最重要的是奠定公正、向上的学生自治组织与文化，充分尊重学生的自主性。有结构性、精神性的文化基础，有对学生自主性的尊重，那些有道德领导力的学生就会脱颖而出。

三、如何进行道德领导

（一）道德领导力的构成

校长、教师，包括一部分学生，要进行道德领导，首先要有道德领导力。那么，紧接着的一个问题就是道德领导力是如何构成的。

品格是道德领导力的关键构成，品格即领导力。首先，道德领导是领导者与被领导者之间的道德共振，如果领导者自身没有品格或品格低下，在被领导者那里就不可能有道德上的感应与共振。道德领导，直接来说就是"以德引德"，即领导者以"自身之德"去引领"他人之德"。显然，没有前者，也就失去了引导后者的可能。一些学校的道德领导之所以不彰，根本原因就在于校长自身的品格有问题。其次，校长和教师的品格是道德领导这一领导性质的保证。以校长为例，一个有品格的校长，在学校工作中，自然会看重道德问题，自然会把学校的道德氛围、师生的道德品质当作头等大事。由校长自身品格自然延伸出来的这些倾向，恰是道德领导的基本保证。一个校长如果品格低下，也许其会在口头上申明道德的重要性，但其工作努力的方向肯定不是道德，而是功利、成就、名誉、升迁，其对道德的轻视在真实工作中是隐藏不住的。再次，品格也是领导方式与策略选择的依据。以教师为例，一个有品格的教师，在自身品格的驱动下，自然会选择以身作则的方式领导学生，对学生充满关心与尊重；一个品格低下的教师，自然也是从其自身所看重的价值出发的，以权力制造恐惧或以利益交换来控制学生，他们看不到道德的力量，道德领导也就没有空间。最后，道德领导力体现于对他人道德的激发与影响上，校长和教师的品格自身就有道德激发和影响能力，能够感染、影响教师和学生。从这个意义上看，校长和教师的品格就是一种自在的道德领导力。

道德素养（moral literacy）是道德领导力的另一个构成要素。在文字时代，不识字就是"文盲"，能够认识文字符号才算是"脱盲"（literacy）。因此 literacy 与书面阅读有关，引申为对特定问题的辨别能力。道德素养是一种"阅读划定我们生存世界的道德地形的能力"①。由此看来，道德素养是一种"识德能力"，即发现、思考道德问题的能力。道德素养与道德品格既有联系，又有区别。一个人如果道德素养较高，能够敏感地发现道德问题，既可能有助于其提升道德品格，也可能助其预做准备从而回避道德责任。道德品格是道德素养的基础，道德品格有助于人的道德素养提升，但道德品格与道德素养并不是完全的正相关关系，一个道德

---

① Patrick M. Jenlink, *Educational Leadership and Moral Literacy: The Dispositional Aims of Moral Leaders*, Lanham: Rowman & Littlefield, 2014, p. 38.

品格较高的人，也可能道德素养较差，分辨不出超过自身直接经验之外的道德问题。可以从二者的对立面来看二者的区别：道德品格的对立面是失德、缺德，而道德素养的对立面则是道德无知、道德愚蠢。

道德素养与道德品格一样同道德领导直接相关。完全知道一件事在道德上是错的依然去做，这是缺德。这样的事情，作为校长和教师来说，当然会有。但更多的情况是自以为是对的或者以为与道德无关，但实际上却是错的、与道德密切相关的。后者就是道德素养问题，即看不到道德问题之所在。有研究者发现，领导者在道德上的失败或者说道德领导的失败，虽然也有道德品质上的失败，但这类失败不是主体，主体性的道德失败是道德素养上的失败，即将道德适用范围窄化、压缩，将明显与道德有关的事务排除在道德视野之外，或者只将道德要求指向别人、不指向自己。①比如，校长为了提升学校的竞争性将学生按考试成绩进行分班，成绩好的分到"快班"里，成绩差的分到"慢班"里，看不到这样做的道德问题，就是道德素养问题（也可能是明明知道这样做的道德问题，但为了功利还要这样做，那就是缺德）。较高的道德素养是道德领导所必备的前提条件。道德领导意味着在道德问题上的"在前面"，即在别人还没有发现道德问题的时候、地方，领导者先发现了道德问题并指明方向。如果领导者的"识德"能力与别人一样或者低于别人，那也就谈不上对别人的道德领导。学生是成长中的人，多数有"赤子之心"，单纯、善良，但道德素养有限，对很多道德问题没有识别能力，这正是教师道德领导力所能发挥作用的地方。比如，很多儿童以叫别人外号为乐，刚开始叫的时候，并不是出于恶意，只是为了好玩，他们意识不到这样做给别人带来的伤害，这时候道德素养高于学生的教师，就要给予学生以恰当的道德引导，使他们明白这样做的道德问题。

道德领导力是在"修己"基础上的"安人"，也就是说，单有品格和道德素养还不够，还要有影响他人的那颗心，即道德心。虽然一个人的品

---

① Terry L. Price, *Understanding Ethical Failures in Leadership*, New York：Cambridge University Press，2006，pp. 18-23.

格自然会对他人产生影响，但自在的影响虽然是道德领导力的基础，但还不是道德领导力本身。道德领导力还需要自觉意识，即自觉地做出努力让世界、让人、让教育变得更好。确实存在着很爱惜自己的道德品质，但却不愿意去主动影响别人、改变环境的人，这样的人虽是好人，但不是好的道德领导者。好人要成为好的道德领导者，还要有做道德领导的动机。康朗苟（R. N. Kanungo）和门登卡（M. Mendonca）关于道德领导力的三维模型，就是将动机与品格、策略并列的。①道德心，或者说道德情怀，是进行道德领导的内在动力。在道德心这一内在动力的驱动下，结合道德领导的基本方法（下文将论及），品格与素养才会发挥出与自在影响不一样的作用。

在教育领域，道德心与事业心是结合在一起的。让他人、世界、教育变得更好不能只靠想象与话语，必须依赖于行动和做事。对校长和教师来说，让他人、让世界、让教育变得更好的道德心只能通过培养学生来实现。过去我们常说，学校里最核心的活动是教学，其实并不准确，学校里最核心的活动是学习，校长的领导、教师的教学其实都是为学习服务的。如前所论，从根本上说，学习本身就是一项道德活动。有道德心，意味着校长和教师要竭力辅助学生学习；因为学校最核心的活动是学习，竭力辅助学生学习就是校长和教师事业心的体现；而学习本身又是道德活动，竭力辅助学生学习又是校长与教师道德心的实现。

（二）道德领导的方法

道德领导力还是一种静态的能力，结合具体的领导方法使之得以运用，才是现实的道德领导力。道德领导的基本方法包括设定目标、做出榜样、创建道德共同体等。

领导意味着"在前面"，一个人为什么能够"在前面"呢？因为看得远。道德领导的作用就在于比同事和学生看得远，能够超越眼前事务，抬

---

① R. N. Kanungo, M. Mendonca, "Ethical Leadership in Three Dimensions", *Journal of Human Values*, 1998, 4 (2), pp. 133-148.

起头来看远方、看未来。对校长来说，就是在多数教师埋头于谋生、埋头于为考试而教时，他能够从学生的最大利益出发，从国家与人类的未来出发，从教育的本性出发设定学校目标。这目标当然并不全是关乎道德的，但道德必然是魂领性的，是必不可少的一个维度。对教师来说，就是在学生埋头于当下生活、斤斤计较于分数与排名的时候，引导他们去关心他人的痛苦、关心社会的发展与人类的未来，将自身的成长融入更宏大的事业之中，通过仁慈与奉献实现自我的"拯救"与升华。

作为道德领导，看得远还不够，还要把自己看到的"远景"化为同事、学生能够理解、愿意为之努力的"愿景"（vision）。从这个意义上说，道德领导也是"愿景领导"（visionary leadership）①。"远景"化为大家愿意为之努力的"愿景"不是简单的事情。首先，取决于"愿景"的合道德性，即这愿景是人道与良善的，是基于人性积极力量的。其次，这愿景虽然是超出眼前的"远景"，但不是遥不可及的，而是通过努力就可触及的，类似于"最近发展区"。再次，愿景产生的民主性。愿景不是领导的强加，而是通过协商、沟通得到广泛理解的共识。在目标设定上的民主性，本身就是道德领导力的体现。最后，有情绪激发力量。领导者所设立的道德愿景，如果只是纯粹理性的，就会缺乏感染力和激发性。人是情绪存在，受情绪感染、激发、驱动。正是从人的情绪性出发，有学者认为道德领导力是关于情绪的，但伦理学没能注意到这一关键点，总是将所有事情都归结为理性，甚至将情绪视为非理性。事实上，没有情感、兴趣、关心，就没有理性，或者说这样的理性只是一个空壳性存在。②道德愿景的感染力一方面来自愿景本身的特性，另一方面也来自设定者自身对这一愿景的强烈渴求。如果领导者所设定的道德愿景连自己都不能激发，何谈激发他人。领导者对愿景的热情，本身就是一种感染力。

---

① Koustab Ghosh, "Virtue in School Leadership: Conceptualization and Scale Development Grounded in Aristotelian and Confucian Typology", *Journal of Academic Ethics*, 2016 (14), pp. 243-261.

② Robert C. Solomon, "Emotional Leadership, Emotional Integrity", in Oanne B. Ciulla (eds.), *The Quest for Moral Leaders*, Northampton: Edward Elgar Publishing, Inc., 2005, pp. 28-44.

　　道德领导不同于统治的地方就在于不是用强力强制别人，而是用自身的榜样行为来引导别人。有吸引力的愿景设立之后，关键是行动。引领别人朝向愿景行动，领导者自身需要先行动，以行动激发行动、以行动引导行动。道德领导最致命的失败不是别的，而是让别人去做自己却不去做或做不到，总是将自己当作享有特权的例外。一旦领导者只要求别人去做而自己却不去做或做不到，那么道德愿景也好，领导的道德性也好，一下子就都"破功"了，都变成了谎言性存在。这时候的领导已经不再是道德领导，而是权力统治或权谋了。比如，校长如果将尊重设为道德目标，其在日常工作中就需要真正尊重教师、尊重学生，做不到这一点，所有关于尊重的倡导都变成了装饰性、讽刺性的谎言。榜样行为是道德领导的主要方式，这一点在关于道德领导的理论与实践中是一个基本共识，正如桑普森（Lindsay J. Thompson）所言，有效的道德领导总是通过榜样和建设性努力，与他人一起建构一个道德环境，能够让大家一起自由、自主地认识并实现正确与美善。①领导者的榜样行为，既是"修己"，又是"安人"。从自身来说，领导者践行道德行为，客观上成为他人行为的榜样，主观上主要还是保持自身的道德同一性，是"修己"。从对他人的影响来说，领导者自身的行为为他人的行为指明了方向，激发了同一性质的行为，是"安人"。

　　以身作则是道德领导的方式，但只靠以身作则那是不够的，这就需要第三种主要的道德领导方法：创建道德共同体。单个人的力量毕竟是有限的，道德共同体创立之后，每个人都能作出道德贡献，都能从他人那里获得道德上的教益并教益别人。道德共同体的创立有"软硬"两个方面。"硬"的方面是指制度建设，即创立公正、正派的制度。虽然学校的基本制度框架是先于校长而存在的，但每一位校长都有一定的制度变革、制度创立的空间。校长通过制度变革、制度创立可以强有力地表明学校主张什么、反对什么。一套好的学校制度，既是校长道德领导

---

　　①　Lindsay J. Thompson, "Moral Leadership in a Postmodern World", *Journal of Leadership and Organizational Studies*, 2004, 11 (1), pp. 27-37.

的"替身"，又是营造学校道德氛围的关键性因素。对教师来说，班级生活的常规也是先于个体教师而存在的，但教师依然可以在与学生充分互动的基础上为班级生活"立法"，变革或创立班级学习生活的基本规范。好的班级学习生活的规范本身就是道德领导力量，同时也是班级良好道德氛围的基础性因素。制度变革与创立是道德领导的有效方式，但如果其方式是专制的，有悖道德领导的本义，也就失去了道德领导的力量。因此，制度变革与创立必须以民主的方式进行，是一个充分沟通、协商、理解的过程。"软"的方面则是领导如何待人。从道德领导的要求出发，领导者只有以真诚、公正、尊重、人道的方式待人，学校或班级生活的道德氛围才会得到改善与提升。如果"一软一硬"两个方面方向一致、互相配合，学校作为道德共同体就能顺利地得以建立。

设定目标、做出榜样、创立道德共同体是道德领导的基本方法。显然，这不是道德领导的全部方法。不同的学者从不同的立场出发，可以总结出无限多样的道德领导方法。比如，埃利奥（Robert J. Allio）就归纳出道德领导的四种基本策略，包括树立并强化价值与目的、制定实现愿景的必要策略、建立运用这些策略的共同体、必要的制度革新。①但无论方法有多少，这三种方法是最基本的。校长和教师在道德领导实践中，也不必拘泥于这三种基本方法，可以也必须从此出发去演化出更为多样、细致的方法。

（三）道德领导力的培养

描述道德领导力的构成是一回事，道德领导力从哪里来则是另一个问题。如前所论，品格即领导力。那么挑选品格良好的人做教师、做校长就是一个明智的选择。也就是说，从教育的道德性出发，品格是选择教师的第一条件。道理如此，但在现实中品格反而常常成了最弱最软的条件。一

---

① Robert J. Allio, "Leadership Development: Teaching Versus Learning", *Management Decision*, 2005, 43 (7/8), pp. 1071-1077.

方面是因为技能至上倾向，我们在选择教师的时候往往看重的是候选人的知识水平、学历状态；另一方面，即使对品格有所关注，但却找不到合适的衡量方法。而且，现在的社会舆论也不利于道德选择。如果以知识和技能来选人，大家都觉得公平合理；如果以道德作为标准来选人，就会遭到"戴着有色眼镜看人"的指责。因为人们可以承认自己知识、能力上有欠缺，但很少有人愿意承认自己品格有问题。因此，在世界范围内，大家都意识到了对候选教师进行"品格筛查"（character screening）①的重要性，但推行起来都是阻力重重。但无论困难有多大，都应该将品格筛查作为教师选择的一个基本政策，因为这样做可以向社会公众传递一个明确的信息，即对教师有明确且严格的品格要求。

对道德领导力的构成进行理论思考相对容易，但建构培养道德领导力的课程与教学法则困难得多。斯泰瑞特构想在教师教育课程中设置专门的道德领导课程，分三个阶段来提升候选教师的道德品质与道德素养，很有启发性：第一步，候选教师阐明自身核心的信念和价值，为道德领导实践建立其牢固的个人基础；第二步，发展指导道德领导实践的正式伦理观念；第三步，发展指导道德领导实践的专业伦理观念。②多数人，包括教育从业人员，多是以直觉和来自父母养育、日常生活的道德观念来思考道德问题，如果以科尔伯格的认知发展阶段理论来衡量，很多候选或在任教师的道德发展阶段并不一定高。通过课程的第一步，促使候选教师反思自身的生活经验，认清自身的价值观念，可以为自身道德品质和道德素养的提升奠定基础、指明方向。第二步是正式伦理观念的建立，是通过课程引导候选教师学习公正伦理、关怀伦理、批判伦理等不同伦理学说，建立伦理理论认同，超越日常概念，从特定理论框架出发重构自己的伦理观念。这一过程既是理论学习的过程，也是伦理观念重构的过程，通过这一过

---

① Deborah L. Rhode, *Moral Leadership*: *The Theory and Practice of Power*, *Judgment*, *and Policy*, San Francisco: Jossey-Bass A Wiley Imprint, 2006, p. 40.

② Robert J. Starratt, "Developing Ethical Leadership", in B. Davies, M. Brundrett (eds.), *Developing Successful Leadership*, *Studies in Educational Leadership 11*, Springer Science+Business Media B. V., 2010, pp. 27-37.

程，提升的是思考道德问题的视野和素养。第三步专业伦理观念的发展则指向对教育本性尤其是学校核心活动即学习本性的认识，形成综合的、道德意义上的学习观。

斯泰瑞特的这一构想，既可以用在职前培养，也可以用在职后培训。如今的职后教师培训，从观念到设计都有诸多问题，亟须根本性的变革。一是技能化，在职培训简化为没有魂领的教学技能培训；二是知识化，在职培训关注的是学科知识的深化与学习；三是脱离教师需要，将教师经验、教师工作的困惑排斥在外；四是培训的形式主义，很多培训都是强制性的一本正经的走过场。总之，教师的在职培训存在着观念上轻视伦理、方法上不科学不道德、内容上没有针对性等问题。从提升教师的道德领导力出发，可以对教师培训课程进行重新设计，包括：提升培训课程的道德关注，将提升教师的道德品质与道德素养作为培训的重点；从教师的专业发展需要出发，聚焦于教师工作中的困惑，以培训来帮助教师重新思考教育中所遇到的困难与挑战；以道德、民主、科学的方式组织培训，使培训由额外的负担变成教师所渴望的珍贵学习机会。

当然，归根结底，领导力不是教的，而是学的。职前的学习固然重要，在工作岗位上的学习则更重要。校长道德领导力的提升除了预备性学习之外，主要得益于在校长岗位上的锤炼，有道德领导的机会才能真正提升道德领导力。应该承认，校长职位既可能带来道德领导力的提升，也可能带来道德领导力的衰退。如果占据校长职位者尝到了校长职位所赋予的权力滋味，崇尚权力轻视道德，那么校长职位给予他或她的就不是道德领导力的提升，而是对道德领导的蔑视。也就说，关键还是看一个人自己的选择。做出什么样的选择，既取决于选择者自身的价值与道德取向，也受限于整个教育体制和特定学校的文化。如果教育体制所预设的校长角色是道德领导的，个体的选择就会受到约束；如果学校有道德领导的氛围与传统，也会影响个体的选择。同样，教师的道德领导力也是在实践中得到提升或遭到消磨的，关键的问题是我们的教育管理体制、学校文化、专业发展机制给予教师以什么样的导向。

四、领导的另一种可能

道德领导对多数学校来说都远不是事实，至多是一种理想。确实，一说到"领导"这个词，人们自动化、下意识的反应不是与道德相联系，而是与权力相联系。这种下意识的反应说明领导是权力控制的观念已经"深入人心"，甚至已经穿过意识层面进入了无意识深层。而且，现实中的领导实践依然在强化对领导的这种理解，人们在职场遭遇的领导基本上都是以权力控制、利益诱导为特征的。现实如此坚硬，反而更显示出道德领导的意义。

柏拉图对话中有一个"隐身戒指"的传说。聚葛本是一个羊倌，放羊时从地震裂缝中获得了一个戒指，只要将戒指上的宝石转向手心，别人就看不到他。有了这一秘密武器，他先是当上了国王的信使，然后勾搭上王后，与她合谋杀了国王，篡夺了王位。①戒指是权力的化身，拥有戒指即拥有权力。从古至今，"戒指"的诱惑经久不息。教育领域也不是权力的空场。但教育与权力是性质不同的力量，是权力控制教育，即以权力的逻辑改造教育，还是教育控制权力，即以教育的方式使用权力，是教育领域的一个重大问题。在权力、利益领导已经深入无意识深层的情况下，道德领导的重要意义就在于它为我们提供了理解领导的另一种可能。人是自为的存在，对多种可能的探索是无法压制的，就怕看不到另外一种可能。只要有另外一种可能存在，就有走向这种可能、探索这种可能的可能。

道德领导也是克服专制的软性力量。说到专制的危害，每个人似乎都极有批判性；谈到民主作风，每个人似乎也都极力赞成。但很多人一旦居于某一职位，就倾向于不是以道德、道理来领导，而是以职位所附带的权力来领导，"无论我对不对，因为我有权力，你就必须听我的"。从这个意义上看，民主不单是制度的，也是德性的，个体有民主的品格，制度化

---

① 《柏拉图对话集》，王太庆译，商务印书馆 2004 年版，第 398—399 页。

的民主才有根基。道德领导就是克服个体专制品格的软性力量：不要总是去要求外在的民主环境，先从内在德性上要求自己拥有民主品格。在这个意义上，道德领导理论也是一面镜子，通过这面镜子，领导者，尤其是学校中的领导者，可以照出自身领导行为的"道德面貌"。通过道德领导这面镜子，激发的是校长、教师对自己领导行为的反思与反省。即使不能完全走到道德领导的轨道上来，也多一个审视自身行为的视角，知道自己的有限性，从而有一点敬畏之心。

道德领导的一个核心要义就是做出表率，通过表率激发出相应的态度与行为。学校中的道德领导，体现出对待权力、对待道德、对待教育的真诚态度。这种态度就是一种表率，既影响社会，又影响学生。学校中的道德领导对权力的节制、对权力的道德化理解与运用，展现了理解权力、运用权力的另一种可能，为整个社会做出了表率。同时，学校中的道德领导对待道德、对待教育的神圣态度，也是对社会上轻视道德、对教育进行功利化理解的一种制衡。更重要的是，他们会通过日常的、生活化的过程，深深影响学生的心灵，将道德与教育的精神化作学生的心灵力量。总之，学校中的道德领导，其实是超越学校、超越当下的，体现出教育对社会、对未来的一种道德领导力。

第九章 直言：在表扬与批评之间

一、两极化的教育话语

　　教育离不开话语，教育主要是一种话语活动。教育的发生，虽然可借助的媒介很多，但话语是最主要的媒介，没有话语，教育根本不可能存在。在日常概念中，我们常将"说"和"做"分开，将话语与行动分开。但在教育领域，这种区分并不合适，因为在教育这一特殊领域，"说"就是"做"，话语就是行动。尤其是从教师的角度看，话语是教育行动得以发生的主要方式，教师是以话语来行动的。

　　作为教师教育行动的话语多种多样，表扬与批评处在这多样话语之两极。在这两极之间还有诸多话语形态，比如认可、承认、直言、异议、否定等。如果说认可、承认更接近于表扬这一极，异议、否定更接近于批评这一极，那么直言则是处在这两极之间，是一种中道性的教育话语活动。一个值得思考的现象是，直言在古代教育中处在主导性地位，在现代教育中却失落了，而两极化的表扬与批评大行其道，成了主导性的教育话语。这一方面源于教师在教育关系中地位的变化。在古代教育中，总体上看教师处在教育关系的"弱势"端，直言，即坦白说出被教育者的真实状况，自然是那时教师的主导性话语方式；教师在现代教育中处在教育关系的"优势"端，表扬和批评则成了教师主要的话语方式。具体的教育是形态多样、千差万别的，但粗略看来，古代教育中"学"是重心，教师及教师的"教"是为"学"服务的、辅助性的，表扬与批评不太可能成为教师的主导性话语方式；现代教育是以"教"为核心的，学生的"学"处在从属地位，是从属于教师的"教"的，教师掌控了教育关系的全部，要么对学生进行表扬，要么对学生进行批评，根本用不上直言这种费事费力的话语方式。另一方面，直言等中道性的教育话语的退隐，表扬与批评等两极性的教育话语的兴盛，还与教育本身的转型有关。粗略说来，古代教育总体上是精神性的，少数不用为衣食操心的人接受教育主要是为了德性的提升，教育指向的是人的灵魂，教师作为"精神服务"者，直言，即毫不掩饰地说出服务对象的灵魂真实是恰切的话语方式。现代教育总体上是物质性的，以谋生为驱动力，教育指向的是功用和效率，教师作为物质利益的助力者，表扬和批评是最有效率的话语方式。

即使今天的教育，依然与灵魂相关，因为现代教育无论走多远，都应为"初心"留一个适当的位置。也就是说，教育只要存在，教育话语就不能只是表扬和批评，就不能只在这两极中往返，而应为包括直言在内的中间性话语方式留有一个空间。此外，在信息化时代，教育的存在样态也在发生着深刻的变化，以"教"为核心的教育已经显露"颓相"，"学"再次成为教育核心的可能性大增，这也为直言等中道性教育话语的回归预备了条件。

二、直言："说真话的勇气"

根据福柯的考证，直言（parrhesia）是一个古希腊词汇，意谓"说出一切"，用今天的话来说，就是"说真话"。福柯归纳出历史上存在的四种说真话形式：第一种是预言式的说真话，预言者说的是关于未来的真话；第二种是智慧形式的说真话，智者说的是关于世界存在而不是关于人世的"真话"（规律）；第三种是技艺真话，技艺拥有者说的是关于技艺的知识和真相；第四种则是直言形式的真话，即哲学或伦理意义上的说真话（这正是他所要着力研究的真话形式）。他认为古希腊、古罗马哲学把直言与智慧模式拉近了，中世纪基督教把预言模式与直言混合在一起，中世纪社会把智慧模式与技艺模式结合起来，大学由此产生，现代社会则是前三种真话形式各有变种，而直言模式除了在另外三种形式上还有所

"附着"之外，已经消失。①福柯所要做的，就是重新发现曾经意义重大的伦理直言，并将其视为一种至关重要的伦理与教育形式。

直言或伦理直言（后文统一用"直言"）首先是一种说话方式。直言不是一般的说话方式，而是有自身独特规定性的说话方式，即毫无隐瞒、说出一切、说出所想、不加修饰。人是语言存在，语言作为一种符号，与所指之间有一定的距离，正是这种距离的存在，使语言具有模糊性的同时也获得了丰富性、多义性。同时，语言作为一种交流工具，受说话主体主观性的控制。主体有不同的说话动机和需要，语言又有满足不同动机和需要的功能，因此作为语言存在，我们有多种多样的说话方式，我们可以说真话，也可以说谎话，在真话和谎话这两极之间，还有广阔的空间，存在着各种各样的说话方式。直言作为一种说话方式，既与谎话对立，又不同于其他说话方式，比如隐晦的说话方式、辞藻华丽的修辞性言说，而是一种没有隐藏、不加修饰、直抒胸臆的说话方式。

那么用这种说话方式说出的是什么呢？说出的是真相、真实、真理，是 truth。这真相可以是关于说话者自己的，可以是关于国家与城邦的，也可以是面对面对话的他人的。福柯将苏格拉底视为直言的典范，苏格拉底的直言并不回避自身，他总是能够坦率地说出自己的无知，但这不是直言的核心指向，直言更多的是指向他人的。直言一开始的主要领域是公民大会，这就是指向城邦的直言。但由于城邦是多数人做决策，谁有修辞言说能力谁就能得到拥护，直言反而容易被排斥，因此民主城邦不是直言的适当场所。②指向个人、指向小群体的直言则是直言的主要存在领域。因此直言所说出的是关于他人的真相、真实甚至是真理。苏格拉底与城邦里的各色人等对话，说出关于他们的真相、真实，比如自以为高贵的人士其实并不知道自己的无知。现代人很难理解关于人之生活与存在状态的事实为什么可以上升到真理的高度，因为我们已经在潜意识里将真理视为关于

---

① ［法］米歇尔·福柯：《说真话的勇气：治理自我与治理他者Ⅱ》，钱翰、陈晓径译，上海人民出版社 2016 年版，第 25—26 页。

② ［法］米歇尔·福柯：《说真话的勇气：治理自我与治理他者Ⅱ》，钱翰、陈晓径译，上海人民出版社 2016 年版，第 47 页。

客观外在事物的规律，而古人的真理观与我们不同，符合理性、符合逻各斯的生活就是真理化的生活。因此，直言说出的真相，如果事关理性、事关逻各斯，就可以达至真理。

在直言结构中，直言主体至关重要。福柯认为，直言不能从话语方式那里得到界定，只能从直言者即直言主体那里得到界定。①在直言活动中，直言主体与自身有一个"合约"，即讲出真相，且将自身押在真相上，确信这一真相并愿意承担风险。这种"合约"是直言者与自身"签订"的，没有外在的监管力量，靠的全是直言者自身的自觉。如果说直言者自身的自觉就是监管力量的话，那么这监管力量就来自直言者自身的品性。在《拉刻篇》中，对话的参与者尼基雅、拉刻都是雅典将军，出身、地位都比还很年轻的苏格拉底高，但他们都愿意参与苏格拉底的"直言游戏"，都愿意承认苏格拉底的直言"效度"，就在于他们对苏格拉底品性的信任，是苏格拉底的品性给他的直言以确定无疑的担保。品性是直言的担保，但如果一个人没有品性，那这担保就毫无意义。因此，直言者的品性是直言得以发生的前提。②

在直言结构中，主体的重要性还在于，直言总是与危险相联系，而直言者明知危险的存在，却甘愿冒险。在政治直言中，直言者往往冒着被众人、王公大臣放逐、杀害的危险，柏拉图在西西里对独裁者的直言带给他的就是"血光之灾"。伦理直言在多数情况下的危险只是在于触怒他人，使自己孤立于流俗所主导的世俗生活，但在极端的情况下，也会招来杀身之祸，被公民大学审判处死的苏格拉底就是一个实例。正是在这个意义上，福柯说直言是技能与职业之外的东西，它是一种态度，一种与美德相近的存在方式，一种做事（更是做人）方式。③正是危险的存在，直言总是与勇气相连，是一种"说真话的勇气"。同样是因为危险的存在，直言

---

① Michel Foucault, *The Government of Self and Others*, Palgrave Macmillan, New York, 2010, p. 56.

② 《柏拉图对话集》，王太庆译，商务印书馆 2004 年版，第 106—115 页。

③ ［法］米歇尔·福柯：《说真话的勇气：治理自我与治理他者Ⅱ》，钱翰、陈晓径译，上海人民出版社 2016 年版，第 14 页。

是自由选择，是直言者出于自愿而说出关于他人的真相。如果出于被迫，那就与勇气无关、与主体品性无关，就不是直言了。

理解直言的另一个重要维度是直言的目的。福柯考证说，希腊语 parrhesia 有褒义和贬义之分，贬义的直言就是说出一切而不假思索。在这种直言中，嘴与心没有建立联系。这种直言的目的或者在于说话者的痛快，说话犹如话语倾泻，说话者获得的是倾泻的快感；要么是自我表现，说话者通过胡说八道在人群中获得话语权，使自己处在突出位置；要么是一种不安好心的话语策略，即通过乱七八糟的话语扰乱别人的心神。①褒义的直言，或者说真正意义上的直言，其目的不在于直言者本身，而在于直言对象。直言的内容是真相、真实、真理，而这真相、真实、真理不是关于直言者自身的，而是关于直言对象的。毫无隐瞒、不加修辞、冒着危险说出关于直言对象的真相，不是为了直言者自身的利益，而是为了直言对象的利益，即提醒直言对象要关心自己、关心自己的灵魂、关心自己的生活。直言就是让听者与自身建立一种真实的关系，使听者自主。至于直言对象是否能够接受这种提醒，完全不是直言者所要考虑的事情。直言对象如果真心倾听，欣然行动，固然可喜；如果直言对象无法接受真相，甚至勃然大怒，翻脸报复，直言者同样可以坦然面对由此产生的后果与危险。直言的高贵性就在于，直言者将自身品性作为担保，在自己与所说的话语之间建立起一种必然的、牢固的联系，但对听者却是开放的，没有丝毫的约束。在直言实践中，直言者是没有自身利益考虑的。如果非从利益的角度去审视，直言者所获得的唯一利益是"道德利益"，即通过直言将自己与真相联结，使自己获得一种真实的自我与真实的生活，"直言与他人相关，但直言更是一种自我关系，即选择作为说真话的直言者而不是对自己虚假的生存者"②。

在直言结构中，直言者与直言对象的关系有一个演变的过程。人是社

---

① Michel Foucault, *The Government of Self and Others*, Palgrave Macmillan, New York, 2010, p. 10.

② Michel Foucault, *The Government of Self and Others*, Palgrave Macmillan, New York, 2010, p. 17.

会关系的存在，不同的人在社会关系中的位置不同。一开始直言往往是地位低者说给地位高者、少权者或无权者说给有权者，总是从"下"朝向"上"。正是直言主体之间的这种不平等关系，使危险成为直言的一个内在构成性特性，因为处在高位的直言对象总是能给直言者带来直接的伤害。在民主直言中，抱团的大众可以伤害直言者，苏格拉底就是一个实例；在指向王公贵族的直言中，一言不合，直言对象也可以置直言者于死地，柏拉图就是一个实例。随着直言从政治领域迁移到个人领域，直言者与直言对象的关系也发生了变化，直言结构不再以"一上一下"这种垂直关系为唯一人际架构，在相对平等的人之间也可以建构直言关系，在基于"垂直关系"的直言之外，出现了基于"平行关系"的直言。平行关系的直言，对直言者来说危险性大幅度降低，但即便如此，勇气依然是必不可少的特性。因为即使是平等的公民之间的直言，直言者也要冒两种风险：一种是自身真实性的风险，即直言者自身品性要接受检验；另一种是如果直言对象不能接受直言，直言者可能因此遭到攻击，人际关系也可能因此而破裂。

对直言威胁最大的话语形式不是谎言，而是半真半假的话语。赤裸裸的谎言没有杀伤力，人们一眼就能看穿这种谎言。掺杂一些事实、经过伪装的谎言则具有迷惑性，不容易被拆穿，欺骗性也就更强，它才是直言的真正对手。奉承就是直言的此类对手之一，奉承的特点就在于明明是假话，却说得像真的一样，说得非常真诚。奉承者利用的是奉承对象的自恋，赋予被奉承者并不具有的优秀与品性以欺骗对方，达到自己的目的。奉承与直言的区别显而易见，直言是让对方与真实的自己靠近，提醒对方关心自己，奉承则用欺骗的方式让对方远离甚至忘记真实的自己；直言者没有自身的利益考虑，为的是让对方变得更好，而奉承是通过欺骗对方以达到自己的目的。直言的另一个对手是修辞，修辞说的不全是假话，但修辞的着力点不在真假，或者说真假对修辞来说无关宏旨，因为修辞的着力点在于说服力，在于劝说说服对象相信修辞者之所说。如前所论，直言者将自己与所说内容绑定，而对直言对象则是开放的，目的在于增强对方的自主性；修辞者则力图将说服对象与自己所说的言辞绑在一起，使对方成为自己言辞的俘虏，而修辞者自身与所说言辞之间的关系则是松散的，言辞只是其劝说他人的工具。如果说奉承完全没有道德底线的话，那么修辞则是过于关注说话技术，正是在这个意义上，福柯说奉承是直言的"道德对手"，而修辞则是直言的"技术对手"。①

作为一种话语方式，直言有什么特别意义呢？人是最复杂的动物，既有无限的潜能，甚至可以达至只有神才能达至的"化境"，又有单靠个体永远都无法克服的痼疾。自恋就是这种痼疾，单靠个人无法治愈，必须有他人的帮助。直言针对的就是自恋这种痼疾，针对的就是人不能认识真实的自己进而离自己越来越远甚至遗忘自己的状况。从这个角度看，直言针对的是人性的弱点，体现出对人性的不信任。但直言只是提醒人关心自己，帮助人认识真实的自己，而不是代劳，不是为别人设定如何生活的模式。直言毫无掩饰，却自有界限，并不越俎代庖，而是适可而止，止于他人的自主性。从这个角度看，直言又是对人自主性的尊重与信任，体现出对人性的信赖。作为一种类存在，互相扶助是人类这个物种得以兴旺发达的根本原因。单个人无法克服的弱点，靠他人则可以在一定程度上得以遏制。作为个体，我们每个人都有自身无法克服的弱点，而他人的直言则是"苦口良药"。

既然直言必不可少，那么谁才有资格成为直言者呢？或者我们应该赋予直言者什么样的社会定位呢？在古希腊，直言者一开始是哲学家，他们成为直言者不但需要长期的自我修炼，而且还需要"在上者"（长者、神灵）的引导。我们知道，那时的哲学家，其实就是教育者，就是教师。时至今日，教师的社会定位已经与古典时代大为不同，但直言作为教师这一社会角色的基本话语与行动方式，依然有效。如果一个教师，只告诉学生关于知识和技能的"真话"，只承担福柯所说的"技能直言者"角色，而不关注学生自身，不关注学生真实的灵魂与生活状态，不提醒学生关心自己、认识真实的自己，即使在"知识社会""科技时代"，他依然不是

---

① ［法］米歇尔·福柯：《主体解释学》，佘碧平译，上海人民出版社 2005 年版，第389 页。

一个真正意义上的教师，至多是一个"知识的搬运工"。

三、直言之镜下的表扬和批评

表扬和批评是现代教育中最为常见、最具主导性的话语方式，正是因为常见性和主导性，让我们以为其本身就是天然合理的。不可否认，教育中需要表扬和批评，表扬和批评也是教师有效的教育话语活动，在教育发生的地方，就会有表扬和批评的显身。也正是因为表扬和批评在现代教育中的大行其道，我们更需要对其进行审视，认识其本质，厘清其限度。处在表扬和批评之间的直言可以作为一面镜子，或者说作为一个审视的视角。

先看表扬。在教育中谁是表扬的主体呢？显然是教师，是教师表扬学生。如果反过来，说学生表扬老师，不但不符合事实，似乎也与表扬一词的本意不符。教师为什么能够表扬学生，或者说教师凭什么有资格表扬学生呢？显然是其教师角色、教育者身份。在教育关系中，教师获得了国家和社会授权的教育者身份，而这一身份使其获得了表扬学生的资格。这一主体资格的获得与直言主体资格的获得区别很大，直言主体资格的获得在于自身品性，与自身社会身份、职业资格关系不大，苏格拉底根本就没有什么职业身份，而那些类似于今日教师的智者，反而靠修辞谋生，并不是直言者。直言是一种品性、一种态度，不是一种技能，也与特定职业和社会角色无关。直言主体资格获得的唯一依据是品性，即直言者与其所说真话的人品匹配性。表扬更多的与教师的社会角色相关，只要获得这一社会身份，无论个人品性如何，都有表扬学生的资格。也就是说，表扬资格的获得，与表扬主体的个人品性没有直接的关系。表扬资格的依据不在品性，而在社会身份。国家和社会赋予教师这一社会身份，教师就有了安全地表扬学生的权利，而这一权利的运用，没有任何风险，因此也谈不上勇气。

直言者与直言对象之间的关系有两种类型，一种是"垂直关系"，另一种是"水平关系"。一开始多是"垂直关系"的直言，即地位低者向地位高者直言，后来才发展出地位相当者之间的直言。现代教育中的表扬，表扬者与被表扬者之间的关系显然不是"水平关系"，而是"垂直关系"，因为作为表扬者的教师和被表扬者的学生不是有同等社会地位的人。但这种"垂直关系"与直言的"垂直关系"完全不同，是一种颠倒过来的"垂直关系"，不是地位低者向地位高者直言，而是地位高者表扬地位低者。

表扬的特性与表扬这一"垂直关系"密切相关。首先是表扬者偏好的渗入。表扬者处在表扬结构的顶端，什么值得表扬、什么不值得表扬虽然有一定的客观标准，但表扬者的主体偏好不可避免地会发挥作用，表扬者往往会下意识地表扬那些能够满足自身偏好的言行。此外，表扬作为一个口头奖励（oral reward），是强化（reinforcement）的一种形式，本身就是为了在学生身上"加固"教育者所希望的结果，体现出教育者对被教育者的一种控制。也就是说，教师表扬学生，一方面学生有客观上值得表扬的言行，另一方面这一言行又符合了教师的偏好，是教师所期望的，教师用表扬这一口头奖励的方式去巩固这一言行，渴望使其在学生身上得到"加固"。表扬的这两个特性，即表扬者个人偏好的渗入与对被表扬者的控制，都是直言关系所没有的。在直言中，直言者只是讲出关于直言对象的真相，这一真相与直言者本身的偏好无关。直言的目的不在于对直言对象的控制，只在于提醒对方关心他自己。

表扬作为口头奖励，包含着对被表扬者言行的肯定。发生在教育场域里的表扬与发生在私人之间的表扬，两者之间肯定有不同的人际背景。父母也会肯定自己的孩子，但父母对孩子的肯定多发生在家庭这一没有同龄人在场的场域中，这时候的肯定就是相对纯粹的肯定。而发生在班级这一公共场域的表扬，除了对被表扬者言行的肯定之外，还包含着教育班级中其他人的意味。在很多情况下，表扬背后有一种比较性，即用被表扬者的良好言行去激发其他人。被表扬者因为表扬，在那一刻从班级人群中"卓然而立"，其体会到的不是自己的品性，而是在人群中的耸立。也就是说，如果控制不好，表扬所激发的正是直言所要克服的人之自恋这一人性弱点。在一些情况下，表扬甚至主要不是为了被表扬者，而是着眼于教育其他人。有时候，表扬一个人就是对其他人的批评，因为被表扬者的优秀衬托出的正是其他人的不足。因此，无论从被表扬者来看，还是从其他人来看，发生在学校和班级这类公共场域中的表扬，虽然是由值得表扬的言行引发，但真正的着眼点却是外在的人际关系。这是表扬与直言的另一个深刻不同，因为直言的着眼点在于将人引向他自身，提醒他关心自己，而表扬则将人引向人际、引向人与人之间的比较，引向外在的人际关系。

　　表扬是教师常用的话语行动之一，基于事实的表扬作为一种对人的肯定，其教育力量不容否定。人是人际的存在，每一个人自身的能力与品质如何，都需要在他人那里得到确认。处在成长中的人，其自我判断能力也处在发育过程之中，更需要他人尤其是包括教师在内的"重要他人"的确认。也就是说，即使表扬在自身结构和本性上存在着这样那样的问题，基于事实、恰如其分的表扬还是一种有效的教育方式。问题在于表扬的夸大趋向，甚至走向奉承。为什么说表扬总有夸大的趋向呢？根源在于表扬的结构。如前所述，表扬主体与被表扬者之间具有"垂直关系"：教师处在这一关系的上端，而被表扬的学生处在下端。处在上端的教师，没有来自下端学生的约束，表扬除了由被表扬者的言行激发，更容易被教师本人的偏好、观念所主导。如果学生的言行、个性符合教师的偏好，教师往往会给予更多、更大的表扬；如果学生的言行、个性不符合教师的偏好，即使从客观上看学生值得表扬，教师则往往会予以忽略或给予更少、更小的表扬。直言受个人品质约束，即直言者必须对自己所说的话负责，用自己的品行担保所说话语的真实性。表扬只与身份相关，与个人品性无关，也就失去了一个品性约束。且如前所论，在"垂直关系"中，教师的表扬更多的是一种控制手段，既然是手段，为了达到控制目的，那就可以"无所不用其极"。在所谓"赏识教育"风行的时代，教师即使不一定信奉这一观念，也不可能不受其影响，无意识中会以为表扬即使多一些、夸大一些，也不是什么坏事。

　　如前所论，奉承多发生在"垂直关系"之中，是处在下端的人对处在上端的人"言语欺骗"。教师与学生也是一种"垂直关系"，在这种"垂直关系"中，教师处在上端，而学生处在下端，按理说不会发生教师对学生的奉承。但过度、过分、夸大的表扬与奉承并无二致。那这种倒转的奉承，即处在上端的教师对处在下端的学生的奉承为什么会发生呢？一个原因在于这种"垂直关系"的相对性，具体而言，教师处在高位，但放大了看，学生及其背后的家长是"衣食父母"，又是他们处在高位。尤其是在教育商品化的时代，不管承认与否，教师都会有"服务提供者"的潜意识心理。与教育商品化关联的是教育的功利倾向，学生，尤其是学业优异的学生，往往是教师"功名利禄"之所系，当然要"捧在手心"。再一个原因是现代师生关系不是一对一而是一对多的关系，在这种一对多的关系中，一视同仁只是一种理想，保护一部分学生，牺牲另外一部分学生，甚至是教育者心照不宣的"潜规则"。在这种背景下，对一部分学生加大表扬甚至是奉承，实际上是一种人群分割手段。

变质为奉承的表扬其危害比一般意义上的奉承危害性更大。从直接关系来看，教师是处在师生关系的高位，因为教师毕竟有教育者这一社会身份。这种来自高位者的奉承更具有迷惑性，被奉承者很难将这种奉承与对自身的恰当肯定区分开来，更容易以为自己真的具有高位者所称赞的能力与品质。从被奉承者的角度看，学生作为成长中的人，对自身的认识也处在成长之中，更容易被外在的赞誉所主导。因此，无论从教师所处的地位还是学生所处发展的阶段来看，教师的奉承都易于造成学生关于自我的幻想，使其更加远离真实的自己。那些考上名校、自我膨胀、不知道自己是谁的所谓"学霸"，就是实例。此外，教师对个别学生的奉承化表扬，往往会使被表扬的学生遭到另外一部分学生的嫉妒，甚至会激发仇恨。嫉妒也好，仇恨也罢，不但是使人丧失客观性的力量，也是毒化学生之间关系的力量。

再看批评。教育中批评的主体显然是教师，学生则是批评的对象，是被批评者。虽然也会有要敢于批评老师的说法，但在现实中并不常见。教师为什么有资格批评学生呢？显然不是因为自己品端行正，无论什么样的人，只要获得了教师这一身份，就拥有了批评学生的资格。也就是说，批评主体的获得，最终的依据与表扬一样是教育者身份。总而言之，教育者这种身份本身蕴含着社会的道德要求，但具体到每一个教师，其批评学生的资格基本上与其自身的道德品质关系不大。一个教师，无论品质如何，都有批评学生的权利，而且正常情况下，批评也与表扬一样不需要冒什么风险，因此也与勇气无关。

教师作为批评者与作为批评对象的学生之间也是一种"垂直关系"，即教师处在批评结构的"上位"，而学生则处在"下位"，批评是"由上而下"的。在这样的结构中，批评往往是由被批评者的言行引发的，但实际也是由处在"上位"的教师主导的。也就是说，批评发生与否、批评的强度往往取决于教师的情绪、好恶和价值判断。比如，同样一个行为，有时候会遭到批评，有时候却什么事也没有，关键在于教师此时与彼时的心情如何；同样一个言行，发生在一个学生身上，会遭到教师的严厉批评，发生在另外一个学生身上却什么事也没有。这两种矛盾现象的存在，反映的正是批评这一"垂直关系"的特点，即处在上位的批评者的情绪和好恶对批评起着主导性作用。此外，由于缺乏来自批评者自身道德品质和批评对象的约束，以"垂直关系"为基本结构的批评往往具有随意性。在教育实践中，这种现象也并不鲜见，即学生本以为没什么问题的言行却遭到了老师的激烈批评，而本以为会遭到批评的言行却什么事也没有。也许我们会说，学生的价值判断并不成熟，正是这种价值判断的错误导致了批评的错位。应该说，这种情况确实存在，但也存在这种批评情形：客观看来，学生并没有错，而教师的批评并没有什么有力的价值依据。这种情况的存在，说明在这种"垂直关系"中，教师易于用自己的价值观念和价值判断作为评判学生言行的标准，批评反映的正是处在上位的教师的价值偏好。

批评的目的首先是纠错。正常情况下，批评由学生的错误言行引发，批评所针对的正是学生的错误言行。学生的错误言行，既包括道德的、人际的，也包括学业的。对道德与人际错误的批评，或者说对道德与人际错误的纠正，有道德教育意义。如果作为批评者的教师有基本的道德品质保证，这种以纠正错误言行为特征的道德教育方式应该是有效的。问题在于，由于教师批评资格的获得只在于其教育者身份，有些批评会受教师个人情绪和偏好的干扰，没有客观标准，使学生无所适从，也就失去了道德教育意义。在竞争激烈的当今学校，对学习、学业问题的批评有两个问题。一个是对学生学习之外其他正当权利的忽视，学生行使学习之外的正当权利，比如休息和运动，也会被老师当作错误去批评。另一个是对学习落后者的批评与否定。在这种竞争性、片面性的筛选体系下，一部分学生注定是落后者，"不让一个学生落后"只是动人的宣传而已。这些落后的学生当然也有他们自身的问题，但更多的是"游戏规则"导致的，换一套"游戏规则"，他们可能就成了领先者。被体系所排斥、成了体系的牺牲品，本来就已经够悲惨的了，还要因此遭受老师的批评和否定，等于这些落后者要经受体系和老师批评的双重否定与打击。为什么会这样呢？一方面是体制问题，另一方面则是批评的内在结构、本性问题。如前所论，批评主要是基于身份的，缺乏批评者道德品质的关涉与担保。教师身份是由教育体制所给予的，更容易被体制所主导。批评者自身道德品质的悬置，更容易使批评本身失去道德敏感性和判断力。以学业问题引发的批评为例，如果纯粹出于道德考虑，那些学习落后者不但不应该受到批评和否定，反而应该得到教师的同情，得到教师额外的关心和帮助。

批评的另外一个目的是"示众"。集体生活中的批评，既是指向被批评者个人的，也是指向班级众人的。针对错误言行的批评，发生在班级公共场域，对被批评者来说就具有了一种"示众"的意味，严重一点儿，还会有公然羞辱的味道。在这种情况下，被批评者所要承受的是双重的否定，即教师批评话语的否定和班级众目睽睽的杀伤。在"示众"性批评中，不是批评对象的众人一方面是"看戏"的观众，另一方面也是警戒的对象，所谓"有则改之，无则加勉"。很多情况下，教师公开批评一个学生，着眼点根本不在于批评对象自身、不在于纠正被批评者的错误，而是将被批评者作为一个警示全班的工具，着眼点在于对全班、全校的警示。

批评的另一个问题是批评的滥用。批评的滥用有两个方面，一方面是批评者情绪的失控，另一方面则是由批评滑向惩罚。教师对学生的批评，本来只是一种纠错方式，应该控制在一定范围内。被批评者虽然是处在弱势的未成年人，也并不总是"照单全收"。被批评者的这种自然反弹，往往往会被教师当作公然对抗，进而引发愤怒情绪，甚至导致情绪失控。如果说奉承是对他人品性的欺骗性夸大，那么愤怒则既是对他人错误的夸大，也是自身情绪的失控。批评者在情绪失控的情况下，往往会不假思索地认为自身愤怒情绪对学生所施加的压力还不够，还需要对批评对象施以惩罚。在教育实践中，批评，尤其是激烈的批评，离惩罚、体罚往往是一步之遥。教育不是不能使用惩罚，但一旦使用惩罚，就意味着教育者不再使用教育自身的方式，而是使用警察、狱警等其他行业的控制性手段进行教育，就意味着承认自身教育方式的失效。

表扬和批评是教育中最常见的话语活动方式，是教育话语中的"家常便饭"。表扬和批评的常态化易于使之变得理所当然，使我们失去对其进行反思的意识和动机，即使有一些反思，也多是从适度的角度去警惕表扬和批评的滥用。直言给了我们一面镜子，让我们可以通过这面镜子去映照表扬和批评的"真实面貌"。表扬和批评虽然处在教育话语的两极，表面上看南辕北辙，但实际上又有诸多一致。第一，表扬和批评有一个共同的教育组织形式背景，即教育的群体化。也就是说，表扬和批评作为教育话语方式，附着于以群体为教育对象这样一种教育形态上。古代个别化教育虽然也有表扬和批评的存在，但表扬和批评不是主导性的教育话语形式，那时主导性的教育话语形式是肯定、承认、直言等。第二，表扬和批评都是以"垂直性的师生关系"为依托，正是这种"垂直关系"，使处在上位的教师获得了表扬和批评处在下位的学生的"势能"。第三，表扬和批评资格的获得，不是依据一个人的品性、修为，而是依据教育者身份的获得。虽然教育者这一社会身份本身含有道德要求，但制度化的教育体系对具体的教师不做伦理区分，无论是谁，只要是教师，就获得了表扬和批评的资格。第四，表扬和批评作为话语方式，联结着教师和学生，但在这一关系链中，教师是中心，教师的情绪、偏好、判断决定着表扬和批评的发生、多少与强弱。第五，表扬和批评虽然也指向对象，也有对学生的肯定或纠错，但与直言的目的只在让直言对象关心自己、自主发展不同，表扬和批评的根本目的是控制，即通过表扬和批评让学生按照教师的意志去言行、去发展。第六，表扬与批评的本性决定了，表扬可以不可理喻地滑向奉承，批评也可以失控而走向愤怒并滑向惩罚。通过直言之镜映照出表扬和批评的本性，不是要在教育话语中剔除它们（在当今的教育形态下，表扬和批评事实上也是无法剔除的），而是认识由它们所主导的教育话语体系的境界。从以上分析来看，单纯由表扬和批评主导的教育话语，道德境界和教育境界都不高。关于表扬和批评的道德境界，在"垂直关系"、主体资格的获得、目的指向等几个方面已经得到了清楚的呈现。关于其教育境界，只要反思一下，表扬和批评的目的不是为了学生的自主发展，而是为了控制，我们就能有基本的判断了。

四、直言：教育话语与道德品质的提升

耽于表扬和批评，或者说以表扬和批评作为主导性的教育话语，其品质与境界堪忧。要提高教育话语的品质和境界，处在表扬和批评这两极之间的直言应该有一席之地，表扬和批评本身也应尽量向处在中间的直言靠拢。表扬和批评都是站在自己的立场上将自己的判断用带有强烈感情色彩的方式传递给对方，期望对方按自己的要求说话和行事。表扬和批评的这一基本结构虽然与直言差别巨大，但并不是完全不能转换。如果教师有真诚之心，将自己体察到的关于学生的真实状况，包括值得肯定和需要改正的，毫无隐晦地告诉学生，提醒学生学着反观自己、关心自己的内心和精神世界，淡化控制，这时候的表扬和批评与直言实际上就没有多少距离了。

表扬和批评附着于教育对象的群体化，而直言最有效的对象是个体。那么，在以班级为基本组织形式的现代教育中直言是否适用呢？根据福柯的研究，直言实践可以在三种人际关系中发生：小群体、公共生活、个人关系。公共生活的直言多属于政治直言，而以小群体为对象的直言就非常类似于今天班级生活中的直言。作为小群体，尤其是同龄人群体，群体成员虽然千差万别，但生活在同样的时代、同样的社会，成员间的相同性一点也不少于差别性。从负面来说，一个班级、一个年级、一个学校，甚至一个国家、整个地球上的同龄人，都可能受到一种时代俗潮的浸染。这时

候针对小群体的直言，即毫不隐晦地说出群体共同的真相，当然有其意义。正如福柯所言，在小群体中，直言不仅是一项品质，更是临床性的实践活动，是一种"精神引导"（spiritual guidance），是"技艺的技艺"（technique of techniques）。①当然，面向群体的一般教学性直言与面向个体的精神指导性直言是不同的，两者可以结合起来使用。前者是对群体真实状况的揭示，激发的既是对群体基本状况的意识，也是对自身真实存在的感受；后者激发的则只限于个人对自身真实状态的体悟。因此，在以班级为组织形式的现代教育中，直言与表扬、批评一样可以有自己的用武之地。

　　学校与班级生活中的直言能否发生，关键在教师。如果教师仅仅满足于职业身份，将教师当作与其他行业并无二致的谋生手段，这样的教师终其一生都难以触摸教师的真谛。这样的教师不是个别现象，确实有相当多的教师终身都未能找到走向真正教师的门径。这样讲并不是让教师不食人间烟火，教师也要生存，也有柴米油盐等正当需要。教师待遇的好坏，实际上是一个国家、一个社会文明程度的标杆。承认这些并不意味着仅限于这些，教师有合理的物质需要，但又高于物质需要。教师这一身份，比一般职业身份意味更多，是一种天职，是一项道德事业，是一项终身的修行。苏格拉底是伟大的教师典范，他把照看城邦同胞的灵魂视为一项神圣的事业和使命。如前所论，人是自由自主的存在，但在成长的过程中必然处在各种力量的拉扯之中，很容易陷入外在摆布的摇摆状态，失去自由意志，这时候单靠个人无法自拔，需要他人施以援手，这就是"伸手拉"（educere），就是教育的本心。那么谁是这个伸手拉人的人呢？不是别人，正是教师。②教师，正是救人于水火、迷途、陷溺的人。教育就是救人，教师就是救人者，还有比这样的事业更神圣的吗？作为救人者，首先必须是自救者，起码也应该是一个自救之中的人，否则，伸出的手是救人之手还是害人之手呢？当然，做教师的人不是天生就具备救人的能力，教师也

---

　　① Michel Foucault, *Fearless Speech*, Semiotext（e）, Los Angeles, 2001, pp. 108–112.
　　② ［法］米歇尔·福柯：《主体解释学》，佘碧平译，上海人民出版社 2005 年版，第141—145 页。

是普通人。但承认自己是普通人，并不是为自己的平庸找借口，而是作为努力的动力，教师都应该有这样一种精神境界："我是普通人，但因为做了教师，所以更应该终生修行以配得上教师这一神圣使命"。

面对学生，教师是伸出援手之人，但面对自己的生活，教师也需要得到他人的援手。学生得到的援手是教师主动伸过去的，与学生不同的是，教师要自己主动去寻找能够帮助自己的人。教师寻求帮助的一个方向是向历史上伟大的心灵、伟大的教师请教，与他们进行对话。作为普通人，包括教师在内，我们很容易被时代俗潮所淹没，而那些伟大的心灵则能超拔于世，不受潮流干扰，标志着作为人可能、可以达到的境界和高度。当然，不是每个人都有亲耳聆听伟大心灵教诲的机会，但每个人都可以通过读伟大心灵所留下的作品与他们交流。正如施特劳斯（Leo Strauss）所说："我们被迫与书一起生活。但生命太短暂，以至于我们只能和那些最伟大的书生活在一起。正如在其他方面一样，我们最好从这些最伟大的心灵中选取一位作为我们的榜样，他因其共通感（common sense）成为我们与其他最伟大心灵之间的那个中介。"① 在这个意义上，教师就是读书人，通过读书，通过一个伟大的心灵作为中介走向其他伟大的心灵，主动从伟大的心灵那里寻求帮助。另一个方向是从同事和朋友那里得到帮助，以朋友作为自己生活的镜子。直言的心性不是突然获得的，在生活和工作中，教师以直言与同事、朋友相处，慢慢也会获得同事、朋友的直言相对，形成真实、真诚的直言关系，就能从他人那里得到援手。同样，如果教师以纯净无隐的直言对待学生，也会在学生那里换来直言心性。学生的直言，对教师来说也是无比珍贵的援手。在这个意义上，教师是教学生的，却一样可以向学生学习，从学生那里获得帮助。当然最根本的还是教师的自我修行，苏格拉底说"未经省察的人生是不值得过的"，做教师就是在人世中修行，就是要省察自己的生活、关心自己的灵魂，坚持并享受理性而道德的生活。

---

① Leo Strauss, *An Introduction to Political Philosophy*：*Ten Essays*，Wayne State University Press，Detroit，1989，p. 315.

教育中的直言能否发生关键在教师，教师能否对学生直言以对，关键在于能否对自己直言以对。对自己直言以对，不是说将自身的真相说出来，而是在心里明了真实的自己，不自欺。从教师的角度看，能够真实地面对自身的真相，才能真实地面对学生的真相，才能对学生坦率直言。从学生的角度看，这样的教师，其直言才具有真实性，才具有值得用心倾听的价值。扮演直言者，就是做教师；做教师，就是扮演直言者。苏格拉底是不朽的教师典范，也是不朽的直言者典范。对苏格拉底来说，做教师、扮演直言者就是做他人灵魂的"试金石"。这种"试金石"身份的获得不是他自封的，而是得到他人承认的。他为什么能够成为他人灵魂的"试金石"呢？是因为苏格拉底的生活和话语之间没有缝隙，他的话语与他的生活高度一致，他的生活就是说真话、自由说话、坦诚说话的实践。①虽然，作为普通教师，我们不可能人人都有苏格拉底的高度，但心里应该住着一个苏格拉底，应该有一股"苏格拉底式"的精神在。

表扬和批评向直言靠拢，或者是在表扬和批评之外复兴直言这种教育话语，对教育品质的提升作用表现在多个维度。

第一，是师生关系品质的提升。教师之直言，是为了学生，只是为了学生，在这一话语活动中，教师没有任何自身利益，学生的利益就是教师的利益，这与表扬和批评所内含的控制不是一个境界。教师直言是为了学生，但又不是一般意义上的为了学生，而是为了学生的灵魂和生活，这与为了学生的谋生、功利能力同样不在一个层次。以直言为基础形成的师生关系，不是控制与被控制的关系，也不是利益交换关系，而是一种纯粹的关心和尊重的关系，一种纯粹的伦理关系。在这种师生关系的影响下，学生之间也会慢慢形成以直言为基础的友爱关系。一个热衷于听取奉承的老师会毒化班级人际关系，反过来，一个直言的老师也会激发学生间的坦诚，学生也会对老师、对同学直言以对，进而形成一种坦诚、友善的班级人际关系。

---

① ［法］米歇尔·福柯：《说真话的勇气：治理自我与治理他者Ⅱ》，钱翰、陈晓径译，上海人民出版社2016年版，第124页。

第二，直言是对教育谋生化的扭转。亚里士多德所理解的教育"既不立足于使用也不立足于必须，而是为了自由而高尚的情操"①。但今天的教育已经越来越与"自由而高尚的情操"失去联系，变成了一种谋生工具。在教育过程中，表扬和批评同样带有明显的功利性，也是为更好地获得谋生技能服务的。但直言指向的不是学生的谋生能力，而是他们与自身的真实关系，旨在提醒学生关心自己的生活，关心自己的灵魂。教育不是不可以为自己，而是为什么样的自己。是为功利的、远离灵魂的自己，还是为真实的、灵魂的自己，区别巨大。谋生的教育着力于前者，而直言则致力于后者。直言教给学生的不是为了获利，而是回到自身，回到真实的自我，并以此为起点开始关心自己的人生历程。当然，作为一种话语形式，直言本身的力量也是有限度的，不可能单靠直言来扭转教育的谋生化趋势，但直言的存在，哪怕是零星的存在，都是刺破教育功利化大幕的尖锐力量。

第三，曾几何时，教育事关人的真理，事关人如何生活的真理。但在现代教育中，真理已经从人的领域放逐，变得与人无关，只是客观世界的规律。教师作为直言者，所说即所想、所信，将自身与关于自身的真理融为一体，真理主体化、主体真理化。同时，作为真理主体的教师，所说的又是关于学生的真理，激发的是学生与自身真理的相融合。客观世界的规律是真理，人如何生活、如何与自身相处也是真理。教育是灵魂事业，却与人的真理没有联系，不能不说是一种蜕化。通过直言，教育恢复了与事关人的真理之联系，显然是对自身品质的一种提升。

当代教育与人的真理失去联系，其实也是与道德失去联系。道德是人之道、人之德，就是人的真理。从宏观上看，当代教育聚焦于客观真理，其实就是对道德的忽视。在很大程度上，"现代教育的兴起与道德教育的衰落"是同一个过程，或者说"现代教育的兴起就是以道德作为代价的"。② 从微观上看，表扬和批评等教育话语形式，一方面带有功利性，

---

① ［古希腊］亚里士多德：《政治学》，颜一、秦典华译，中国人民大学出版社 2003年版，第 271 页。

② 高德胜：《论道德作为现代教育之代价》，《高等教育研究》2013 年第 10 期。

以学业成绩为标准；另一方面带有控制性，与道德或道德教育相抵牾，也与道德教育相疏离。直言虽然不能改变当代教育的宏观架构，但可以从小处着眼，在教育话语这一微观层面上重获道德教育性。直言以教师自身的品性为担保，说出的是关于学生的真话，目的在于提醒学生不要远离自己，要回到自身，学会关心自己，关心自己的生活和灵魂，这是教育的本真，也是自然而然的道德教育。由此可见，作为个体的教师，虽然无法改变整个教育的趋向，但却可以通过直言，使教育保持一些本心和道德教育的蕴涵。

第十章 "文化母乳"：基础教育教材的功能定位

在教育实践中，教材的重要性是不言而喻的。斯金纳（B. F. Skinner）甚至说，"无论你喜欢与否，都是教材而不是教师在教学生"，此话看似极端，但不是没有依据，因为学生在学校80%以上的时间都用在学习教材上。①但如此重要的教材得到的研究关注却比较少，这是教育研究领域中一个奇怪的现象。课程是学术研究的焦点，"课程论"发达；教学也是焦点，"教学论"兴盛；教师与学生是教育主体，关于教师与学生的研究也成果丰硕。夹在课程、教学、教师、学生中间的教材，得到的关注最少。零星的教材研究，也多是批判性、质疑性的，即对已经开发出来的、正在使用的教材进行批判性、挑剔性审视，发现其存在的各种缺陷。而类似于课程论、教学论、教师论、学生论那样的"教材论"，即从规范的角度去思考教材所应具有的特征，关于教材的原理性的思考，则极为少见。这种奇怪现象的存在，原因复杂。一个重要的原因在于教材的开发往往掌握在官方和出版社手里，教育学者在教材开发上的责任与权利相对较小，导致他们要么不去探究教材问题，要么就是去进行批判性研究。另一个重要的原因则在于不少学者以为教材是一个操作性问题，不适合进行理论性探究。结果是，课程论、教学论、教师论、学生论都有了长足进步，而"教材论"甚至还处在起步阶段。一个重要的表现就是，我们甚

---

① Heather Hickman, Brad J. Porfilio, *The New Politics of the Textbook*：*Critical Analysis in the Core Content Areas*, Rotterdam：Sense Publishers, 2012, IX, p. 3.

至还不能给教材一个恰当的功能定位。

一、从"知识载体"到"探索平台"

即便不重视教材研究，但教材是教育领域中的一个坚硬的存在，其功能无法忽视。改革开放 40 年来，我们对教材功能的认识也在不断变化，经历了从"知识权威"到"学习阶梯"的演化过程。

（一）权威知识载体

"文化大革命"对教育的破坏是全方位的，教材建设是教育领域拨乱反正的一个重要环节，邓小平指出："关键是教材。教材要反映出现代科学文化的先进水平，同时要符合我国的实际情况。"① 在改革开放初期，教材建设成了教育回归正规、正道的一个重要方式，教材的地位得到了凸显。再加上当时知识信息的匮乏，教材几乎是获取科学知识的唯一渠道，教材的权威性也因此得到了强化。在此后相当长的时期内，教材就是权威的知识载体。对教师来说，教材的知识体系是科学权威的，教材所指明或蕴含的教学规范也是必须遵从的，教学就是对教材的讲解；对学生来说，教材中的知识具有绝对正确性，是不容置疑的科学，学习就是对教材的掌握。

有学者将这种教材观命名为"圣经式的教材观"②。这样的教材观并不是改革开放初期这一特定时期所独有的。中国传统文化向来有"经学"传统，近代以来，科学的地位日益突出，新中国的教育也不再是"经学"传统的延续，但"经学"传统的思维方式并不是一朝一夕可以完全去除的。可以说，作为权威知识载体的教材具有了过去时代经书的地位，"权威知识载体"这一教材观在一定意义上是"经学"传统思维方式的当代

① 邓小平：《关于科学和教育工作的几点意见》，载《邓小平文选》第二卷，人民出版社 1994 年版，第 55 页。

② 郭晓明：《从"圣经"到"材料"——论教师教材观的转变》，《高等师范教育研究》2001 年第 6 期。

延续。而且，这样的教材观念，不是我们独有的，西方文化中也有类似的观念，即把教材当作"圣书"（holy books）。[1]

作为权威知识载体的教材，是学科知识本位的，即以特定学科知识作为教材的基本内容。这样的教材功能定位，问题明显。首先，学生在教材的严密知识体系中没有位置。教材对学生来说具有封闭性和排斥性，学生的经验与思考在教材中没有得到体现，教材是外在于学生的学习对象。其次，作为权威知识载体，知识至上，价值也没有适当的位置。教材作为一种特定的文本，教育性是其所要实现的首要目的。这一特点决定了教材不只是知识载体，还应是价值载体，即承载着社会所倡导的价值观念。但价值具有主观性，与教材作为权威知识载体的客观性要求有内在的冲突，无形中被弱化、排挤了。再次，这样的教材定位对教学也是一种束缚，教学变成了知识内容的传授，为灌输式教学预备好了条件。最后，这样的教材及其定位在突出、强化教材所传授的知识和观念之外，也屏蔽了其他观点和看问题的视角，对激发学习兴趣和培养人的创造性极为不利。

（二）教学材料

正是基于对权威知识载体这一定位的反思与批评，不少研究者开始对教材重新进行功能定位。比如郭晓明将教材定位为教师进行教学的"材料"与"工具"[2]；石鸥、张学鹏将教材定位为"教学资源"[3]；孙智昌则认为"教科书的本质是教学性；教科书的本质是教学活动体系；教科书的本质是教学活动文本"[4]；杨启亮也将教材定位为教学使用的材料，是引起某种关系理解、智慧活动的辅助性材料[5]。

---

① Heather Hickman, Brad J. Porfilio, *The New Politics of the Textbook*：*Critical Analysis in the Core Content Areas*, Rotterdam：Sense Publishers, 2012, IX, p. 3.

② 郭晓明：《从"圣经"到"材料"——论教师教材观的转变》，《高等师范教育研究》2001 年第 6 期。

③ 石鸥、张学鹏：《改革开放 40 年教科书建设再论》，《教育学报》2018 年第 2 期。

④ 孙智昌：《教科书的本质：教学活动文本》，《课程·教材·教法》2013 年第 10 期。

⑤ 杨启亮：《教材的功能：一种超越知识观的解释》，《课程·教材·教法》2002 年第 12 期。

教材由原来的权威知识载体，一下子变成了"教学材料""教学资源""教学活动文本""教学辅助材料"，地位真是一落千丈。对教材功能定位的巨变，不单是学者的学术见解，也是官方课程改革文件的"暗示"。《基础教育课程改革纲要（试行）》将改革重点放在课程上，虽然字面上对教材的功能定位只字未提，但却从有利于教和学的角度暗示了对教材作为权威知识载体的反对，暗示了教材服务于教学的新定位。①这样的定位，当然也不是什么新观念，现代教育史上早已有之，且流传甚广。比如，日本筑波大学几十年前所编撰的《现代教育学基础》就认为"教材非教育的主人公，而是一种手段"②。

将教材定位为教学材料，与将教材定位为权威知识载体相比，是从一个极端走向了另外一个极端，体现出对教材价值的贬低。应该承认，教材有工具的一面，具有工具化的功能，但这不是教材功能的全部，或者说不是教材功能的主要方面，在工具化功能之外，还有其他功能。将教材定位为教学材料、教学工具，实际上是没有看到教材在教学之中、在教学之外所具有的涵养学生心灵、为学生提供文化滋养的功能。有学者觉察到了这种从一个极端到另外一个极端的问题，认为贬黜教材地位，使其失去权威性并不一定是进步。③但这种警惕与反思，仅仅站在维护教材的权威性这一个支点上，虽然对贬低教材的危险性有所警觉，但还是未能阐明教材所应有的功能定位。当然，从权威知识载体到教学材料的钟摆式变化，也不是全无意义，其积极意义在于跳脱学科知识框架，从教学的视角来看教材的作用与功能。

（三）探索世界的"平台"

在新课程改革的大背景下，我对教材的功能定位有自己的理解，即学

---

① 钟启泉、崔允漷、张华主编：《为了中华民族的复兴，为了每位学生的发展：〈基础教育课程改革纲要（试行）〉解读》，华东师范大学出版社2002年版，第8页。

② ［日］筑波大学教育学研究会编：《现代教育学基础》，钟启泉译，上海教育出版社1986年版，第251页。

③ 陈月茹：《教科书应该是权威吗》，《教育研究》2009年第7期。

生探索生活世界和文化世界的平台。这样的理解并不否认教材的知识含量，而在于如何理解教材中知识的作用，是学习的对象还是助推学生探索世界的基础。我是将教材及教材中的知识理解为一个基础、一个平台，一个由此走向世界的起点。①对教材的这一功能定位体现出了一种"中道性的创新"，既不走极端，又力图从新的角度理解教材的功能定位。不走极端体现在既不否定教材的知识性，又吸收教材的教学辅助功能，但又不以工具性去贬低教材的功能。创新性则体现在力图站在学生的立场上，从更大、更高的背景上去界定教材的功能，那就是教材对学生的意义不仅仅是知识载体、学习材料，而是走向生活与文化世界的一个平台和阶梯，教材最大的功能在于帮助学生去探索更为广阔的生活与文化世界，并为这种探索奠定基础。

反思教材功能的"平台""阶梯"定位，依然存在问题。其一依然是工具化理解。虽然是从探索世界的角度去理解教材的功能的，但依然没有脱离将教材理解为工具的思维定式，未能反映出教材与学生文化素养提升的水乳交融般的关系。其二，这一定位虽然突出了教材的学习功能，是站在学生立场上的定位，但对教材功能的理解依然有单一化倾向，即从知识载体、学习材料这样的单一化转向了"助推"这样的单一化。

从以上梳理可以看出，改革开放以来，我们对教材的功能定位起起伏伏。先是将教材神化，将教材当作高高在上、权威性不容置疑的"圣书"；然后走向另外一个极端，祛教材之魅，仅仅将教材视为教学材料、教学工具；接着是对教材降格的初步拯救，站在学生的立场上定位教材对学生发展所具有的助推作用。有起有伏，就说明我们对教材的定位是在两个极端之间摇摆，没有找到准确定位。探索世界的"平台"这一定位，站在学生的立场上去揭示教材对学生成长的意义，力求调和两个极端，但依然没能找到教材的准确支点。

---

① 高德胜：《〈思想品德〉教材理念的革新》，《课程·教材·教法》2006年第6期。

二、"文化母乳"：学生立场的功能定位

（一）教材功能定位的学生立场

对教材功能定位的认识虽然起起伏伏，但有一个值得肯定的成就：站在学生的立场上来思考。教材具有多方面的价值和功能，可以从不同的立场来对教材进行定位：从学科的立场上来定位教材，教材就是学科基础知识的凝练；从教师的立场上来定位教材，教材就是教学文本、教学指引；从政府的立场上来定位教材，教材往往是官方教育意图、官方知识的体现；从社会的立场上来定位教材，教材则是社会文化标准与文化规范的体现者、承载者。不同立场上的教材功能定位都有自己的依据，都有自己的逻辑和道理。问题是，这些立场不能通约、不可替代，发生冲突时各说各理，找不到共同的标准，不可协调。不同立场的功能定位实际上忽略了一个更为根本的问题，即从不同立场出发的功能定位都需要借助、通过学生的学习来实现。不落实在学生身上，凝练的学科知识就是抽象的存在，教学文本、教学指引的意义也就无从体现，官方意图、官方知识只会落空不会落实，文化标准也无从树立。

站在学生的立场上，从教材对学生的意义来给教材以功能定位，具有无可争议的优势。第一，这一立场抓住了教材的根本。教材存在的根本目的不是别的，而是为了教育学生。如果不是出于教育学生这一目的，教材根本就没有存在的必要。实现了教育学生，给学生以文化与价值滋养，才是教材的使命与德性之所在。教材当然还具有其他价值，但与促进学生成长的价值比起来，都是第二位的、附带性的价值。第二，关于教材功能定位的其他立场，可以在学生立场里得到统一和落实。一方面，学科立场也好、教师立场也好，国家立场也好、社会立场也好，其实背后都有一个学生立场，都是为学生的成长服务的，学生立场是这些立场的"公约数"。另一方面，其他立场之上的教材功能，也需要借助学生立场功能定位的实现来实现。第三，学生立场也是其他立场的"校准器"。不同的社会群体不可避免地会从自己的立场出发去给教材以功能定位，但这种定位必须参

照教材教育学生这一根本目的，否则就会在自身立场上走得过远以至于定位失当。比如，站在国家的立场上，教材要体现国家意图，这本来是理所当然的，但如果失去了对学生发展立场的观照，就会不顾学生的发展规律，无限加码，把学生无法理解的内容统统塞进教材里，结果是学生需要被忽略了，国家意图也没有得到贯彻。

（二）最基本的文化滋养

婴儿初生于世，母乳对他们生存与成长的意义显而易见。母乳不但能够为初生婴儿提供足够的营养，还能提高他们抵御病毒侵袭的免疫力，而且通过母乳与母亲，婴儿与世界建立起亲近关系，为他们后续的生长发育奠定了坚实的基础。可以说，母乳对婴儿来说，具有营养、保护、亲近、成长可能性这四大功能。人是文化存在，身体发育需要母乳的滋养与保护，精神发育需要文化的滋养与看护。从这个意义上，我们说人的精神成长需要"文化母乳"。那么，什么是儿童成长的"文化母乳"呢？我认为是教材，是教科书。

教材之所以能够起到"文化母乳"的作用，首先在于其能够为儿童成长提供基本的文化滋养。父母、家庭给予儿童的不但是身体营养，还有文化滋养。但这种滋养是不系统、非正式的，虽然重要，但还不够，至多是一种"文化初乳"。教材是经过精心设计、精心配制的"文化营养"，以家庭所提供的"文化初乳"为基础，能够为儿童成长提供最基本的文化滋养。

教材为儿童所提供的最基本的文化滋养，可以从知识、情感、价值这样的维度来分类。各学科教材是人类最基本、最核心知识的"儿童版"，通过教材，儿童可以"抄近道"接触到各个学科门类的知识精华。人是情感的存在，对世界、对人间、对事物有这样那样的好恶，正当、健康的情感对人的意义不亚于知识的掌握。教材直接或间接隐含的对世界、对人间、对事物的情感态度，就是孕育儿童健康向上情感品质的基本力量。儿童的成长离不开价值引导，什么重要什么不重要，看重什么不看重什么，什么值得追求什么不值得追求，一方面儿童要自己去探索，另一方面也要靠教育引导，教材所给予的引导是全面而综合的，其他引导方式与教材的引导相比不可同日而语。

教材所给予儿童的知识、情感、价值等最基本的文化滋养，是以融合的方式进行的，具有其他滋养方式所没有的优势。家庭可以给予儿童以情感滋养、价值引导，但在知识性滋养方面存在问题。也就是说，家庭的情感滋养、价值引导是生活性的，缺乏知识的支撑。情感、价值与知识是一体互撑的，缺少知识的情感与价值容易流于日常、流于个人偏好，缺乏高度。教材给予学生的情感培育与价值引导是与知识学习结合在一起的，一方面有知识高度，另一方面也具有其他教育方式所不具有的公正、严谨与全面。比如，家庭也能为儿童奠定价值基础，但却很难做到像教材那样站在民族国家甚至是人类的高度进行价值引导。

也可以从世界观、人性观、民族国家认同这样的维度来理解教材给予学生的文化滋养。人在世界上生存，对世界的基本看法不但对人的发展与幸福至关重要，对人所生存的世界同样影响巨大。在世界观问题上虽然不能强求一律，但要有一些最基本的共识。也就是说，在世界观问题上，可以有多样性与丰富性，但世界观是有正确与否的判断的。一个人的世界观如果错了，所造成的危害既是其本人的，也是他人和世界的。儿童世界观的形成受家庭、父母、同伴、媒体、学校等多重因素的影响，但教材是一个最基本的影响源。没有哪种影响源能像教材那样从如此多样的角度深刻揭示世界的面貌。一个国家的教材，在世界观问题上都是有共识的，或者说是基于一种共同的世界观之上的。从不同的角度深刻揭示世界的面貌，都是为了在儿童那里树立教材所主张的世界观。而且，这种树立的过程，往往是无声无息的，儿童在没有自觉意识的情况下，已经将教材所主张的世界观"位移"到自己的心灵结构之中了。

教材也是儿童人性观树立的重要力量。当然，各种教育力量都会引导儿童如何看待人、如何看待人性，但教材所给予的引导是最基础、最全面的，也是最中正的。教材对人性观的引导既有横向的空间维度，也有纵向的历史与未来维度；既有本国、本民族的认识，也有"他者"眼光；既有直接的引导，但更多的是与具体事件结合在一起的人性之自然展现。人性观与道德观是不可分割的，教材在人性观引导的同时也在进行道德观的指引，学生对是非对错、善恶美丑的认识，虽然受多种因素的影响，但教材所给予的引导具有道德标准的意义。表面上看，教材对学生道德观的影响是有限的，但实际上却是深层的，能够进入学生的无意识之中。教材的一个根本特性就是"教诲性"，即引导学生应该做什么、不应该做什么，选择什么、遗忘什么。①也就是说，除了德育教材，很多教材初看上去好像与道德没有关联，但实际上所有教材都在进行无声无息的教诲。

人是群体存在，没有群体的参照，个人甚至无法说清楚自己是谁。人从来既是"我"，又是"我们"。如果不能形成"我们"归属，一个人就是一个无根的存在，既不属于哪里，又不被哪里所接纳，只能处在一种漂浮的境遇之中。"我们"有多种层次，从家庭、社区、家乡到国家与民族，其中国家、民族认同既是最大的也是最为重要的群体认同。儿童的国家与民族认同的形成，一方面来自日常生活的文化熏染，另一方面则来自正规教育。在正规教育中，教材处于核心地位。这是因为，国家与民族认同包括国土、公民资格、意识形态、政治制度、语言、传统、祖先等多种文化维度，不是日常生活的无意识教育所能够承担的，只有正规的、官方的教材才能从不同的角度进行分工与写作，一体化地进行多维度、多样态的国家与民族认同教育，使学生逐步体悟到"我们是谁""我们在哪里""我们从哪里来""我们要到哪里去"等关键性的认同问题。

（三）文化保护与文化亲近

我们都知道，母乳不但为婴儿提供丰富的营养，还为婴儿提供免疫能力，在人生的早期给儿童一个基本的保护，以免他被病菌侵袭。母乳的这一功能，一方面源于母乳自身的纯净，婴儿在没有发育出足以保护自身的免疫力之前，只吸收纯净的母乳，被其他病菌感染的概率就小。另一方面，母乳因为纯净，本身具有抗病菌的能力，也能激发出婴儿自身的免疫力。

---

① 　石鸥、石玉：《论教科书的基本特征》，《教育研究》2012 年第 4 期。

作为"文化母乳"的教材，也具有类似于母乳的纯净和增强免疫力的特性。杜威指出，"学校应尽可能消除存在于环境中的无价值事物。学校应该成为净化行为的媒介"①。这一点更适用于教材，教材就是精选正向的、有价值的内容，排斥负面的、无价值的内容。这样做的目的有两个，一个是"固本培元"，另一个是给幼小的心灵以文化保护。人性多维，儿童生活也有多种发展可能性，既可能走向正路，也有可能走向歪路。教材净化性的内容与形式，就是要用健康正派的营养去滋养儿童本来就有的正向精神力量，使健康的精神力量得到巩固和生长。教材的这一净化特性，常常遭到批评者的指责，认为这种排斥负面信息的教材世界是人为建构的虚假世界，是对学生的欺骗。这种指责看似犀利，实则是不懂得儿童社会化的基本经验与基本规律。历史上的教育，向来都是先给学生正面的滋养，使其生命中的正向力量得到巩固与发育，然后再慢慢让其经历各种负面信息的考验。如果在儿童生命的早期，就将其置于负面环境与负面信息之中，那就不是考验，而是毁坏。因为儿童稚嫩的心灵尚不足以抵御恶的侵袭，这时候让其暴露于各种恶之中，其实就是放任恶对幼小心灵的控制。从教材的净化特征来看，教材的"固本培元"与对儿童的文化保护其实是一体两面的。一方面，通过教材的纯净而正向的教育，激发出儿童本身所具有的纯正潜能，使良善情感在儿童心灵之中发育、壮大；另一方面，教材的纯净也是一种隔离，即在儿童尚未发育出足够应对丑恶事物的能力之前，让他们远离丑恶事物以免被污染。

婴儿是通过母乳与母亲亲近，进而通过母亲与家庭、他人、周围世界保持亲近关系的。教材也有类似的功能。儿童通过教材的学习，对民族文化有一种亲近感。这种亲近感在没有他者文化对比的情况下，我们基本上是意识不到的。比如，我们天天接触汉语，不觉得汉语有多亲切，但一旦出国，整天淹没在他族语言的氛围之中，一见到汉字，一听到汉音，熟悉感、亲切感就油然而生。教材所培育的这种文化亲近感意义重大，因为亲

---

① ［美］约翰·杜威：《民主主义与教育》，林宝山译，（台北）五南图书出版公司1989年版，第20页。

近是桥梁，是儿童走向民族文化形成民族认同、将自身融入民族文化之中的媒介。有人会说，儿童在求学的过程中对教材的感情并没有那么亲近，甚至有很多反感和仇恨情绪。应该承认，这样的现象是客观存在的，不是虚构。事实是事实，关键是如何理解、如何解释。一方面，我们说教材是"文化母乳"，这是就理想的教材而言的，但现实中的教材存在这样那样的问题，儿童对特定教材的反感甚至仇恨并不能否定理想教材所应具有的文化亲近作用。另一方面，这里面有一个"迟到的顺从"① 问题。所谓"迟到的顺从"，就是儿童在成长过程中，对最亲近的影响会有一种排斥，通过刻意保持距离以彰显自己的自立，但过一段时间之后，被排斥的又会全面回归。比如，很多孩子在成长的过程中，刻意不学父母，但长大之后还是变成了父母那一类人。儿童对教材的排斥也有类似的现象，虽然是刻意摆脱，但实际上影响已经深入生命之底层，在之后的生活中会渐渐显露。

（四）走向文化世界的阶梯

婴儿总有断奶的一天。如果母乳对婴儿吸收其他营养起着封闭作用，一旦断奶，婴儿因为无法接受其他食品，营养就无以为继。由此出发，母乳起码有两个基本的功能，一个是提供最基本的营养，另一个则是为婴儿吸收其他来源的营养奠定基础。作为"文化母乳"的教材也具有同样的功能。在儿童尚不能吸收、消化其他来源的文化养分时，教材为儿童提供纯净、纯正的文化滋养。与此同时，还为儿童从其他渠道吸收营养奠定基础，使儿童在学习教材的同时，有兴趣、有能力去探索广阔的文化世界。如果教材在给予儿童最基本的文化滋养的同时，封闭了儿童由教材出发去探索文化世界、从文化世界吸收营养的能力，那就是对儿童的伤害。作为"文化母乳"的教材不是封闭儿童的学习能力，而是为儿童准备好这种能力。

---

① ［奥］康拉德·洛伦茨：《文明人类的八大罪孽》，徐筱春译，安徽文艺出版社 2000 年版，第 34 页。

如前所论，我们在对教材功能定位的认识中，教材作为学生探索世界的"平台"与阶梯这一认识，虽然存在这样那样的缺陷，但依然有进步意义。这一认识的进步意义，就在于抓住了教材在为学生提供最基本的文化滋养的同时也助力于儿童对文化世界的学习探索。这样的功能定位不是凭空想象，而是有现实依据的。第一，人在世生存，探索自然世界和社会世界（合起来就是文化世界）是终身课题。感受性的、与生活融为一体的探索是一回事，对自然和社会世界进行对象化的探索则是另外一回事。不掌握最基本的概念和知识，我们就无法对自然和社会世界进行有深度的探索。教材提供给学生的正是这些最基本的概念和知识。第二，由于人是有限存在，而自然和社会世界则是无限的。有限的人对无限世界的探索不能都是零起点的，不能每个人都从头开始，否则可能一事无成，人类也就失去了进步的可能。教材正是人类文化成果的精选，对教材的学习其实是对人类文化精要的初步掌握，是为每一个个体的探索奠定一个较高的起点。第三，教材不但是人类文化成果的精选，还蕴含着人类探索世界的各种有益经验与方法，是对年青一代的文化探索的方法指导。

三、"文化母乳" 功能定位的实现

"文化母乳"这一定位一语道破了教材在儿童成长中所扮演的关键性角色。但功能定位是一回事，能否实现则是另外一回事。也就是说，教材定位于"文化母乳"，并不意味着现实中的教材就自然具备这一功能。教材要实现"文化母乳"这一功能，是有条件的，是需要付出努力的。

（一）全面、均衡的文化滋养

肌体发育需要各种营养，哪怕是一种微量元素的缺失都会导致婴儿发育的问题，因此母乳的营养具有丰富的均衡性，能够为婴儿发育提供全面而均衡的营养。教材作为"文化母乳"也应为儿童的精神发育与成长提供全面而均衡的文化滋养，否则也会有"营养失衡"的问题。

第一个方面是教材体系的全面与均衡。作为"文化母乳"的教材不是指某一单科教材，而是整个教材体系。教材体系是由不同门类、不同学科教材所组成的结构。教材体系的全面与均衡，一方面是指各类、各科教材的齐全，另一方面则是指对各类、各科教材的公正对待。我们国家的教材是由中央政府统一管理的，齐全不是问题，问题在于公正对待。也就是说形式上的全面与均衡不是问题，问题在于实质上的全面与均衡。现实情况是，考试科目的教材独步天下，非考试科目的教材则处境不佳，教材体系处在一种实质上的失衡状态。对教材进行区别对待的态度，对学生也会产生心理暗示，也会影响他们对待教材的态度。

　　第二个方面是学科教材学段之间的均衡。教材作为"文化母乳"所给予学生的文化滋养应该是循序渐进的，最忌讳高低起伏、秩序颠倒。我们过去的教材确实存在着"小学难、中学易""中学难、大学易"这样的颠倒现象，新课程改革以来，这一问题基本得到了解决，但局部问题依然存在。比如，有一些教材为了迁就升学考试，五年级、初二的教材很厚很重，六年级、初三的教材则很薄很轻，甚至还出现过教材管理部门要求其他年级教材都编上、下两册，而初三只编"全一册"这样的做法。一切都为考试铺路，这是典型的功利优先的思维，忽视的是学生健康成长的需要，贬低的是教材的功能定位。当然，这类问题比较明显，只要有足够的理性，解决起来并不难。真正难的是学习内容符合学习规律的学段安置。教育学及学科教育学发展到今天，实际上在教材编写上还有很多空白点。对任何一个要进入教材的内容，我们都要思考两个问题：学生为什么要学习这个内容？为什么要放在这个学段来学？实际上，我们现在各科教材中有不少内容安置的是未经这两个问题考验的，之所以放在那里，就是一种惯性，即过去的教材有这个内容，所以现在还要有这个内容，至于到底为什么有这个内容、到底为什么将这个内容放在这个学段，是没有想清楚、说清楚的。

　　第三个方面则是教材中知识、价值、情感的均衡。教材作为"文化母乳"，提供给学生的不仅仅是知识养分，还必须包含价值与情感养分，否则就是一种"营养失衡"。在这个问题上，最容易犯的错误就是知识至上，价值与情感缺失。这样的倾向，不仅在科学类教材中存在，就是在人文艺术类教材中也存在。以德育教材为例，道德知识虽然是有益的，但道德教育主要不是道德知识的学习，而是价值引导与情感培育。但我们过去的德育教材罔顾道德教育这一最基本的特性，将情感培养、价值引导置于可有可无的境地，偏执于道德知识的学习，不切实际地渴望通过道德概念和知识的掌握来提高学生的道德品质。为了实现"文化母乳"这一功能定位，今后的教材改革应特别探索价值与情感教育的规律，人文艺术类教材应回到以知识为载体，以情感、价值为主导的轨道上来，科学类课程则应努力实现以知识、价值与情感融为一体的境界。

第四个方面就是学科与教育的均衡。在分科教学的处境下，如今的教材基本上都是分科教材。数学不同于语文、地理不同于历史、物理不同于化学，学科分类成了教材分科的标准，似乎学科内容更为重要。很多人，包括教材相关从业人员与管理人员，都在潜意识里认为学科内容是教材的主导性内容。这种观念的主导，导致了教材中学科内容与教育维度的失衡。教材所承担的是教育任务，忘记了这一点的教材，无论学科内容多么正确，都不是教材，至多是学科内容的汇编。基于对教材教育性的认识，有人认为教材的内容既包括学科内容，也包括学生的活动、练习、方法、评价、技术手段等过程性内容[1]，这些过程性内容实际上就是教材的教育元素。有人将教材中的学科内容与教育性元素归结为教材所要遵循的"内容律"与"教育律"，理想的教材是"内容律"与"教育律"的融合与均衡，当教材的"内容律"与"教育律"发生矛盾的时候，"教育律"是"第一律"，因为教材归根结底是一个教育问题，归根结底姓"教"，不姓某个特定的学科。[2]

（二）讲好"文化叙事"

人是叙事性存在，一个明显的证据是，当我们向别人介绍自己的时

---

[1] 石鸥、张文：《学生核心素养培养呼唤基于核心素养的教科书》，《课程·教材·教法》2016年第9期。

[2] 高德胜：《以学习活动为核心建构小学〈道德与法治〉教材》，《中国教育学刊》2018年第1期。

候，如果不讲述自己的故事，就根本无法说清楚自己。正是因为人是叙事性存在，叙事对人的影响是符合人之本性的一种影响，很少遭到人的排斥。"教材提供民族发展进步的官方叙事"①，在建构民族文化认同中扮演着不可替代的作用。教材之所以具有如此重要的功能，既在于教材本身的特性，也在于教材是儿童群体最早接触到且日日相伴的正式叙事文本。

过去我们较少从叙事的角度去理解教材，不能不说是一种缺憾。因为没有叙事的意识和自觉，各种教材不能构成一个总体叙事结构，不能以叙事为线索对各科教材进行分工。一个国家的教材，尤其是基础教育的教材，虽然可以分科分开编写，但总要在一个叙事结构下进行总体设计，以达成一个结构井然的"鸿篇巨制"。概括来说，这一"鸿篇巨制"由不同的叙事类型组成：一类是历史与传统叙事；一类是语言文化艺术叙事；一类是政治与经济叙事；一类是科学探索叙事。各科教材以一类叙事为主，互相配合，共同组成一个总体叙事。作为总体叙事的教材，共同讲好一个民族从哪里来、现在处在什么位置、将来要到哪里去。在完成讲好"文化叙事"这一任务时，最忌讳的是各科教材各说各话，相互矛盾、互相抵触。教材叙事的矛盾，带给学生的是混乱与怀疑，让学生无所适从。虽然各科教材有不同的叙事类型，但都是为一个总体叙事服务的，要讲"同一个故事"，要有共同的叙事格调。

教材总体上的叙事特征并不妨碍各科教材具体叙事形态上的个性。有些学科可以以体系为主、以叙事为辅，叙事是隐含的；有些教材则是体系与叙事各半，采取半叙事方式；有些教材则可以以叙事为主、以体系为辅。但无论各科教材采取什么样的叙事形态，一个国家的教材要在整体上呈现出一种总体叙事的样态，否则就不能承担讲好"文化叙事"这一任务。在完成这一任务的过程中，需要破除体系优于叙事的思维定式。很多人从学科知识体系出发，认为教材是以知识体系为结构的，认识不到叙事结构的重要性。实际上体系与叙事不是矛盾的存在，完全可以做到二者的

---

① James H. Williams, Wendy D., *Constructing Memory：Textbooks，Identity，Nation，and State*，Rotterdam：Sense Publishers，2016，p. 12.

互渗互融。比如，各科教材所共同构成的总体叙事，既是叙事，也是体系（用叙事呈现的体系）。再比如，德育教材总体上既是一种体系，也是一种叙事，各册自成体系，每科又有叙事特征。

（三）亲学生性

母乳为婴儿而生，教材为学生而编。这是简单而又困难的道理，简单在于道理类比的直接，困难在于实践上的横生枝节。如前所论，教材确实有多种功能，对教材功能的理解也有不同的立场，这是诱发实践偏离的固有因素。我们需要明白的是，无论教材还有什么功能，其所有功能的实现都需要通过学生的学习来实现，没有学生的学习，所有的价值期望都会落空。因此，为了实现教材功能的准确定位，必须牢固树立教材首先是为学生学习服务的观念。我们在这个问题上是有经验教训的。比如，过去一个时期的教材从学科立场出发、从直接贯彻国家教育意图出发、从考试竞争出发，忽视教材是为学生学习服务的这一基本点，导致教材变成了学科内容的"压缩饼干"、变成了成人化的政治训导手册、变成了变态的备考手册。这样的教材对学生来说是异己的存在，倒了学生学习的"胃口"，即使勉强咽下，也难以消化吸收。这样的教材，学科学习、国家教育意图的落实都是低效甚至是无效的。正是在这个意义上，我们说教材名为教材，实为"学材"，是作为"学材"的教材。①

既然是为学生而编的，教材就应该满足学生的成长需要，将学生的成长需要作为教材编写的立足点。教材编写中常犯的一个错误，就是直接从学科立场出发，按照学科知识的内在逻辑来建构教材，基本不考虑学生成长的需要。学习是人的天性，人本来就是学习的动物。儿童对自然世界有探究的需要和兴趣，对文化世界有认识和体验的需要，在成长过程中有这样那样的困惑，这些都是教材建构所需要考虑的因素。当然，教材作为官方正式文本，不可能只停留在学生当下需要的水平上，只停留在这个水平

---

① 高德胜：《以学习活动为核心建构小学〈道德与法治〉教材》，《中国教育学刊》2018年第1期。

上的教材也不符合学生成长的长期需要。教材编写所要做的，就是如何将学生成长中的困惑和探索世界的需要整合进学科内容之中，使教材成为既满足学生成长需要，又能引领他们进入人类文化世界的力量。

教材的亲学生性还体现在对学生经验的接纳与提升，对学生认识、体验世界方式的认可与引导上。过去教材的一个重要弊病就是将学生经验关闭在教材之外，教材讲述的全是学生经验之外的事情。为学生服务的教材没有学生经验、没有学生探索世界的方式，本身就是对学生的轻视与不尊重，不符合教育的道德性要求。学生的经验是学生进入教材所建构的文化世界的桥梁，没有学生的经验，学生进入教材世界的难度加大，不符合教材的教育性要求。当然，教材纳入学生经验、认可学生对世界的探索方式不是终点，更不是目的，纳入与认可的目的在于提升与引导，在于借助学生经验与认识方式引导他们进入文化世界，进而使他们的经验得到提升、认识世界的方式得到矫正与引导。应该承认，不同的学科与学生经验的关系是不同的，有的更为直接一些，有的相对间接一些。但无论是什么关系，教材都不能无视学生经验、排斥学生经验。教材所要追求的是将学生经验提升到人类文化的水平上，将人类文化经验下探到学生经验上，进而实现学生经验与人类文化的对接。

（四）教材的确定性与开放性

教材是公共文本，是官方知识与意志的体现，因此教材不像文学作品或学术思想那样享有自由表达。[1]教材不享有自由表达表现在多个方面，包括政治正确、知识正确、教育正确等。政治正确即符合国家的政治要求，在政治上没有偏差和争议。知识正确是指教材的知识内容没有科学性错误，内容都是经过验证的、成熟的、公认的，激进的、个人性的、未得到公认的学说进入教材需要附加一定的限制，比如只是作为参考。教育正确即教材的"教育律"，是指教材符合基本教育规律和规范，没有教育上

---

① Susanne Olsson, "View on the Other: Issues Regarding School Textbooks", *British Journal of Religious Education*, 2010, 32 (1), pp. 41-48.

的错误或"硬伤"。总之，教材是官方、正式的文本，追求确定性，最能代表一个时期文化的水准，起着文化标准的作用。

教材的确定性并不意味着封闭性，相反，好的教材都具有一定的开放性。如前所论，教材作为"文化母乳"，不但要为学生提供最基本的文化滋养，还要承担辅助学生走向文化世界的阶梯这样的重任。如果教材是封闭的，把学生关闭于教材的世界里，辅助学生探索文化世界的功能就无法实现。

教材的开放性有一个前提，即如何看待学生。我们过去总是将学生当作"受教育者"，结果就是突出学生的被动接受性，教材也因此带有包办一切的倾向。如果我们转变观念，将学生视为"求学者"，教材和教育活动的一个目的就是帮助学生的求学，情势则大为不同。具体到教材，确定性内容的提供，不是为了控制学生，而是为他们探索文化世界提供必要的"装备"，既保证他们探索的方向正确，又帮助他们掌握一定的知识基础和方法。学生观的转变，带来的是教材取向的转变，教材的封闭性减少了，开放性就加大了。

教材的开放性还体现在师生的教材建构性上。教材是广泛使用的文本，不可能照顾到每一个具体使用者。但以普遍性为基础的教材，如果不能为特殊性留有空间，无形中就有了封闭性。体现教材开放性的一个方式就是为具体的学习者预留进入教材的入口和通道，为他们参与教材的建构留有空间。具体说来，就是教材在确定性的基础上，为使用教材者独特的体验与看法留有空间，为个体的创造留有空间，为学生发挥想象力、探索多种可能性留有空间。有学者说，教材为学生探索世界提供"参考框架"[1]，但"参考框架"本身不是目的，以"参考框架"为参考去探索世界才是目的。

---

① 吴小鸥：《教科书，本质特性何在？——基于中国百年教科书的几点思考》，《课程·教材·教法》2012年第2期。

第十一章　品德教材的"叙事思维"

一、被说理论证占据的品德教材

对品德教材有所关注，教过、学过品德教材的人都知道，新课程改革以前的品德教材的一个典型特征就是说理论证，每篇课文从文本性质上看都是论说文。一篇课文一般由一个中心论点和几个分论点（"框题"）组成，分论点要么是证明中心论点的，要么是中心论点的展开。分论点有不同的方面和维度，一般用正文的方式展开论述，在正文之下，有一些论证正文的"材料"，包括数据、事例、言论、政策、图画、史实等。"材料"可多可少，但无论多少，都是辅助性的，都是"论据"，都是为了证明正文观点的。品德教材这样的文本结构与说理论证思维存在了几十年，在很多人那里已经沉淀为下意识的"教材定式"，即品德教材本来就是如此、理当如此的。在新课程改革已近二十年的今天，很多人依然在强调品德教材的说理论证结构，强调"正文要观点直接明确"，"去掉材料之后的正文可以组合成一篇逻辑严密的小论文"。

以说理论证的方式来结构品德教材，当然不是一无是处。从教材文本来说，这样的结构方式能够体现教材的知识严谨性；从国家意志的贯彻来说，这样的结构方式最能将国家要求直接"植入"教材；从教学的角度来看，有利于教师抓住教材的观点体系和课文结构，方便进行知识教学；从学生的角度看，有利于学生的知识学习和理论思考能力的提高。但毋庸讳言，这样的教材结构方式问题也不少。第一，对学生道德学习规律存在忽视。有些教育主题是理性的，当然可以用说理论证的方式进行，问题是品德课的教育主题是丰富多元的，除理性主题之外，还有情感性的、行动性的主题，不分青红皂白，一律采用说理论证的方式，显然是对道德学习规律的违反。第二，说理论证结构背后所蕴含的教育范式或"教育姿态"是劝说，即观点的正确性不容置疑，教材所要做的就是劝说学生接受。我们知道，劝说作为教育方式并不是全然有效的，尤其是对处在渴求独立自主、有或隐或显逆反倾向的青少年来说，劝说往往是最无效的，即使说的全是正确的道理，但你"冒犯"了我的自主性，我偏偏不听你的。第三，教材的说理论证即使没有遭到学生的逆反，但因为与学生的经验与情感体验缺乏联系，很难触动学生心灵，不能给学生以感动，只能起到表面的、浅层的、抽象的、概念化的教育作用。第四，这样的教材结构方式，与应试教育的强大惯性很容易结合，因为这样的教材知识点明确，方便出题和考试。正是这些问题的存在，导致新课程改革以前的品德教材存在严重脱离学生生活、知识化、灌输化、考试化的倾向，离学生的心灵、思想、道德的真实发展距离很远，教育效果不佳。

正是出于对这些问题的正视，在新课程改革的整体氛围下，"品德与生活""品德与社会"课程提出了品德教育回归儿童生活的改革思路。这一思路标志着德育课程的转向，即从政治与道德概念、知识的教育转向对儿童生活的引导，课程的核心关注点不再是"关于道德的（知识）观念"，而是引导儿童在不同的生活场域中能够过道德、幸福的生活。在这一新的理念的引导下，德育课程面貌一新。虽然教学实践中的问题依然严重，但起码从课程标准和各种版本的教材等文本材料来看，改革的成就是"看得见、摸得着"的。但回归儿童生活理念如何在教材中体现，依然是一个有待探索的问题。毋庸讳言，不少版本的教材虽然开始讲述儿童的生活，儿童的生活能够以这样那样的方式进入教材之中，但教材的整体结构依然是说理论证性的，体现的依然是劝说性的"教育姿态"和理性思维方式。

二、叙事："心灵的原初活动"

（一）叙事：指向人的古老思维方式

品德教材的这种说理论证思维方式不是孤立的，是现代社会、现代教育强调"命题思维"（propositional thinking）、排斥"叙事思维"（narrative thinking）的一个缩影。①所谓命题思维，就是一种关注因果关系、关注规律的思维方式，往往采用"如果—那么"这样的推理形式，是一种排除背景和无关因素的逻辑化、理论化、科学化的思维方式。所谓叙事思维，就是嵌入这里和当下（当地、当时），探索由人的行动所导致的事态变化，往往采用"人物（自己或他人）—时空（时间、地点）—事件（行动所导致的事态变化）"这样的叙述方式，是一种融入具体背景、关注具体细节和人物思想与情感的思维方式。这两种思维方式对人来说都是必不可少的，但适用领域有所不同。命题性思维总体上指向外在于人的世界，体现人探究自然的渴望；叙事思维总体上指向人自身，是人自身的探究、展现与表达，是人探索自身特性的独有方式，也是人认识自我、理解自我、认同自我的主要方式。②

从原初性、根本性上看，叙事思维方式在先，命题思维在后。叙事是最古老的一种探索方式，如今人类的所有探究方式都是从叙事这种思维方式中分离出来的。在古希腊，叙事意指"考虑"（to account），从 gno 演化而来，即求知（to know）。一方面，人是有自我意识的存在，所求之知，首先指向人自身；另一方面，求知开始于怀疑，由怀疑驱动去寻求答案，体现的是人的有开头、有结尾的活动，呈现出叙事特征。正是在这个意义上，亨瑞（P. M. Hendry）说，"所有的探索都是叙事的"，"所有的

---

① Kevin Ryan, "The Narrative and the Moral", *Values Education*, 1991, 64 (5), pp. 316–319.

② Jerome Bruner, *Actual Minds, Possible Worlds*, Massachusetts: Harvard University Press, 1986, p. 13.

研究传统都来自叙事思维方式"。① 从历史上看,"诗人"(编带有韵律故事的人)是最早的"文人",而以抽象、逻辑的方式探究世界与宇宙的哲学家是后来才产生的。从古希腊来看,一开始的哲学家都是以理论的方式探索宇宙与自然的人,类似于我们今天的"科学家"。用这种方式探究人及人的生活,一开始并不兴盛,苏格拉底是探路者,是他"将哲学从天上拉到了人间"。②一个有趣的现象是,苏格拉底对叙事作品深具戒心,但他自己的思想却借助了柏拉图的叙事形式才得以流传至今。巧合的是,孔子的思想也是以《论语》等叙事文本而得以流传。也许这是叙事形式在哲学中的高峰,自此以降,哲学就基本上踏上了理性的、体系化的思维之路而不再向叙事思维回头。也难怪,逻辑与论证更利于哲学去完成发现"真理"的使命。

人是有意识和自我意识的存在。人能意识到自我,能意识到自我存在的空间性与时间性,也能意识到自我活动在时空中所产生的变化。正是这些要素,即主体、时空和事态变化,构成了叙事。正是对自身与他人行动在时空中所引发的事态变化的意识,使人能够建构自我并在时空中找到自我的"锚位"。正是在这个意义上,我们说人是叙事性存在,正如巴特(Roland Barthes)所说,叙事"就在那里,正如生活本身"③。以叙事的方式思考、探索人自身及其所生活的世界,就是叙事思维。如前所论,叙事思维与命题思维最大的不同在于,叙事思维是"有人"的思维。这里的"有人"有双重含义:一方面叙事思维是指向人的,是对"人事"的思考;此外,叙事思维也可以指向物、世界和宇宙,但这种指向都是"有主"的,即以"人事"为参照,为对人自身的探索服务。总之,叙事思维是意识和自我意识的体现,是以人自身为核心、为参照的探索方式。也就是说,人在世生存,虽然避免不了要对这个世界进行探索,但这种探

---

① Petra Munro Hendry, "Narrative as Inquiry", *The Journal of Educational Research*, 2010, 103 (2), pp. 72-80.

② 詹文杰:《教化与真理视域中的诗——重思柏拉图对诗的批评》,《世界哲学》2012年第5期。

③ [美]玛丽-劳尔·瑞安:《故事的变身》,张新军译,译林出版社2014年版,第3页。

索都是或显或隐的"以对人存在有什么意义"作为出发点和依据的。另一方面，叙事思维也包含人的行动对世界的影响，即我的行动所导致的事态变化。也正是在这个意义上，哈迪（Barbara Hardy）说叙事是"心灵的原初活动"（primary act of mind）①，这种活动的两大主题就是世界对我意味着什么，我能对世界有什么作用。

（二）"结构性胶水"：为德性建构主体

教育领域一说起叙事，多直觉性地将叙事理解为文学叙事、他人叙事，重视的是叙事的伦理教育意义，不将叙事与自我联系起来。他人叙事（文学叙事是他人叙事之一种）确有教育意义，但这尚不是叙事的核心功能，叙事的核心功能是自我建构，即人是通过叙事将自身建构起来的。也就是说，这种直觉性的理解忽略了另外一种叙事，即自我叙事及其在主体建构中的作用。与此密切相关，教育领域还存在着另外一种"叙事态度"，即总是急于将叙事与德性联系起来，实际上，如果没有叙事，自我都没有建立起来，何谈德性。先有"谁"，然后才有德性和品格，德性和品格总是"谁"的，否则就是无主的。"谁"是德性与品格的"降落处"，也只有与"谁"融为一体的德性与品格才是真实而有生命力的。而这个作为德性与品格"降落处"的"谁"来自哪里呢？来自叙事。正如利科（Paul Ricoeur）所说：没有一个清晰的认同（"我是谁"）概念，美德与伦理就无法说清；而没有一个清晰的叙事概念，认同就是模糊的。②

人在时空中存在，人与时空都始终在变化之中。自身在变、时空在变，那么我为什么能够确定此时此地、现时现在的自己与彼时彼地、彼时彼刻的自己是同一个人呢？昨晚我睡着了，今早我起床了，我怎么知道今早醒来的这个人与昨天睡着的那个人是同一个人呢？这就是叙事的功能，是叙事将我在不同时空之中所做出的各种行动、感受、思想、情欲整合进

---

① Joe Winston, *Drama*, *Narrative and Moral Education*: *Exploring Traditional Tales in the Primary Years*, London/Washington, D. C.: The Falmer Press, 1998, p. 7.

② Brian Treanor, *Emplotting Virtue*: *A Narrative Approach to Environmental Virtue Ethics*, Albany: State University of New York Press, 2014, p. 111.

一个叙事主体之中，时空与事态的变化，只不过是我所行、所为、所思、所想留下的痕迹。因为叙事，时间的变化成了叙事序列的变化，即我在过去做了什么，导致我成了今天这样一个状态，我带着今天这样的状态思考着并走向未来；因为叙事，空间的变化成了叙事场景的变换，我在那里做了什么，导致我来到这里，我在这里又是我走向另外一个地方的预备。正是在这个意义上，拜姆伯格（Michael Bamberg）说叙事是"结构性胶水"（structural glue）①，将我们散布在时空中的行动碎片黏合在一起，使我们能在不同时空中活动而不至于散落飘零。

作为"结构性胶水"，叙事从不同的侧面发挥黏合作用。第一，是揭示碎片化行动背后的情感、欲求、依据等，通过行动背后的动因将行动碎片串联而成整体。比如，一个人做出了各种稀奇古怪甚至是南辕北辙的事情，但他知道，所有这些行动背后都有一个目的，即讨好他喜欢的人。正是这背后的目的，使得这些在外人看来全然不相干的活动有了"逻辑"。"叙事的整合功能在于确认不同事件背后的原因或精神状态，尤其是情绪与欲望状态，由此使彼事件与此事件为什么联结在一起得到了揭示"②。第二，叙事将单个的行动放在背景之中，有了背景的参照，单个行动也就从碎片化的存在成了整体生活的一个构成，其意义也由此得到确证。正是在这个意义上，麦金太尔（A. MacIntyre）说，一个行动，只有放入背景（setting）之中才是可理解的，而一种背景就有一个历史（叙事）③。将单个行动植入背景之中本身就是叙事，而背景也是叙事构成，这一植入其实就是"将叙事植入叙事"。第三，叙事既是主体性的，又是主体间性的。一方面，我的在世生存总有他人的参与，我不是孤立存在，因此我的叙事中总有他人的身影；另一方面，有意识叙事既是讲给自己听的，也是讲给别人听的。正是在这种主体性与主体间性的交融中，我在成为与他人不同

---

① Michael Bamberg, Anna De Fina, Deborah Schiffrin, *Selves and Identities in Narrative and Discourse*, Amsterdam / Philadelphia：John Benjamins Publishing Company, 2007, p. 5.

② Tom Cochrane, "Narrative and Character Formation", *The Journal of Aesthetics and Art Criticism*, 2014, 72（3）, pp. 303-315.

③ ［美］A. 麦金太尔：《追寻美德：伦理理论研究》，宋继杰译，译林出版社 2003 年版，第 260—262 页。

的我自己的同时也与他人交织在一起。第四，叙事筛选经验，赋予经验以意义，使生活变得有条理、可理解、可表达。每一个单一的行动都会沉淀为相应的经验，但能否进入意识，尚须经过记忆与叙事的打捞与筛选。在这一机制中，什么都遗失与什么都留下这两个极端都是令人崩溃的。什么都遗失，意味着失去记忆、失去叙事可能性，个人认同也就失去了"经验资源"；什么都留下，意味着所有刺激一起涌来，人被各种不同的想法、图景和感觉所困扰，呈现出精神分裂症患者的病状。苏格拉底说"未经反思的生活是不值得过的"，利科则从叙事的角度对"反思的生活"进行新的理解，所谓经过反思的生活，其实就是被叙述的生活。①因为被叙述的生活，其实就是被筛选、重组、整理、赋予意义的生活，也即经过反思的生活。

对于叙事所起的"结构性胶水"功能，并不是没有质疑者。第一种质疑是既然叙事具有筛选经验与事件的功能，那么个人叙事也就存在另外一种可能性，即编造自欺且欺人的"履历"、建构虚假认同。②第二种质疑是自我叙事与文学叙事一样，也是多维复调的，强求一致性并不符合生活事实和叙事本性。第三种质疑则是叙事建构自我的理论不符合经验事实，我们芸芸众生在生活中并未花多大精力去对自身经历进行叙事化建构，并未用心去将自己"讲述为一个故事"。③

第一种质疑确有其道理，人不会、也不可能全盘复刻生活，有意识叙事一定是建构性的。我们每个人的自我叙事都是在事实基础上的加工，都掺杂了想象。但里面的想象不一定都是自欺欺人的虚假，而是包含着对自我的理想期求。确实，伪善的人可以完全虚构一个并没有事实根据的自我，但这样的人毕竟只是个例，不具有普遍性。而且，即使是一个伪善的人，其虚构也要参考一定的事实，否则就会因为太过虚假而失去可信度。

---

① Monisha Pasupathi, Cecilia Wainryb, "Developing Moral Agency through Narrative", *Human Development*, 2010 (53), pp. 55-80.

② Peter Goldie, "Narrative Thinking, Emotion, and Planning", *The Journal of Aesthetics and Art Criticism*, 2009, 67 (1), pp. 97-106.

③ Samantha Vice, "Literature and the Narrative Self", *Philosophy*, 2003, 78 (303), pp. 93-108.

也就是说，即使是一个整体上虚伪的人，也不可能处处虚伪，也不可能只讲虚构的故事。对于第二种质疑，利科已经给出了回应，即自我叙事的目的不是简单地为无序经验提供一致性，还包括力图复制、再现、重构行动与遭受的不协调向度（discordant aspects）。①叙事并不排斥生活的复杂性和各种行动之间的冲突，文学叙事的感人之处恰在由各种冲突所构成的高潮，生活叙事虽然没有那么多的戏剧化，但冲突也是不可缺少的因素。甚至，正是因为冲突的存在，才促发我们将各种事件综合起来进行考虑。从这个意义上看，冲突实际上扮演着叙事激发的作用。科可瑞恩（Tom Cochrane）与利科所见略同，将冲突与选择性视为叙事的两个基本原则。②但有一点无可否认，即使是冲突与不协调，一经叙事处理，就有了结构和秩序，就都归位于自我之下。第三种质疑虽然符合日常感受，但是出于对叙事的偏狭理解。如果我们将叙事只理解为有意识的活动，那么这种质疑就是强有力的；如果我们将叙事理解为既包括"显在叙事"（explicit self-narrative），也包括"隐在叙事"（implicit self-narrative）③，那么这种质疑就是无力的。所谓显在叙事，就是有清楚意识的叙事；所谓隐在叙事，是指未意识到、未经表达却已经发生且对当下与未来行为有切实影响的叙事。弗洛伊德的最大贡献，可能就在于他与哲学思想主流强调人的意识性与自主性反向而行，深挖无意识在人之生命中的基础性作用。自主意识虽然夺目，但实际上只是浮在水面上的"冰山一角"，无意识则是隐藏在水下的巨大冰山主体。确实，我们的诸多生命活动都是在无意识状态下完成的，隐在叙事也是如此。我们每个人生活中都要做出并遭受各种活动，如果都进入意识层面，就会不堪重负，各种经历、经验因此而沉入无意识。沉入无意识并不是消失、灭亡，而是以我们没有意识到的自发叙事的方式整合进了我们生命的整体之中。由此看来，我们在生活中未意识到叙事的

---

① Matti Hyvärinen, Lars-Christer Hydén, Marja Saarenheimo, Maria Tamboukou, *Beyond Narrative Coherence*, Amsterdam / Philadelphia: John Benjamins Publishing Company, 2010, p. 7.

② Tom Cochrane, "Narrative and Character Formation", *The Journal of Aesthetics and Art Criticism*, 2014, 72 (3), pp. 303-315.

③ Catriona Mackenzie, Jacqui Poltera, "Narrative Integration, Fragmented Selves, and Autonomy", *Hypatia*, 2010, 25 (1), pp. 31-54.

发生，并不等于没有进行叙事，因为隐在叙事就是在无意识中发生的。隐在叙事的存在，也解释了即使我们可以回避、遗忘某种遭遇，但实际上却是避无可避，因为各种遭遇已经经由隐在叙事等途径汇入了我们的生命叙事之中。

（三）叙事：品格形成的"忠诚道路"

叙事不单建构品格的"降落处"，还建构品格本身。通过叙事所建构的自我认同里包括道德认同。"我是谁"，我是一个什么样的人，其中当然包含着品格，否则我就是一个与动物没有本质区别的存在。人可以有多种多样的认同，但一方面，每种认同里都有道德认同；另一方面，多种多样的认同服从于"我是谁"这一整体性认同，而整体性认同同样有一个道德价值基础，即这个作为独特存在的"我"是有道德价值和品格的。

叙事之所以具有品格建构性，一个重要的原因在于叙事都是有道德立场的，没有道德中立的叙事。关于这一点，利科、怀特（H. White）、布鲁纳（J. Bruner）等叙事学大家可以说"心有灵犀"。利科认为叙事的一种重要功能就是建构价值意义，怀特认为创造一个故事就是做一个道德合法性请求，布鲁纳则说，讲一个故事就是在采取一个道德立场。[①]比如，我讲一个与别人的冲突故事，虽然要竭力保持、显示客观公正，但实际上自己的道德立场与故事讲述是融为一体的，彼此很难区分。由此看来，我们通过叙事建构自身，而叙事都是有道德立场的，我们所建构的自身，也就包括道德品格。也就是说，自我认同的建构与道德品格的建构是同一过程，都要经由自我叙事。

正是因为没有伦理中立的叙事，所以布鲁纳说叙事既是描述性的（descriptive），又是规范性的（prescriptive），叙事建立了描述与规范的自然转换（natural transition）[②]。事实与价值的分立在叙事中是不存在的，

---

① Joe Winston, *Drama, Narrative and Moral Education: Exploring Traditional Tales in the Primary Years*, London/Washington, D. C.: The Falmer Press, 1998, p. 15.

② Brian Treanor, *Emplotting Virtue: A Narrative Approach to Environmental Virtue Ethics*, Albany: State University of New York Press, 2014, p. 114.

我们讲一个故事，既是陈述一个事实（事态），又是在申明一个价值立场。在叙事中，事实就是价值的载体，价值就在事实之中，二者无缝对接，不存在由彼推到或推不到此的问题。正是因为描述与规范的一体性，我们讲述自己的故事，既是自我行动、经历与事态变化的描述，也是价值立场的重申与确认；我们讲述别人的故事、欣赏别人的故事，既是对他人遭遇的感受，也是对他人价值立场的判定（理解、认同、排斥）。我们的品格，就是在这种叙事之中，通过不断的价值确认、判断而成型的。

自我叙事对品格的建构还有另外一个机制，即将具体行动的德性置于生活的德性之中。哲学、伦理学、教育往往重视"行为的德性"（conduct-morality）而较少关注"生活德性"（life-centered morality）。[1]前者关注具体行为的对与错，而后者关注生活的品质与样态。每一行动都有自己的德性，但具体行动的德性与一个人整体生活的德性还是不同的。虽然一个人的生活德性建基于具体活动的德性，但依然存在着这样一种可能：一个人具体行动的德性尚可，但整体生活之德性却不高。因为整体生活的德性，既取决于一个个具体行为的德性，也与生活本身的追求密切相关，也即作为一个人，他在追求一种什么样的生活。因此，具体行为的德性不能孤立地衡量，还要参照整体生活的德性，也只有在后者的参照下才能得到恰当的评估。而人的整体生活是由叙事建构的，这一整体生活叙事及其德性，作为叙事背景，成为每一个具体行为叙事的参照力量。麦金太尔更进一步，将美德分为三个阶段，第一阶段是不同活动的美德，第二阶段是整体生活的美德，第三阶段则是将个人生活美德与共同体生活联系起来的美德。[2]按照这一分类，我们作为个体的整体生活德性到底如何，还要参照对共同体的意义才能得到恰当的评估。

叙事与品格形成的这些关系说明，科可瑞恩的论断——叙事是品格形

---

[1] Joe Winston, *Drama*, *Narrative and Moral Education*: *Exploring Traditional Tales in the Primary Years*, London/Washington, D. C.: The Falmer Press, 1998, p. 17.

[2] J. B. Schneewind, "Virtue, Narrative, and Community: MacIntyre and Morality", *The Journal of Philosophy*, 1982, 79 (11), pp. 653-663.

成的"忠诚道路"①（the royal road）——所言非虚。但有一个问题尚未解决。以上所论建构品格的叙事基本上都是显在叙事，如前所论，除了显在叙事，还有大量的隐在叙事。一个明显的问题是，隐在叙事是否具有建构品格的功能。从叙事主体的角度，显在叙事包括表达出来的叙事和内隐叙事。内隐叙事虽然没有表达出来，却是在意识之中进行的叙事。这两种叙事形态虽然有所不同，但都具有以上所言的建构品格的功能。如前所论，未进入意识层面的隐在叙事是一种自动化的"自组织"叙事，显然，这种叙事在建构自我的同时也在建构品格。我们总将品格理解为理性与意志，这当然没有错，但一个人的理性与意志肯定不是孤立存在的，也需要以其意识不到的倾向、习惯、趣味和本能为基础。也就是说，一个人的品格也是由意识到的部分和未意识到的部分共同构成的。虽然不能断定显在叙事与品格的有意识部分、隐在叙事与品格的无意识部分是直接对应关系，但我们可以推断出显在叙事与品格的有意识部分、隐在叙事与品格的无意识部分有着更为直接的联系。显在叙事所建构的品格也可以经由习惯变成品格中的无意识成分，隐在叙事所建构的倾向、本能等品格之无意识成分也可在特定情况下得到唤醒而进入意识层面。因此，所谓叙事是品格形成的"忠诚道路"，其实也应包括无意识叙事对品格之无意识基础及品格本身的建构作用。

一说到叙事，我们直观的反应就是他人叙事（包括文学叙事）。自我叙事是品格形成的"忠诚道路"，他人叙事的道德与道德教育意义同样不容忽视，这也是他人叙事如此深入人心的原因。瑞恩（Kevin Ryan）一语道破了叙事教育作用的极致：故事一直与我们同在，远在现代教育工具发明之前，远在学校出现之前，故事就在教育我们。②一代代传下来的故事，承载着人类经验及我们这个物种所取得的成就，表达着作为人的关切与期望，从古至今都是主导性的教育方式。其道德与道德教育意义的特异性不

---

① Tom Cochrane, "Narrative and Character Formation", *The Journal of Aesthetics and Art Criticism*, 2014, 72 (3), pp. 303-315.

② Kevin Ryan, "The Narrative and the Moral", *Values Education*, 1991, 64 (5), pp. 316-319.

仅在于比学校久远，还在于其可以脱离学校而存在并发挥作用，而学校却不能脱离其而存在。一个不讲故事或者没有故事的学校、教育体系是不可想象的，如果非要去想象，大概类似于机器人的制造基地。正是出于对他人叙事在道德教育中极端重要性的认识，温斯顿（Joe Winston）说，"叙事化的故事讲述是掌握与传递道德知识的最佳方式"①，麦金太尔也说，"讲故事在美德教育中具有关键作用"②。（关于他人叙事的作用，后文还会论及。）

三、小学《道德与法治》教材的叙事探索

既然叙事思维是指向人的、以人为核心的思维方式，既然作为道德主体的人是由叙事建构的，既然叙事是品格形成的"忠诚道路"，那么专门的德育课程就不能没有叙事思维。显而易见，没有叙事思维，无视、排斥叙事的德育课程与教材是违背道德形成规律的，其质量和教育效果是经不起推敲的。正是基于这些认识，我们在编写小学《道德与法治》教材③时，有了初步的叙事思维和叙事自觉，进行了初步的探索。

（一）以"成长叙事"建构品格

既然叙事是品格形成的"忠诚道路"，那么，德育教材的一个明智选择就是以学生的"成长叙事"来建构品格。这种选择既是叙事思维的体现，也是道德教育专业性的落实。我们在教材编写中，从教材内容、叙事主角、儿童叙事的自觉性激发等多个方面进行了探索。

论证性的教材其主体内容是一个又一个的道理、要求、知识以及将这些道理、要求、知识融合在一起的理论论证结构。如前所论，这样的内容

---

① Joe Winston, *Drama, Narrative and Moral Education: Exploring Traditional Tales in the Primary Years*, London / Washington, D. C.: The Falmer Press, 1998, p. 7.

② ［美］A. 麦金太尔:《追寻美德：伦理理论研究》，宋继杰译，译林出版社 2003 年版，第 274 页。

③ 指教育部统编版小学《道德与法治》教材（人民教育出版社出版）。

与结构体现的是命题思维。为了体现叙事思维，我们在教材编写中，对教材的主体内容进行了根本性的变革，教材不再以道理、要求和知识为基本内容，而是以儿童的成长故事为主要内容。以三年级上册为例，四个单元分别是"快乐学习""我们的学校""安全护我成长""家是最温暖的地方"，分别是儿童学习生活叙事、学校生活叙事、安全生活叙事和家庭生活叙事。

当然，变化的不单是内容体系，还包括内容的结构关系。如果说过去教材的结构模式是论证方式的话，现在的教材则是以叙事为主体的多元结构方式。这一点在教材正文中的体现最为明显。论证式的教材，正文就是知识、观点和要求，如今的教材，其正文则多是叙事的引入、铺垫、转换、归纳。例如三年级上册第 1 页第一段正文："从出生到现在，我们成长的每一步都离不开学习。让我们追寻成长的脚步，回想一下我们是怎样在学习中成长起来的。"第一句是叙事背景的交代，第二句则是儿童叙事的引入，即激发儿童讲述自己学习促成长的故事。三年级下册第 43 页的正文："与邻居相处，我们应该相互理解、相互包容。但是如果自家受到了伤害，也应该寻找方法去沟通。"第一句是对上文叙事的归纳，第二句则是下文叙事的转换过渡，即由邻里友爱转向理性沟通。

即使是论证式的德育教材也是离不开叙事的，如果没有叙事，教材是无法展开的。过去论证式的教材也有叙事，只不过是以事例的形式出现的。作为叙事的事例只是辅助材料，只是为了证明正文观点的。在论证式教材中，叙事只是嵌入论证主体结构中的"边角料"，在教材中居于次要、从属地位。我们在教材编写中，将正文与叙事结合起来，使正文与叙事融为一体。教材的主体内容是儿童的"生活事件"① 或"一个经验"②（成长叙事），即同龄人所经历的各种事情，旨在以此叙事去激发、唤醒学习教材者自身的叙事。正文与儿童的生活叙事是一体的，如果非要区分

---

① 高德胜：《叙事伦理学与生活事件：解决德育教材困境的尝试》，《全球教育展望》2017 年第 8 期。

② 高德胜：《"接童气"与儿童经验的生长——论小学道德与法治教材对儿童经验的处理》，《课程·教材·教法》2018 年第 8 期。

出层次的话,可以说正文是为成长叙事服务的,即正文不是目的,目的在于通过正文引导儿童去建构自身的成长叙事。

教材的叙事转向还体现在儿童成了教材内容的主角。论证式教材的主角有两个,一个是显在的主角,即理论体系;一个是隐在的主角,即论说者、劝说者。理论体系虽然是知识体系,但作为教材主角,体现出一种"无人"特征。论说者、劝说者作为主角,也即教材编写者代表国家和社会向儿童喊话,体现出外在性和成人化。此次教材编写改变了这一惯常做法,教材的主要内容是儿童成长叙事,那么儿童自然就是教材的主角。具体说来,教材内容是儿童成长叙事,这种叙事不是无主叙事,而是有主角的叙事,即"我",即作为叙事主角的儿童。例如,三年级下册第一单元"同学相伴",主角是"同学相伴的叙事",作为"同学"的儿童是主角。该单元第一课"我是独特的",第二课"不一样的你我他",第三课"我很诚实",第四课"我们在一起",主角都是"我"。当然,作为主角的儿童,有时候是作为个体的"我",有时候是作为群体的"我们"。

被论证式教材所折服的人总是怀疑讲述儿童成长叙事的教育意义,即这样的教材如何教育儿童。实际上,我们当然不是"为讲述而讲述",而是"为教育而讲述"。讲述儿童成长叙事所蕴含的教育策略是多方面的。第一,如前所论,没有价值中立的叙事,同样,教材所讲述的成长叙事也是有价值导向的,即以理想的成长为导向。教材讲述的是"我"的成长叙事,实际上是在引导"我"成长为理想的那个"我"。那个理想的"我",既包括"我"的自主选择与努力,也包括他人、群体、国家和社会的期待。这个理想的"我",既是努力方向,也是具体行为的叙事背景,为具体生活德性提供标准和参照。第二,如前所论,自我叙事在建构自我认同的同时也建构品格。教材讲述儿童生活的自我叙事,就是激发儿童对过去与正在经历的生活进行体验、反思与建构,使隐在的叙事显性化,发现、赋予过去经验以品格发展意义。比如,在诚实问题上,十岁左右的儿童已经有了这样那样的经历和体会,但尚未进行自觉思考,教材的作用就在于引导儿童反思自己的经历,改正在这个问题上的错误倾向,坚定自身虽然正确但尚还模糊的立场。第三,如前所论,叙事既是对行动、行为的"黏合",也是对行动的激发。教材讲述儿童的成长叙事，但并不止于已有的成长叙事，而是以已有的成长叙事去激发行动，引导儿童用行动去"书写"新的成长叙事。教材中有一个名为"活动园"的专门栏目，就是引导儿童在已有经验和叙事的基础上去行动，以行动去"书写"新的叙事。

（二）在"伦理实验室"中学习

我们编写的教材有叙事性，以"我"的"成长叙事"为主要内容，但教材中的"我"既是学习教材的每一个特定的儿童，又不仅仅是"这一个"儿童。教材中的"我"是一个有弹性的指称。教材中的诸多"生活事件"本身都是有主角的，每个"生活事件"都有一个或几个"我"。"生活事件"中的"我"与学习教材的"我"多是同龄人，是共同成长的伙伴。从学习教材的儿童的角度看，"生活事件"中的"我"有时候是"我们"，即同龄人，即作为同龄人的他人；有时候是成年人，是他人。这里的"他人"有时候是作为另一种意义上的"我们"，即中国人；有时候则是作为人类共同体意义上的"我们"。甚至，教材中也不乏来自文学作品、来自文学创造的他人。也就是说，教材虽然主要是讲"我"的成长叙事，但换个角度看，也在讲多种意义上的"我们"与"他人"的生活叙事。教材，尤其是德育教材，没有儿童自身的叙事和经验肯定是对儿童的不尊重，但如果教材仅仅限于儿童个人的经验，那就是对教育的不尊重。因为儿童既要从自身经验中学习，也要"抬起头来"学习他人经验、人类智慧，两方面融合，才是好的教育与道德教育。

先看文学叙事。柏拉图所刻画的苏格拉底已经对"诗"（文学叙事的古希腊形式）所具有的陶冶灵魂的作用进行了系统的思考。他对"诗"的戒备与排斥令人印象深刻，其实，这种戒备与排斥恰从反面证明了文学叙事所具有的巨大教育力量。[①]自此以降，对文学叙事教育意义的论述可以说是汗牛充栋。比如，亚里士多德就认为叙事通过三种方式来实现教育

---

① ［古希腊］柏拉图：《理想国》，郭斌和、张竹明译，商务印书馆 1986 年版，第 397—409 页。

功能：一是"劝诫"（persuasion），即通过叙事作品本身的伦理立场来暗示、劝诫阅读者；二是"视野"（vision），即叙事能够让阅读者在想象中探索我们行动的可能性与后果，从而扩展我们的道德视野；三是"发动"（initiative），即激发人确定自己的目标和动机，进而采取新的行动、展开新的追求。①这些论述当然都是洞见，但纳斯鲍姆将文学叙事视为"伦理实验室"（the ethics lab of literature）的观点最能道破文学叙事的道德与教化意义："一部小说，正是因为其不是我们的生活，将我们置于一个有益的道德位置，向我们显示，如果在生活中处在那个位置我们将会如何。我们在这里发现不受占有之限的爱、不受偏见约束的关注、不受慌乱驱使的投入。"② 无独有偶，利科也有类似的观点："并不存在什么伦理上中立的叙事。文学是一个巨大的实验室，其中，各种期望、评估、赞颂与谴责的判断都被尝试过，叙述性就通过它们充当了伦理的预备教育。"③

科学实验是现代社会的巨大成就，其重要特性是可以控制外在条件进行各种"试错"，正是通过"试错"才能发现规律、知识和真理。这是伦理实践所不具备的特征，我们没有办法在现实生活中去"试错"，因为现实生活中的行为都会有无可挽回的后果。比如，要体会被欺负所造成的伤害，我们不能真的去欺负一个人。但文学可以，我们进入一个文学作品，在生活中不可以尝试的行为，文学作品中却可以有细致入微的刻画。在生活中，我们无法将自己置于欺负者的位置，也不愿意将自己放在被欺负者的位置，但在文学叙事中，我们通过作者的刻画，可以想象欺负者的冷酷、凶恶，也可以与被欺负者一起体会被欺负的痛苦、无助与绝望。

文学叙事与论证式的教材在风格上不匹配，因此文学叙事在论证式教材中分量很轻，即使勉强植入一些，也比较生硬。我们在教材编写中，因为有叙事思维意识，教材整体上体现出叙事特征，文学叙事的融入就是自

① Richard Kearney and James Williams, "Narrative and Ethics", *Proceedings of the Aristotelian Society*, Supplementary Volumes, 1996 (70), pp. 29—61.

② Nussbaum, M., *Love's knowledge：Essays on philosophy and literature*, Oxford：Oxford University Press, 1990, p. 162.

③ ［法］保罗·利科：《作为一个他者的自身》，余碧平译，商务印书馆 2013 年版，第 172 页。

然而然的。我们在教材编写中，有三种栏目是专门为文学叙事进入教材而设的。第一种是"故事屋"，讲述的多是名人、伟人的故事，向学生展示人性与道德所能达到的高度。第二种是"阅读角"，放置的是描述同龄人或现实生活中成年人的文学叙事，展示的是美德的鲜活性、具体性。第三种是"美文欣赏"，安排具有优美性、情感性、想象性的文学叙事，用文学叙事的优美形式、真挚情感和丰富的想象性去打动儿童。

当然，德育教材不是语文教材，文学叙事虽然重要，但在德育教材中依然是辅助性的形式，往往放在需要情感升华、典范展示、美德高度、人性之美等"画龙点睛"之处。教材中主体性的他人叙事还是教材编写者选用、创造的"生活叙事"。实际上，这些进入教材的他人叙事，虽然在艺术性上不一定达到现有文学叙事的水准，但在伦理性上却更有针对性，同样具有文学叙事作为"伦理实验室"的作用。例如，四年级上册第34页讲述了留守儿童夏丛艳勇于承担家庭责任的故事，就是向学习教材的儿童打开另外一种"可能世界"，让他们能够进入同龄人生活的世界，体会到一个同龄人的坚毅与独特。纳斯鲍姆说，文学叙事可以培育真正的利他主义，因为我们在读小说的时候既让我们走向他人，又不被现实条件、自我利益考虑所限制，因此"小说可以成为一所学校，可以在这里培育道德情感，将我们从盲目的个人情感中解放出来，发育出更益于共同体的品性"①。实际上，来自真实生活的他人叙事，又何尝不是如此呢？

他人叙事另一个不可替代的作用，在于对道德错误的描述。个人叙事当然可以反思自己的道德错误，但因为如今的教育是集体性的，将自己的道德错误公之于众，会给儿童带来伤害。我们提倡道德教育回归生活，但这种回归有时候不是直接回归，而是间接回归。比如，讲到说谎，教材就不能暗示、鼓动、引导学生公开揭示同学间存在的说谎问题，因为这样的公开揭示容易将教学引向"批斗会"，会造成不必要的伤害。这时候，他人叙事就大有用武之地。比如，四年级下册第二课"说话要算数"，我们

---

① 　Richard Kearney and James Williams, "Narrative and Ethics", *Proceedings of the Aristotelian Society*, Supplementary Volumes, 1996 (70), pp. 29-61.

就拟了"爱保证"这样一个人物，用一个虚构的"爱保证"将各种说谎现象呈现出来，为儿童提供道德镜鉴。

（三）以"大叙事"为坐标

后现代主义对宏大叙事的批评广泛流行，以至于在很多人那里宏大叙事已经有了贬义，似乎所有宏大叙事都是抽象、空洞、虚假的，再也没有打动人的力量。吊诡的是，学术上对宏大叙事的口诛笔伐并未影响各民族对宏大叙事的重视，正如研究者所指出的那样，各民族对宏大叙事的重视不是减弱了，而是加强了。①根本的原因在于，"任何一个民族，都需要自己的宏大叙事以解释自身存在的现实合理性，从而构想理想蓝图、凝聚精神力量、建立价值体系、提升精神境界"②。说起来抽象，其实也很具体，正如个人需要以个人叙事来建构自己是"谁"一样，民族也需要以宏大叙事来建构自己是"谁"。只有这个"谁"立起来了，能够理直气壮地站在当下，才能谈得上构想蓝图、畅想未来，才能为个人提供叙事背景、参照和意义标准。如果说个人叙事是表达个人认同和价值观念的一种方式，那么宏大叙事就是民族或国家表达自己价值观念和理想追求的一种基本方式。除此之外，各民族对宏大叙事的加强还因为全球化的推动。在全球化时代，各民族的交流与融合加速，各民族都面临着如何保持自身特色和认同的巨大压力，多数民族在全球化时代都有独特性被消解的担忧。加强宏大叙事，通过宏大叙事来增强民族认同，是缓解这种压力的最有力方式。

对个人来说，单个行动只有放入个人生活的整体叙事之中才能得到完整的理解、才能获得可靠的意义。同样，宏大叙事也是个人叙事的背景和参照系。可以说，每一个个人的叙事都是较大叙事的一个章节或段落，要充分理解个人叙事，就需理解其所从属的"大叙事"。正是超出个人的"大叙事"为个人叙事提供了"锚位"，为个人叙事提供了背景、价值与意义基础。在这一点上，威廉姆斯（A. William）等人说得透彻："我们

---

① 王加丰：《从西方宏大叙事变迁看当代宏大叙事走向》，《世界历史》2013 年第 1 期。

② 马德生：《宏大叙事与文学的精神担当》，《文艺评论》2012 年第 11 期。

个人的故事总是'嵌入'（embedded）形成我们群体认同的社会故事之中"①。说是"嵌入"，似乎是由外力强推的，事实上，我们每个人的成长本身都不是脱离群体孤立发生的，都是在群体之中通过群体生活而获得的。群体是个人成长的内在因素，同样群体叙事也是个人叙事的内在因素。从这个意义上说，个人叙事不是"嵌入"群体叙事，而是与群体叙事血脉相连、根本无法割离的。不是不能强行割离，只是强行割离之后的个人叙事是失血、失真甚至是无法令人理解的。

一个国家的教材，虽然可以分科编写，但要有一个整体的叙事结构以形成教材叙事的"鸿篇巨制"。具体到我们国家，就是各学段、各学科分工协作共同讲好"中华民族"的宏大叙事，即中华民族从哪里来、现在处在什么位置、未来的发展前景如何。显然，这一"鸿篇巨制"的绘制不是小学"道德与法治"一门课程的任务，而是基础教育乃至高等教育教材共同的任务。但小学《道德与法治》教材要从自己的角度，为这一"鸿篇巨制"的绘制作出贡献。我们在教材编写中，有宏大叙事的自觉意识，从几个方面作出了探索。

第一，将个人叙事与"大叙事"结合起来，从个人叙事出发自然"牵出"各种层次的"大叙事"。如前所论，"宏大叙事"不存在讲不讲的问题，而是如何讲的问题。过去教材的问题不是讲了宏大叙事，而是孤立地只讲宏大叙事。这种将宏大叙事与个人叙事割离开来的讲法，一个最大的缺陷是缺乏与学生生活的联系，讲不到学生心坎里去，很容易招致学生的抵触与反感。我们在编写教材时将顺序倒过来，不是先讲宏大叙事，而是先讲儿童的个人叙事。而学生的个人生活叙事都是以宏大叙事为背景和参照的，由个人生活叙事讲到作为背景与参照的各种层次的"大叙事"，就是自然而然、顺理成章的。比如，每个儿童既是个体的，也是家庭的、社区的、家乡的，由个人叙事"牵出"家庭叙事、社区叙事、家乡叙事、国家叙事，就比较自然。

---

① William, A. and Barbieri, Jr., "Ethics and the Narrated Life", *The Journal of Religion*, 1998, 78 (3), pp. 361-386.

第二，从"我"到"我们"，实现个人叙事与"我们叙事"的真正融合。"我"是独立的人格存在，但我又是多种意义上的"我们"。教材在讲个人叙事的同时，也在讲"我们叙事"。比如既讲儿童个体的独特叙事，也讲"同龄人"的共同叙事、群体叙事；既讲儿童个人的叙事，也讲作为家庭成员、邻里、社区成员、国家公民、世界人的"我们叙事"。这样做的好处是不将个人叙事与各种层次的"大叙事"对立、割离起来，而是做弹性处理，"我"中有"我们"，"我们"中有"我"。

第三，是"大叙事"的细节化。宏大叙事之所以往往不动人，一个根本的原因在于讲得过于粗线条，缺乏感人的细节。小学"道德与法治"是德育课，没有历史课的叙事时序限制，有较大的叙事自由空间。我们在教材编写中充分利用这一空间，在保证宏大叙事基本框架正确的前提下，在宏大叙事中融入个人叙事的细节，使宏大叙事也变得生动、感人。例如，三年级下册第十一课"四通八达的交通"，主题是我们国家交通发展的成就，整体上属于"大叙事"，但在这一课我们融入了"春运售票员的一天"等细节，目的就在于使宏大叙事有血有肉、生动感人。

第四，适当提供"对抗性叙事"（counter-narratives）。宏大叙事另一个让后现代学者诟病的地方就在于叙事的"一面之词"，即只讲述经过自己筛选的故事。而破解宏大叙事这一痼疾的根本方法就是"对抗性叙事"，即讲述相反的故事，给读者以理解历史和现实的另外一种视角。①我们在教材编写中适度使用"对抗性叙事"不是为了解构宏大叙事，而是利用对抗性叙事让儿童理解历史与现实的复杂性，在增加民族自信的同时也有忧患意识。例如，三年级下册第十一课"四通八达的交通"讲述的是我们国家交通发展的成就，而紧接着的一课"慧眼看交通"就有"对抗性叙事"的味道，内容是交通快速发展所带来的环境与社会问题。

---

① Richard Kearney and James Williams, "Narrative and Ethics", *Proceedings of the Aristotelian Society*, Supplementary Volumes, 1996（70），pp. 29–61.

（四）在体系与叙事之间

叙事思维也有自身的局限。叙事思维在呈现知识体系、因果联系和道德原则上就不如论证式思维那样得心应手。论证思维之所短，正是叙事思维之所长；叙事思维之所短，恰是论证思维之所长。由此出发，我们可以明了，排斥叙事思维的、单纯论证劝说式的德育教材不招人待见，排斥论证思维、单纯叙事化的德育教材同样不是上乘的教材，真正质量上乘的教材是两种思维方式互相取长补短、综合运用的教材。

小学"道德与法治"课程是综合课程，在道德教育之外，还承担着政治教育、法律教育、国情教育、心理教育、社会教育等多重任务，必须有一定的知识含量。即使单从道德教育的角度看，道德知识的学习也是必不可少的。杜威"道德观念"与"关于道德的观念"① 的经典区分并不是金科玉律，也有修正的必要。在杜威那里，"关于道德的观念"基本上是对行为没有影响因而也是没有意义的。果真如此吗？设想一个人有基本品德，但却生活在一个有性别歧视的文化之中，受文化熏染而有了性别偏见，在日常言行中表现出性别歧视却不能自知。再设想如果这个人通过书本学习了性别平等的基本知识，即使内心并不以为然，但因为知道了性别平等的基本观念，就不太好意思毫不顾忌地去说有性别偏见的话、做有性别歧视的事。在这种情况下，我们能说其"关于性别平等的观念"毫无意义吗？从这个角度看，道德知识的学习自有其意义。正式的德育课程，不可能不蕴含道德知识，更何况教材中的个人叙事、群体叙事、宏大叙事都是有价值取向和道德原则的叙事。

基于这些认识，我们在教材编写过程中在知识体系与叙事讲述之间力求均衡，具体说来，有以下这些尝试。首先是教材有清楚、坚定的理论基础。过去编写教材，多是对教学大纲或课程标准的展开，缺乏理论高度和教育思想。我们在编写之初，就从指导思想、教材观念、文化观念、教学

---

① ［美］约翰·杜威：《学校与社会·明日之学校》，赵祥麟、任钟印、吴志宏译，人民教育出版社 1994 年版，第 142—143 页。

观、儿童观、德育观等方面进行了充分的探讨，为全套教材确定了理论基础。这是教材宏观上的理论性，从微观上，我们对每一课所涉及的话题进行深入研讨，确定每一个教育主题的理论基础，使每一课都有隐含的理论高度和知识含量。其次，综合设计全套教材的结构体系，前有预备和伏笔，后有呼应和落实，使全套教材环环相扣。在全套教材成体系的基础上，又力求使每一册有鲜明的叙事特征。再次，每一册教材各个单元之间有严密逻辑关系，每册教材自成体系。同时，每一课又都是儿童具体的成长叙事，体现出鲜明的叙事特征。最后，每一课的不同环节之间也是有严密逻辑关系的，整篇课文也是自成体系的。在这个基础上，各个环节、各个具体的活动又是叙事化的。经过这样的处理，教材呈现出"叙事化的体系性、体系化的叙事性"这种交融特性。

四、教材叙事思维转向的意义

教材由单纯的说理论证思维转向以叙事思维为主线，表面上看只是教材组织、结构与选材方式的转变，实际上却是教育姿态与教育思想的转变。如前所论，说理论证思维虽然是在说理论证，但隐含在背后的逻辑却是劝说和强求：教材所给出的道德、知识是正确的，儿童所要做的就是理解和接受。叙事思维则完全不同，不是将现成的、已经定论的道理施加给儿童，而是讲述儿童自身的成长叙事，让学生从自身的成长经历中体悟、反思、学习。也就是说，即使是最好的论证说理都隐含着"弱灌输"这样的教育姿态，教育是一种外在的力量，一种力求从外而内进入儿童的力量。更不要说质量不高的论证说理所体现出的一种"强灌输"教育姿态，看似在说理，实际上却是将学生当作需要去"征服"的对手。叙事思维所体现的是一种融入、激发性的教育姿态，教育不是外在于儿童的力量与存在，而是与儿童的成长叙事融为一体的存在，教育就是用儿童自身的成长叙事去激发儿童自身的力量，激发他们从自身的成长叙事中学习。

教材叙事思维转向的另一个意义是为儿童自身经验进入课程与教材找到了一条"阳光大道"。专门德育课程的一个"硬伤"就是与儿童生活经验的脱离，说理论证式的教材不是解决这个"硬伤"而是去恶化这个"硬伤"。教材叙事的叙事思维转向，由抽象的道理转向儿童的成长叙事，儿童自身的经验由此可以合情、合理、合法地进入教材之中，教材不再是外在于儿童经验的知识载体，而是满载儿童经验的叙事文本。我在另外一篇文章中介绍，儿童经验进入教材的主要方式包括"一个经验"（成长叙事与他人叙事）与儿童经验的唤醒、表达与经验之重构、从经验到体验、个人经验与他人经验的接续等①，其实都带有浓重的叙事特征，是教材叙事思维的体现与表达。

教材的叙事思维转向的意义还在于回归道德教育的本然方式。如前所论，远在学校产生之前，故事就在教育着我们，在学校产生之后，故事依然是主要的道德教育方式，学校教育不能割离叙事而存在，可以说叙事是道德教育原初的、本然的方式。德育课程与教材的说理论证化，其实是按照科学知识的学习方式来进行道德教育。学校教育与道德教育不排斥科学思维及其教育方式，但人世不是自然，伦理道德也不是自然科学，用自然科学的知识学习方式来进行道德教育，实际上是对道德教育的异化。德育课程与教材的叙事思维转向，实际上是将这一教育学科回归到道德与道德教育的本然位置的一种尝试。当然，这种回归不走极端，在回归叙事思维的同时也兼顾命题思维与道德知识的学习。

小学《道德与法治》教材的编写，在叙事思维上，编写组虽然做了一些学术上的探索，但也有一个接受和认可的问题。现在回头看，有很多遗憾。比如，有一些体现叙事思维方式的正文和活动设计未能得到认可，一些册次的叙事思维特征相对明确，另外一些册次则又走了回头路。课程与教材改革是一项长期事业，本次教材编写探索所取得的点滴成绩是在近二十年来德育课程改革基础上获得的，我们希望未来的德育课程不要走回头路，应该在现有成就基础上再往前走。

---

①　高德胜：《"接童气"与儿童经验的生长——论小学道德与法治教材对儿童经验的处理》，《课程·教材·教法》2018 年第 8 期。

后 记 在热爱中艰苦前行

掩卷而思，深深知道自己的研究还非常浅陋，有些问题现在还没有能力去解决。但无论如何，生活德育都是我学术生活的"家园"。"家园"意味着我就"住在"这里，这里是我学术生活的家。当然，离家也是可能的，我偶尔也会思考一些与生活德育无关的话题，但一切离家的目的都在于更好地回家。生活德育是我学术生活的"家园"，又何尝不是我精神生活的"家园"呢！学术即修行，在世界的纷纷扰扰中，有这样一个"家园"可以让精神得到安顿，可以在这里逃避世俗的熏染，真是我的幸运与幸福！感恩生活德育！

除了第一章，本书的其他章节都是最近两年的文字。这两年是我职业生涯中最为动荡的两年，一方面在于从工作了16年的南京师范大学调离，开始融入华东师范大学之中。这种融入看似简单，其实不易。虽然都是师范大学，但两所学校还是有很大的不同。我庆幸的是自己加入的课程与教学研究所是一个充满朝气的学术机构，国际化程度很高，自己常有"过时"之感。正是这种"过时"之感督促我加倍努力，有足够的工作动力。另一方面是生活的变化，儿子要在南京读国际高中，爱人要在上海上班，我则要两头兼顾，虽然课程所非常关照，但还是常有力不从心之感。与外在生活的动荡形成鲜明对照的是，内在的精神生活却是更加纯净。感觉工作中的功利纷扰多数已经离我而去，自己能够更加集中精力于学术思考。更为重要的是，已经越来越能够享受学术思考的快乐。有时候觉得读书、写作就是自己的"世外桃源"。甚至想，如果没有内在的精神追求，即使真有现实的世外桃源，人也是空虚无聊的。

　　自我感觉，这两年是我学术生涯的一个新的高峰。之所以能够如此，除了自身的精神成长之外，还在于文献阅读水平的提升。这两年读英文文献越来越多，一方面在于华东师范大学与国外大学基本处在一个水平上的英文文献资源，另一方面在于自己英文文献阅读能力的大幅提高和阅读习惯的养成。很多课题，比如道德想象力、感恩教育、道德伪善、表现、直言等，中文文献极为稀少，如果不阅读英文文献，根本无法知道关于这些课题已有研究所取得的进展，也就无法在已有成就基础之上再向前"挪步"。我常将自己的这一体会与学生或年轻学者分享："你们这一代如果不能轻松阅读英文文献，根本无法成为一流学者。"也感慨英文世界的学术积累，很多对中文世界而言还是陌生的教育理论与实践课题，在英文世界里的研究早已"汗牛充栋"。有时候我内心也是矛盾的，一方面觉得我们与国外同学科同行的学术思维品质并没有那么大的差距，另一方面又觉得我们人文教育学术研究水平的差距是如此之大。现在回头看，真是感恩2014年在美国密苏里圣路易斯访学的经历。访问学者在国外的学习完全靠自律，你要是不学，没有任何人管你，因此也有不少人的访学就是睡大觉、聚会、旅游。我庆幸自己能够自律，坚持去听博士生的课，努力完成课程所要求的文献阅读，一年下来，听说与写作能力进步有限，但阅读能力却有了长足进步。2014年一整年，一个字未写，只读书，现在想想，虽然当时人在美国，真的类似于中国僧人的"闭关修炼"。

　　反思自己的研究，觉得稍微好一点儿的文字都是与生活体悟密切相关的。人文教育学术不是单纯的理论论证，必须与研究者的生命体悟结合起来才有"地气"、才有生命气息。比如我关于感恩与感恩教育的研究，就是生活感悟与学术探索相结合的产物。我们是一个讲究感恩的国度，对感恩异常重视，"忘恩负义"是异常严重的道德谴责。另外，在个人生活中，我们总是强调师恩，但我却体会到了学生所给予我的关爱与恩情。带着这些体悟，再去阅读关于感恩的学术文献，感觉就是不一样的。通过学术性的思考，我发现越是等级性严重的文化越是强调感恩，因为感恩是强化不平等人际关系的一个重要手段。在关于感恩的学术文献中，一般将感恩理解为二阶感恩与三阶感恩，这样的理解与我对感恩的体会不一致，即感恩主要在于受惠者的感报，要将这一环节融入感恩的人际结构之中，"三阶感恩"就变成了有前端和后端的"四阶感恩"。感恩是情感性的，但又不仅仅是情感性的，还与正义有关，但这里的正义又不是利益正义，而是诗性正义。总之，有生活体悟，你才会对现有的学术文献进行批判性阅读，才会发现现有文献的"理论缝隙"，才会有所发现、有所创新。

　　这两年健康状况堪忧，虽无大碍，但腰椎间盘突出问题反反复复，很是痛苦。过去身体好的时候，理论思维并未达到高点，如今理论思维有所进展了，身体却跟不上了。本月上旬腰椎疼痛，在床上躺了几天，备受煎熬，真感觉身体成了思想的"监狱"。"困兽犹斗"，在床上胡思乱想之际，脑中忽然灵光一闪，发现了杜威"道德观念"与"关于道德的观念"这一经典论述的逻辑缝隙，十分兴奋。要是在以往，一定是一跃而起，查文献、理思路，将思考表达出来。但身体跟不上，只能将这一念头记下来，留待后面再研究。也是为身体所迫，现在每天的案头工作时间不能太久，那就只有提高效率，在有限的时间里集中精力读书、思考、写作。听取朋友建议，买了站式办公设备，现在尝试站立式读书、写作。多少年来，只有坐下来才能静心读书、思考、写作，身体坐下来与精神安定下来已经成为同一个过程。如今要站着读书、思考、写作，还是非常不适应，尤其是写作，站着打字，总觉得思维凝滞、生涩，只能慢慢去适应了。过去不觉得时间紧迫，如今常感时间之稀少。有时候忍不住想，即使工作到70岁，那也不过还剩下区区20年！

　　生命有限，但我所能做的，就是在这有限的生命里以学术的方式修行，以学术的方式感恩生命的赐予。

2019 年 1 月 28 日

于南京华景阁

责任编辑：陈晓燕
封面设计：林芝玉

图书在版编目（CIP）数据

生活德育再论/高德胜 著. —北京：人民出版社，2019.11（2024.11 重印）
ISBN 978－7－01－021042－1

Ⅰ.①生…　Ⅱ.①高…　Ⅲ.①德育-研究　Ⅳ.①G41

中国版本图书馆 CIP 数据核字（2019）第 141869 号

生活德育再论

SHENGHUO DEYU ZAI LUN

高德胜　著

人民出版社 出版发行

（100706　北京市东城区隆福寺街 99 号）

北京旺都印务有限公司印刷　新华书店经销

2019 年 11 月第 1 版　2024 年 11 月北京第 4 次印刷
开本：710 毫米×1000 毫米 1/16　印张：18.5
字数：287 千字

ISBN 978－7－01－021042－1　定价：58.00 元

邮购地址 100706　北京市东城区隆福寺街 99 号
人民东方图书销售中心　电话（010）65250042　65289539